Dedico questo libro ai coniugi Soile Lautsi, e
Massimo Albertin, che hanno coraggiosamente
combattuto (e purtroppo perso) la battaglia per la
laicità in Italia. Allo stato attuale l'Italia resta una
nazione a laicità controllata, ed i crocifissi restano
piantati non solo sui muri scolastici, ma con lunghi
chiodi nelle coscienze di chi lotta per la laicità che,
detto per inciso, non è altro che sinonimo di
democrazia. Soile e Massimo: Anche noi
raccoglieremo la vostra battaglia e forse la
vinceremo quando smonteremo le imposture di
questa crudele religione, a cominciare dal suo libro
"sacro" e questo secondo volume del mio libro
vuole dare il suo piccolo contributo in tal senso.

PREFAZIONE

Nel presentare questo libro mi sono ricordato che con Pietro Micaroni ho parlato con me un luminoso giorno d'estate di qualche anno fa, quando venne a farmi visita alla mia casetta sul mare a Caprera. Egli era rimasto meravigliato dalla semplicità della dimora e degli arredi e dalla bellezza del paesaggio e della natura.

Se avete capito chi sono vi chiederete come facemmo ad incontrarci, dato che né lui né io crediamo nei fantasmi e sembra che io sia morto da lungo tempo.

Entrambi però crediamo che l'esempio di una persona importante, le sue gesta, il suo ricordo, i suoi oggetti possano parlarci ed indicarci ciò che c'è da fare per migliorare la vita di ciascuno ed il benessere dei popoli.

Vi raccomando la lettura di questo libro, io che ho scritto il romanzo **"Clelia, ovvero il governo dei preti"**, me ne intendo delle menzogne del clero e tutta la vita ho combattuto contro il loro potere temporale e per smascherare le loro falsità, ad esempio:

Tra le malizie gesuitiche dei tonsurati vi è pur quella di fingersi protettori delle belle arti e così hanno fatto che i maggiori ingegni d'Italia prendessero a soggetto dei loro capolavori le favole pretesche, consacrandole per tal guisa al rispetto ed all'ammirazione delle moltitudini.

Le favole pretesche il mio amico Pietro le vuole smascherare, a cominciare dalla favola principale, la madre di tutte le favole: L'ispirazione divina della Bibbia ed i presunti insegnamenti morali che sarebbero contenuti in questo libro così poco letto. Smascherare le menzogne che sono alla base di questa religione serve per completare l'opera da me cominciata e non ancora portata a termine.

Io che purtroppo non ho potuto festeggiare la liberazione di Roma dall'oppressione pretesca, il giorno glorioso della breccia di Porta Pia, io che quel giorno ho gioito nel cuore e nella memoria di tanti patrioti, oggi allo stesso modo soffro nel vedere quanto sia stato tradito lo spirito di allora da un'intera classe politica venduta al potere clericale.

Ed allora ben vengano i libri come quello di Pietro, ben venga la lotta (pacifica) di tanti come lui, che vogliono riaprire una nuova breccia nel

3

muro virtuale, ma non per questo meno duro ed opprimente, del clericalismo e del potere temporale della chiesa.

Il potere temporale che, dai tempi dello stato pontificio non è diminuito, anzi è andato rafforzandosi, se è vero, come è vero che il 20% del patrimonio immobiliare di questo sciagurato paese è proprietà del clero.

Come sono arrivati ad accumulare quest'infinita ricchezza?

E due erano le principali sorgenti delle ricchezze loro. La prima proveniva dalle donazioni dei grandi, i quali dopo aver trascinata un'esistenza di delitti credevano, cedendo al clero una parte dei loro furti, rendere legittimo il possesso dell'altra e sottrarsi al castigo di Dio. La seconda sorgente di ricchezze i preti la derivavano al capezzale degl'infermi ove padroni dei loro ultimi istanti, colle paure dell'Inferno e del Purgatorio da loro suscitate, carpivano legati e bene spesso l'intere eredità dai morenti a pregiudizio dei figli che riduceano senza pietà alla miseria.

La mia perfetta sintonia col pensiero di Pietro è evidente da quanto scrissi io nel mio romanzo:

Volendo costoro mantenere tutti gli uomini nell'ignoranza, quando emergeva alcuno che avesse ricevuto da Dio tanta intelligenza da capire le loro menzogne, quell'intelligente era da questi demoni torturato, acciò confessasse che la luce era tenebra, che l'eterno, l'infinito, l'onnipotente, era un vecchio dalla barba bianca seduto sulle nubi; che una donna, madre d'un bellissimo maschio, era una vergine e che un pezzetto di pasta che voi inghiottivate era il creatore dei mondi che vi passava per le vie digestive, e poi e poi!!! Quando si pensa che una gran parte del popolo ci crede ancora e che in questo secolo in cui l'intelligenza umana ha pur partorito delle grandi cose, il prete la fa ancora da padrone; quando si vedono i reggitori delle nazioni fingere (perché è finzione ed iprocrisia) di proteggere e mantenere con ogni rispetto l'istituzione diabolica del pretismo, c'è veramente da impazzire, e non si capisce se ci sia più malvagità dalla parte dei potenti e degl'impostori o più stupida imbecillità da parte di chi li tollera.

Buona lettura.

Giuseppe Garibaldi

4

INTRODUZIONE

Naturalmente la prefazione a questo volume, a firma di Giuseppe Garibaldi, è una finzione letteraria, ma sono certo che se fosse ancora vivo avrebbe scritto qualcosa di simile. Le frasi in grassetto sono sue, tratte dal suo romanzo storico **"Clelia, ovvero il governo dei preti"**

L'introduzione a questo secondo volume del mio commento alla Bibbia mi dà l'occasione per rispondere ad alcune osservazioni, spesso piccate dei credenti, in una sorta di dialogo a distanza.
L'osservazione più frequente, ma anche la più banale, se mi è consentito, è questa:

-Ma se tu non credi che bisogno hai di commentare la Bibbia?
- Come dire che chi non crede all'astrologia ed agli oroscopi non ha nessun diritto di studiare l'astrologia e spiegare, dati alla mano, che l'astrologia è un'impostura!

A volte le critiche sono anche più intolleranti e rivelano una mentalità assai poco laica di molti credenti:

- Ma come ti permetti di commentare il nostro libro sacro?
- Purtroppo il fatto di considerare sacre e quindi indiscutibili alcune cose, in particolare i libri sono la principale causa della violenza che agita questo nostro pianeta e le religioni sono sempre direttamente od indirettamente implicate nelle guerre che insanguinano il mondo. Per i credenti è dura da capire che un libro è solo un libro, fatto di fogli di carta con macchie d'inchiostro impresse che, secondo un codice che ci siamo dati, esprimono concetti a chi sa decodificare la sequenza di caratteri. Null'altro.
Per tale ragione sono pazzi quelli che scatenano la violenza perché a migliaia di chilometri di distanza qualcuno ha bruciato un libro e pazzo è anche chi ha bruciato un libro per offendere qualcun altro.
Io non intendo bruciare alcunché, anzi ritengo che la Bibbia vada letta, sia da chi crede sia da chi non crede o ha dubbi, proprio per farsene un'opinione, naturalmente personale.
Anche la mia è un'opinione personale, contestabilissima e discutibile, ma è la mia, originale e voglio farla conoscere, soprattutto per

dimostrare un concetto ben preciso: L'interpretazione ufficiale delle gerarchie ecclesiastiche NON può essere l'unica accreditata e quando si tratta d'opinioni, ogni interpretazione ha lo stesso valore di tutte le altre!

Un'altra osservazione è sulla competenza:

Ma come pensi di discutere alla pari con chi ha studiato, addirittura si è laureato nello studio della Bibbia ed in teologia, cioè lo studio del soprannaturale?
Beh non ho il minimo problema ad ammettere che ho molte meno **nozioni** di questi signori che hanno passato la vita a studiare i libri di teologia ed ad ammannirci la "corretta" lettura del libro "sacro". Ma se, per l'appunto, non è necessario aver letto tutti i libri d'astrologia pubblicati dall'invenzione della scrittura ad oggi per concludere che l'astrologia è un'impostura, se non è necessario leggere i numerosissimi libri d'alchimia per capire che tali teorie antiscientifiche sono state spazzate via dalla chimica, parimenti non è necessario conoscere la Bibbia a memoria ed aver letto i testi di tutti i teologi per arrivare alla conclusione che le religioni basate su questo libro sono un'impostura.
Una straordinaria capacità però la riconosco a questi "seri" studiosi biblisti: la capacità di modificare in continuazione la "corretta" interpretazione del testo secondo le loro necessità, dell'uditorio che hanno di fronte, dell'avanzare delle scoperte scientifiche. Un esempio?
Il "fermati o sole" di Giosuè, preso alla lettera per qualche millennio, come dimostrazione scientifica della teoria aristotelica della terra al centro dell'universo ed in seguito "shiftato" verso una lettura allegorica quando tale teoria non era più sostenibile. Nell'attesa che i "saggi" lettori dei testi sacri elaborassero il pensiero allegorico un po' di gente è finita sul rogo o ha rischiato quella fine, per aver divulgato teorie scientifiche che contraddicevano il sommo Giosuè.

Insomma rivendico il diritto per me e per tutti i lettori disposti a seguirmi, a leggere la Bibbia dalla prima all'ultima pagina e di capirla, interpretarla, commentarla come vogliamo, secondo la nostra sensibilità, secondo la nostra cultura, esattamente come un qualsiasi altro libro.

Dato che io mi sono dichiarato ateo (ed a tratti anticlericale) i credenti che non sono in grado di accettare critiche alla loro religione e che non

hanno il senso dell'umorismo sono pregati di NON leggere questo
libro!

Nella lettura ho seguito la versione C.E.I. datata 2008, della quale ho
solo evidenziato i passi del libro che a mio avviso sono controversi, per
contraddizioni interne (un libro dettato da dio a mio avviso non può
contraddirsi) oppure perché dio si dimostra diverso dall'idea che i preti
ne hanno diffuso, oppure perché la Bibbia appare in contraddizione
con la dottrina imposta dalla chiesa ai loro fedeli.

Nel caso lo vogliate, potete discutere con me su questi temi online su
Facebook, social network a mio avviso straordinario e che permette
una rapida ed efficacissima comunicazione e discussione fra gruppi che
condividano interessi simili. Sono naturalmente bene accette critiche
anche forti, purché espresse nell'ambito delle comuni regole di
convivenza civile.

Voglio infine aggiungere che alcuni nomi come dio, angeli, papa, li
scriverò regolarmente con la lettera minuscola (il correttore di bozze è
avvisato). Se qualcuno afferma che sia un errore grammaticale,
semplicemente rispondo che la cosa non m'interessa.
Allo stesso modo non scriverò mai, salvo adesso, "Sacra Bibbia" o
"Santo Natale" o "San Pio da Pietrelcina" ma "Bibbia", "natale" "Pio
da Pietrelcina" dato che Santo, Sacro etc. sono giudizi di merito che
ovviamente non condivido.

GIOSUE'

Giosuè Cap. 1, vv. 2-5 (La Bibbia dei conquistatori)

²"Mosè, mio servo, è morto. Ora, dunque, attraversa questo Giordano tu e tutto questo popolo, verso la terra che io do loro, agli Israeliti. ³Ogni luogo su cui si poserà la pianta dei vostri piedi, ve l'ho assegnato, come ho promesso a Mosè. ⁴Dal deserto e da questo Libano fino al grande fiume, l'Eufrate, tutta la terra degli Ittiti, fino al Mare Grande, dove tramonta il sole: tali saranno i vostri confini. ⁵Nessuno potrà resistere a te per tutti i giorni della tua vita; come sono stato con Mosè, così sarò con te: non ti lascerò né ti abbandonerò.

Il libro di Giosuè comincia come ci si aspettava:
In pratica gli Ebrei rimuovono il loro grosso senso di colpa per aver sterminato interi popoli raccontandosi la fandonia che dio abbia loro assegnato quelle terre permettendo di depredarle ai legittimi proprietari. Si è vero, il loro dio lava più bianco.

Giosuè Cap. 1, vv. 6-7 (La Bibbia dei maniaci ossessivi)

⁶Sii coraggioso e forte, poiché tu dovrai assegnare a questo popolo la terra che ho giurato ai loro padri di dare loro. ⁷Tu dunque sii forte e molto coraggioso, per osservare e mettere in pratica tutta la legge che ti ha prescritto Mosè, mio servo. Non deviare da essa né a destra né a sinistra, e così avrai successo in ogni tua impresa..

Riporto solo una delle infinite ripetizioni di questo libro scritto davvero malissimo: sii forte e coraggioso, sii forte e coraggioso, sii forte e coraggioso... e basta!

Giosuè Cap. 1, vv. 8-9 (La Bibbia spiegata ai bibliotecari)

⁸Non si allontani dalla tua bocca il libro di questa legge, ma meditalo giorno e notte, per osservare e mettere in pratica tutto quanto vi è scritto; così porterai a buon fine il tuo cammino e avrai successo. ⁹Non ti ho forse comandato: "Sii forte e coraggioso"? Non aver paura e non spaventarti, perché il Signore, tuo Dio, è con te, dovunque tu vada".

Per i fanatici d'ogni religione, la propria biblioteca deve essere composta di un solo volume, il loro libro sacro, da leggere e mandare a memoria, da ripetere come un mantra ad ogni ora del giorno e della notte, fino al rimbecillimento totale.

Ah, e non dimenticare: "Sii forte e coraggioso" …

Giosuè Cap. 1, vv. 16-18 (La Bibbia spiegata ai gregari)

[16]Essi risposero a Giosuè: "Faremo quanto ci ordini e andremo dovunque ci mandi. [17]Come abbiamo obbedito in tutto a Mosè, così obbediremo a te; purché il Signore, tuo Dio, sia con te com'è stato con Mosè. [18]Chiunque si ribellerà contro di te e non obbedirà a tutti gli ordini che ci darai, sarà messo a morte. Tu dunque sii forte e coraggioso".

Ubbidire agli ordini e non porsi domande, uccidere chiunque si ribelli o contesti il potere, totale asservimento e zitti!

La Bibbia insegna la democrazia dalla prima all'ultima riga.

Ah, e non dimenticare: "Sii forte e coraggioso" …

Giosuè Cap. 2, v.1 (la Bibbia spiegata ai clienti)

[1]Giosuè, figlio di Nun, di nascosto inviò da Sittìm due spie, ingiungendo: "Andate, osservate il territorio e Gerico". Essi andarono ed entrarono in casa di una prostituta di nome Raab. Lì dormirono.

Comincia … a puttane la missione spionistica in terra di Gerico, tanto per divertirsi un poco.

Gli esegeti risponderanno che era per nascondersi meglio… certo quando uno arriva in una nuova città, una casa d'appuntamento è il luogo più improbabile che va a visitare, infatti sono subito scoperti!

Giosuè cap. 2, vv. 8-14 (La Bibbia dei clichè)

[8]Quegli uomini non si erano ancora coricati quando la donna salì da loro sulla terrazza, [9]e disse loro: "So che il Signore vi ha consegnato la terra. Ci è piombato addosso il terrore di voi e davanti a voi tremano tutti gli abitanti della regione, [10]poiché udimmo che il Signore ha prosciugato le acque del Mar Rosso davanti a voi, quando usciste dall'Egitto, e quanto avete fatto ai due re amorrei oltre il Giordano, Sicon e Og, da voi votati allo sterminio. [11]Quando l'udimmo, il nostro cuore venne meno e nessuno ha più coraggio dinanzi a voi, perché il Signore, vostro Dio, è Dio lassù in cielo e quaggiù sulla terra. [12]Ora giuratemi per il Signore che, come io ho usato benevolenza con voi, così anche voi userete benevolenza con la casa di mio padre; datemi dunque un segno sicuro [13]che lascerete in vita mio padre, mia madre, i miei fratelli, le mie sorelle e quanto loro appartiene e risparmierete le nostre vite dalla morte". [14]Quegli uomini le dissero: "Siamo disposti a morire al vostro posto, purché voi non riveliate questo nostro accordo; quando poi il Signore ci consegnerà la terra, ti tratteremo con benevolenza e lealtà".

Secondo un usuale clichè una prostituta di per sé è inaffidabile, molto più delle inaffidabili donne. Infatti Raab appena vede due stranieri tradisce tutto il suo popolo, e si vende ai nuovi padroni, con la promessa della salvezza della vita per lei ed i suoi parenti.

La Bibbia, quando fa comodo alla narrazione, esalta le gesta addirittura di una prostituta traditrice del suo popolo.

Davvero incredibile infine questa storia degli abitanti di Gerico, città cinta da forti ed alte mura, che si terrorizzano di fronte a delle tribù di selvaggi nomadi. Tutto il racconto è totalmente favolistico.

Giosuè Cap. 3, vv. 1- 5 (la Bibbia dell'arca-G.P.S.)

[1]Lì pernottarono prima di attraversare. [2]Trascorsi tre giorni, gli scribi percorsero l'accampamento [3]e diedero al popolo quest'ordine: "Quando vedrete l'arca dell'alleanza del Signore, vostro Dio, e i sacerdoti leviti che la portano, voi vi muoverete dal vostro posto e la seguirete; [4]vi sia però tra voi ed essa una distanza di circa duemila cubiti: non avvicinatevi. Così potrete conoscere la strada dove andare, perché prima d'oggi non siete passati per questa strada". [5]Giosuè ordinò al popolo: "Santificatevi, poiché domani il Signore compirà meraviglie in mezzo a voi".

13

La storia di tutte le religioni: le religioni santificano le guerre, anzi istigano alle guerre, benedicono i guerrieri, trasformano la cosa peggiore che gli uomini possano fare, i crimini contro l'umanità in cose sante e meravigliose. I fortunati soldati di dio non avevano bisogno del Tom-Tom, l'arca era molto meglio. Essa insegnava loro la strada con la tipica voce sintetizzata:
- fra trecento metri gira a destra
- alla rotatoria prendi la seconda uscita
- attento, autovelox fra 100 mt., rallenta.

Giosuè Cap. 3, vv. 15 - 17 (La Bibbia dei miracoli-fotocopia)

[15]Appena i portatori dell'arca furono arrivati al Giordano e i piedi dei sacerdoti che portavano l'arca si immersero al limite delle acque - il Giordano infatti è colmo fino alle sponde durante tutto il tempo della mietitura -, [16]le acque che scorrevano da monte si fermarono e si levarono come un solo argine molto lungo a partire da Adam, la città che è dalla parte di Sartàn. Le acque che scorrevano verso il mare dell'Araba, il Mar Morto, si staccarono completamente. Così il popolo attraversò di fronte a Gerico. [17]I sacerdoti che portavano l'arca dell'alleanza del Signore stettero fermi all'asciutto in mezzo al Giordano, mentre tutto Israele attraversava all'asciutto, finché tutta la gente non ebbe finito di attraversare il Giordano.

I pastori erranti che scrissero la Bibbia sanno benissimo che se racconti una balla la prima volta non tutti ci credono, ma se la ripeti ancora, come per incanto, diventa realtà.
Per chi ha fede, fermare un fiume non è un problema, è energia sprecata costruire una diga, basta metterci davanti un'arca "sacra" e la diga virtuale si forma come d'incanto, facile, no?
E quindi, perché il giorno d'oggi la protezione civile non assume qualche cardinale per ricostruire all'istante gli argini dei fiumi quando si rompono?

Giosuè Cap. 4, vv. 1-7 (la Bibbia delle corse ad handicap)

[1]Quando tutta la gente ebbe finito di attraversare il Giordano, il Signore disse a Giosuè: [2]"Sceglietevi tra il popolo dodici uomini, un uomo per ciascuna tribù, [3]e comandate loro di prendere dodici pietre da qui, in mezzo al Giordano, dal luogo dove stanno immobili i piedi dei sacerdoti, di trasportarle e di deporle dove questa notte pernotterete". [4]Giosuè convocò i dodici uomini che aveva designato tra gli Israeliti, un uomo per ciascuna tribù, [5]e disse loro: "Passate davanti all'arca del Signore, vostro Dio, in mezzo al Giordano, e caricatevi sulle spalle ciascuno una pietra, secondo il numero delle tribù degli Israeliti, [6]perché siano un segno in mezzo a voi. Quando un domani i vostri figli vi chiederanno che cosa significhino per voi queste pietre, [7]risponderete loro: "Le acque del Giordano si divisero dinanzi all'arca dell'alleanza del Signore. Quando essa attraversò il Giordano, le acque del Giordano si divisero. Queste pietre dovranno essere un memoriale per gli Israeliti, per sempre"".

Agli Ebrei piace vincere facile e quindi guadare un fiume con l'ausilio delle dighe virtuali ma, proprio perché altrimenti non ci sarebbe stata competizione, pensano di complicarsi la vita caricandosi sulle spalle 12 pietre, magari per tenere in allenamento dorsali e bicipiti.

Non può sfuggire la ricorrenza del numero 12: dodici le tribù, dodici le pietre, dodici i futuri apostoli e, guarda caso dodici i segni zodiacali, le caselle del cielo che questo dio-sole visita nel corso dell'anno, guarda caso…

Giosuè Cap. 4, v. 9 (la Bibbia spiegata alle guide turistiche)

[9] Giosuè poi eresse dodici pietre in mezzo al Giordano, nel luogo dove poggiavano i piedi dei sacerdoti che portavano l'arca dell'alleanza: esse si trovano là fino ad oggi.

Molto credibile che delle pietre relativamente piccole (trasportabili a spalla da un uomo) si trovino ancora (visibili) sul letto di un fiume non proprio piccolo come il Giordano a distanza di anni, forse secoli. Magari le troviamo ancora oggi, andiamole a cercare, sai che attrazione turistica, o se non le troviamo mettiamocele, tante reliquie sono state costruite così.

Giosuè Cap. 4, v. 14 (La Bibbia spiegata ai conigli)

[14]In quel giorno il Signore rese grande Giosuè agli occhi di tutto Israele. Essi lo temettero, come avevano temuto Mosè tutti i giorni della sua vita.

Ancora una volta viene spiegata l'essenza del rapporto tra uomo e dio (e soprattutto del rapporto tra uomo e potere politico e religioso terreno): TIMORE, paura, terrore, tutti inginocchiati in posizione genupettorale a tremare come foglie.

Giosuè Cap. 4, vv. 17-18 (La Bibbia spiegata agli idraulici)

[17]Giosuè comandò ai sacerdoti: "Risalite dal Giordano". [18]Quando i sacerdoti, che portavano l'arca dell'alleanza del Signore, risalirono dal Giordano, nello stesso momento in cui la pianta dei loro piedi toccò l'asciutto, le acque del Giordano tornarono al loro posto e rifluirono come nei giorni precedenti su tutta l'ampiezza delle loro sponde.

E quando le acque del fiume fermate dalla diga virtuale ripartirono, che tsunami avranno provocato nei paesi a valle? Come mai la Bibbia e gli storici non ne parlano?
Ma se credi che le acque si possano fermare senza un ostacolo fisico puoi credere che possano ripartire senza provocare inondazioni a valle!

Giosuè Cap. 5, vv. 4-9 (La Bibbia dei pisellini affettati)

[4]La ragione di questa circoncisione praticata da Giosuè è la seguente: tutto il popolo uscito dall'Egitto, i maschi, tutti gli uomini atti alla guerra, erano morti nel deserto dopo l'uscita dall'Egitto. [5]Tutti coloro che erano usciti erano circoncisi, mentre tutti coloro che erano nati nel deserto, dopo l'uscita dall'Egitto, non erano circoncisi. [6]Quarant'anni infatti avevano camminato gli Israeliti nel deserto, finché non fu estinta tutta la generazione degli uomini idonei alla guerra, usciti dall'Egitto; essi non avevano ascoltato la voce del Signore e il Signore aveva giurato di non far loro vedere quella terra che il Signore aveva giurato ai loro padri di darci, terra dove scorrono latte e miele. [7]Al loro posto suscitò i loro figli e Giosuè circoncise costoro;

non erano infatti circoncisi, perché non era stata fatta la circoncisione durante il viaggio. ⁸Quando si terminò di circoncidere tutti, rimasero a riposo nell'accampamento fino al loro ristabilimento. ⁹Allora il Signore disse a Giosuè: "Oggi ho allontanato da voi l'infamia dell'Egitto". Quel luogo si chiama Gàlgala fino ad oggi.

Ogni tanto agli Ebrei prendeva la mania di afferrare un coltello e di puntarlo contro i propri figli, alla gola od al prepuzio poca importava. E veniamo a sapere che, nonostante le infinite raccomandazioni di dio al popolo eletto di affettare tutti i pisellini dei loro neonati, per quaranta anni tale importantissima prescrizione non fu attuata. Evidentemente le famiglie non se la sentivano di adempiere a quest'ordine che, in condizioni di scarsa igiene, poteva essere molto pericoloso ed anche mortale, infatti nel versetto otto si parla di riposo fino al ristabilimento dei castr... (pardon circoncisi).
Ed ancora una volta mi piace immaginare la montagnola di prepuzietti sanguinolenti accumulati dalla circoncisione di migliaia e migliaia d'Ebrei. Solo le religioni possono condurre a tali follie.

Giosuè Cap. 5, v. 12 (La Bibbia dei miracoli quarantennali)

¹² E a partire dal giorno seguente, come ebbero mangiato i prodotti della terra, la manna cessò. Gli Israeliti non ebbero più manna; quell'anno mangiarono i frutti della terra di Canaan.

Il pastore errante vuole farci credere che la manna continuò a cadere dal cielo per ben 40 anni (ma il giorno d'oggi nessuno l'ha mai vista), e che questo popolo si sia nutrito per 40 anni con questa dieta aproteica, salvo l'unico pasto a base di quaglie!
Pazzesco.

Giosuè Cap. 5, vv. 13-15 (la Bibbia spiegata ai calzolai)

¹³ Quando fu presso Gerico, Giosuè alzò gli occhi e vide un uomo in piedi davanti a sé, che aveva in mano una spada sguainata. Giosuè si diresse verso di lui e gli chiese: "Tu sei dei nostri o dei nostri nemici?". [14]*Rispose: "No, io sono il capo dell'esercito del Signore. Giungo proprio ora". Allora Giosuè cadde con la faccia a terra, si prostrò e gli disse: "Che ha da dire il mio signore al suo servo?".* [15]*Rispose il capo dell'esercito del Signore a Giosuè: "Togliti i sandali dai tuoi piedi, perché il luogo sul quale tu stai è santo". Giosuè così fece.*

Luoghi santi, terre sante, ogni cosa che toccano i sacerdoti è santa, ogni terreno di presunti miracoli è santo, e quando si calpestano luoghi santi occorre togliersi le scarpe. Ma perché le scarpe sarebbero così inadatte? Eppure spesso servono a nascondere lo sporco dei piedi ed a coprirne il lezzo!
Che dire dell'apparizione del capo dell'esercito di dio?
Niente, normale amministrazione nei miracoli quotidiani che il dio-sole faceva a quei tempi, ma il giorno d'oggi la sua potenza è davvero affievolita, visto che i miracoli restano solo nella fervida immaginazione di qualche beghina.

Giosuè Cap. 6, vv. 2-5 (La Bibbia spiegata alle bande di paese)

[2]*Disse il Signore a Giosuè: "Vedi, consegno in mano tua Gerico e il suo re, pur essendo essi prodi guerrieri.* [3]*Voi tutti idonei alla guerra, girerete intorno alla città, percorrendo una volta il perimetro della città. Farete così per sei giorni.* [4]*Sette sacerdoti porteranno sette trombe di corno d'ariete davanti all'arca; il settimo giorno, poi, girerete intorno alla città per sette volte e i sacerdoti suoneranno le trombe.* [5]*Quando si suonerà il corno d'ariete, appena voi sentirete il suono della tromba, tutto il popolo proromperà in un grande grido di guerra, allora le mura della città crolleranno e il popolo salirà, ciascuno diritto davanti a sé".*

Si tratta del passaggio più famoso del libro di Giosuè: dio che distrugge le mura di una città a suon di trombe, una delle più grandi panzane mai raccontate da questa fantasiosa religione.
Ma che aveva fatto di tanto male Gerico, se non di trovarsi sulla strada dei predoni ebraici?

Giosuè Cap. 6 vv. 15-19 (La Bibbia del sette bello)

[15]Il settimo giorno si alzarono allo spuntare dell'alba e girarono intorno alla città sette volte, secondo questo cerimoniale; soltanto in quel giorno fecero sette volte il giro intorno alla città. [16]Alla settima volta i sacerdoti diedero fiato alle trombe e Giosuè disse al popolo: "Lanciate il grido di guerra, perché il Signore vi consegna la città. [17]Questa città, con quanto vi è in essa, sarà votata allo sterminio per il Signore. Rimarrà in vita soltanto la prostituta Raab e chiunque è in casa con lei, perché ha nascosto i messaggeri inviati da noi. [18]Quanto a voi, guardatevi da ciò che è votato allo sterminio: mentre operate la distruzione, non prendete nulla di ciò che è votato allo sterminio, altrimenti rendereste votato allo sterminio l'accampamento d'Israele e gli arrechereste una disgrazia. [19]Tutto l'argento e l'oro e gli oggetti di bronzo e di ferro sono consacrati al Signore: devono entrare nel tesoro del Signore".

L'insistere sulla numerologia, in precedenza sul dodici, ora sul sette è una chiara dimostrazione della totale fantasiosità del racconto.

A me piace vedere la scena di questi pazzi che girano con l'arca intorno alla città per sette giorni, sette volte suonando sette trombe, a queste follie porta il seguire una religione.

Le prescrizioni non cambiano mai: distruggere tutto ed uccidere tutti, salvo la prostituta collaborazionista!

Cambia invece la voracità dei sacerdoti, sempre più insaziabili: tutto l'oro, l'argento, il bronzo ed il ferro rapinato dovranno andare al santuario (traduzione: ai sacerdoti!).

Giosuè Cap. 6, vv. 20-21 (La Bibbia delle mura di carta)

[20]Il popolo lanciò il grido di guerra e suonarono le trombe. Come il popolo udì il suono della tromba e lanciò un grande grido di guerra, le mura della città crollarono su se stesse; il popolo salì verso la città, ciascuno diritto davanti a sé, e si impadronirono della città. [21]Votarono allo sterminio tutto quanto c'era in città: uomini e donne, giovani e vecchi, buoi, pecore e asini, tutto passarono a fil di spada.

Mi astengo dal commentare la favoletta per bambini dell'asilo.

Invece m'interessa lo sterminio, di un'intera città viene lasciata in vita una decina di persone, e tutto questo senza che la popolazione di Gerico abbia avuto una sola colpa, semplicemente perché erano sulla strada del popolo eletto, qui l'odio non ha una scusa, una giustificazione di sorta, nulla, è un odio fine a se stesso, quindi un odio divino.

Giosuè Cap. 6, vv. 23-25 (La Bibbia delle pie traditrici)

²³Quei giovani esploratori entrarono e condussero fuori Raab, suo padre, sua madre, i suoi fratelli e quanto le apparteneva. Fecero uscire tutti quelli della sua famiglia e li posero fuori dell'accampamento d'Israele. ²⁴Incendiarono poi la città e quanto vi era dentro. Destinarono però l'argento, l'oro e gli oggetti di bronzo e di ferro al tesoro del tempio del Signore. ²⁵Giosuè lasciò in vita la prostituta Raab, la casa di suo padre e quanto le apparteneva. Ella è rimasta in mezzo a Israele fino ad oggi, per aver nascosto gli inviati che Giosuè aveva mandato a esplorare Gerico.

No, non posso non ritornare sulla santificazione di una prostituta, distintasi per aver tradito il suo popolo e per aver collaborato con gli invasori predoni.

Per la morale biblica (e per quella pretesca) tutto va bene, qualsiasi comportamento è lecito, anche il tradimento del proprio popolo, purché arrechi vantaggio alla chiesa ed ai suoi capi.

Giosuè Cap. 7, vv. 1-5 (La Bibbia spiegata ai megalomani)

¹Ma gli Israeliti violarono la legge dello sterminio: Acan, figlio di Carmì, figlio di Zabdì, figlio di Zerach, della tribù di Giuda, si impadronì di cose votate allo sterminio e allora la collera del Signore si accese contro gli Israeliti.

² Giosuè inviò degli uomini da Gerico ad Ai, che si trova presso Bet-Aven, a oriente di Betel, con quest'ordine: "Salite a esplorare la regione". Quegli uomini salirono a esplorare Ai, ³ritornarono da Giosuè e gli dissero: "Non c'è bisogno che vada tutto il popolo: vadano all'assalto due o tremila uomini, ed espugneranno Ai; non impegnare tutto il popolo, perché sono in pochi". ⁴Vi andarono allora del popolo circa tremila uomini, ma dovettero fuggire davanti a quelli di Ai, ⁵che ne uccisero circa trentasei, li inseguirono dalla porta della città fino a Sebarìm, sconfiggendoli sulle pendici. Il cuore del popolo si sciolse come acqua.

Quando gli Israeliani vincono è per merito di dio, quando perdono (erano diventati un pochino presuntuosi, dato che avevano vinto facile l'ultima volta…) allora è per colpa di qualche peccato commesso. E quale sarebbe l'orrendo peccato? Il non aver portato tutto il bottino di guerra al santuario (ai voraci sacerdoti) ma di essersene appropriati.
Date i soldi ai preti, altrimenti chissà quale orrendo castigo divino potrebbe capitarvi!

Giosuè Cap. 7, vv. 16-21

(La Bibbia spiegata ai vincitori delle lotterie)

[16]Giosuè si alzò di buon mattino e fece accostare Israele per tribù e venne sorteggiata la tribù di Giuda. [17]Fece accostare i casati di Giuda e venne sorteggiato il casato degli Zerachiti; fece accostare il casato degli Zerachiti per famiglie e venne sorteggiato Zabdì; [18]fece accostare la sua famiglia per individui e venne sorteggiato Acan, figlio di Carmì, figlio di Zabdì, figlio di Zerach, della tribù di Giuda. [19]Disse allora Giosuè ad Acan: "Figlio mio, da' gloria al Signore, Dio d'Israele, e rendigli lode. Raccontami dunque che cosa hai fatto, non me lo nascondere". [20]Acan rispose a Giosuè: "È vero, io ho peccato contro il Signore, Dio d'Israele, e ho fatto quanto vi dirò: [21]avevo visto nel bottino un bel mantello di Sinar, duecento sicli d'argento e un lingotto d'oro del peso di cinquanta sicli. Li ho desiderati e me li sono presi, ed eccoli nascosti in terra al centro della mia tenda, e l'argento è sotto".

Secondo quanto ordinato da dio, l'inchiesta su chi fosse stato il colpevole d'appropriazione indebita fu condotta in modo alquanto originale: mediante sorteggio: Lo sfortunato vincitore dell'estrazione è il colpevole.
Perché i giudici non ci hanno mai pensato prima? Di fronte ad un presunto reo basta lanciare una moneta: testa: innocente, croce: colpevole. Sai come si snellirebbero i processi…
Com'è andata invece razionalmente?
Semplice: i membri di **tutte** le tribù d'Israele avevano rubato e quindi Giosuè poteva affidarsi al caso, comunque avrebbe trovato un colpevole!

Giosuè Cap. 7, vv. 23-26 (La Bibbia dei lapidatori random)

22Giosuè mandò incaricati che corsero alla tenda, ed ecco, tutto era nascosto nella tenda e l'argento era sotto. 23Presero il tutto dalla tenda, lo portarono a Giosuè e a tutti gli Israeliti e lo deposero davanti al Signore. 24Giosuè allora prese Acan figlio di Zerach con l'argento, il mantello, il lingotto d'oro, i suoi figli, le sue figlie, i suoi buoi, i suoi asini, le sue pecore, la sua tenda e quanto gli apparteneva. Tutto Israele era con lui ed egli li condusse alla valle di Acor. 25Giosuè disse: "Come tu ci hai arrecato disgrazia, così oggi il Signore l'arrechi a te!". Tutti gli Israeliti lo lapidarono. Poi li bruciarono tutti e li coprirono di pietre. 26Eressero poi sul posto un gran mucchio di pietre, che esiste ancora oggi. E il Signore placò l'ardore della sua ira. Perciò quel luogo si chiama valle di Acor fino ad oggi.

Dopo una seria e documentata inchiesta (estrazione a sorte) Giosuè ed i suoi sgherri, spalleggiati dagli immancabili sacerdoti, prendono il capro espiatorio (pardon il colpevole) e lo lapidano, naturalmente insieme ai suoi figli: questa è la giustizia voluta da dio.
Per chi vorrà farsi un giro da quelle parti troverà ancora il cumulo di pietre, con qualche pezzo d'osso in mezzo (o no?).

Giosuè Cap. 8, vv. 3-8 (la Bibbia delle imboscate)

3Giosuè e tutto il suo esercito si accinsero ad assalire Ai. Egli scelse trentamila guerrieri valenti, li inviò di notte 4con questo comando: "State attenti: voi tenderete agguati dietro la città, senza allontanarvi troppo da essa. State tutti all'erta. 5Io e tutta la gente che è con me ci avvicineremo alla città. Quando usciranno contro di noi, come la prima volta, noi fuggiremo davanti a loro. 6Essi usciranno dietro a noi finché li avremo attirati lontano dalla città, perché penseranno: "Fuggono davanti a noi come la prima volta!". Mentre noi fuggiremo davanti a loro, 7voi balzerete fuori dall'imboscata e occuperete la città, e il Signore, vostro Dio, la consegnerà in mano vostra. 8Una volta occupata, appiccherete il fuoco alla città. Agite secondo il comando del Signore.

D'accordo, la guerra è guerra e non penso esista un modo giusto ed umano di condurla, ma un dio che ordina di tendere un tranello ad un altro popolo e di bruciare una città fa un poco senso.
Ma è questo il dio biblico, il dio della guerra, delle stragi, dei tranelli.

Giosuè Cap. 8, vv. 22-26 (La Bibbia spiegata a Napoleone)

²²Anche gli altri uscirono dalla città contro di loro, e così i combattenti di Ai si trovarono in mezzo agli Israeliti, avendoli da una parte e dall'altra. Gli Israeliti li colpirono, finché non rimase nessun superstite o fuggiasco. ²³Presero vivo il re di Ai e lo condussero da Giosuè. ²⁴Quando gli Israeliti ebbero finito di uccidere tutti gli abitanti di Ai, che li avevano inseguiti in campo aperto nel deserto, e tutti fino all'ultimo furono passati a fil di spada, tutti gli Israeliti rientrarono in Ai e la colpirono a fil di spada. ²⁵Tutti i caduti in quel giorno, uomini e donne, furono dodicimila, tutta la popolazione di Ai. ²⁶Giosuè non ritirò la mano che brandiva il giavellotto, finché non ebbero votato allo sterminio tutti gli abitanti di Ai.

Banale (e criminale) strategia di guerra prendere il nemico e stringerlo fra due fuochi, fingere di fuggire per poi tornare indietro, banalità per uno stratega come Napoleone, ma buono per i lettori della Bibbia.

Lo scrittore errante, Giosuè e dio si vantano di non aver risparmiato nessuno, di aver ucciso dodicimila persone, in gran parte civili. E bravo dio!

Giosuè Cap. 8, vv. 27-29 (la Bibbia desolante)

²⁷Gli Israeliti trattennero per sé soltanto il bestiame e il bottino della città, secondo l'ordine che il Signore aveva dato a Giosuè. ²⁸Giosuè incendiò Ai, riducendola a una collina di rovine per sempre, una desolazione fino ad oggi. ²⁹Fece appendere il re di Ai a un albero, fino alla sera. Al tramonto Giosuè comandò che il suo cadavere fosse calato giù dall'albero; lo gettarono all'ingresso della porta della città e vi eressero sopra un gran mucchio di pietre, che esiste ancora oggi.

Desolazione sembrerebbe un termine negativo, un qualcosa da evitare a tutti i costi, ma quando dio ordina, una collina desolata, dove c'era una fiorente città, è cosa bella da vedersi ed un'opera santa del signore.

I re nemici devono essere impiccati, appesi agli alberi ed il cadavere deve essere seppellito sotto un cumulo di sassi "che esiste ancora oggi". Mi sa che la Palestina è piena di mucchi di sassi...

Giosuè Cap. 8, v. 33 (La Bibbia dell'arca-split)

[33]Tutto Israele, gli anziani, gli scribi, i giudici, il forestiero come quelli del popolo, stavano in piedi da una parte e dall'altra dell'arca, di fronte ai sacerdoti leviti, che portavano l'arca dell'alleanza del Signore: una metà verso il monte Garizìm e l'altra metà verso il monte Ebal, come aveva prescritto Mosè, servo del Signore, per benedire il popolo d'Israele anzitutto.

Se ho ben capito l'arca dovrebbe essere qualcosa come un grosso armadio di legno, decorato e dorato, con dentro le tavole della legge.
Se così è, come avranno fatto a portare una metà dell'arca sul monte Garizim e l'altra sul monte Ebal?

Giosuè Cap. 8, v. 35 (La Bibbia dei lettori ad oltranza)

[35]Di tutto quanto Mosè aveva comandato, non ci fu parola che Giosuè non leggesse davanti a tutta l'assemblea d'Israele, comprese le donne, i fanciulli e i forestieri che camminavano con loro.

Se a Mosè sono attribuiti, per tradizione, i primi cinque libri della Bibbia, non invidio i poveri Israeliti, pur vincitori di una guerra, costretti al religioso ascolto degli interminabili scritti del grafomane Mosè.

Giosuè Cap. 9, vv. 22-27 (La Bibbia spiegata ai boscaioli)

[22]Giosuè chiamò quelli di Gàbaon e parlò loro dicendo: "Perché ci avete ingannato, dicendo di abitare molto lontano, mentre abitate in mezzo a noi? [23]Maledetti! Voi non cesserete d'essere schiavi: tagliatori di legna e portatori d'acqua per il tempio del mio Dio". [24]Risposero a Giosuè: "Ai tuoi servi era stato riferito più volte quanto il Signore, tuo Dio, aveva ordinato a Mosè, suo servo, di dare cioè a voi tutta la terra e di distruggere dinanzi a voi tutti i suoi abitanti. Allora, avendo molta paura di voi per le nostre vite, ci comportammo così. [25]Ora eccoci nelle tue mani: fa' di noi come sembra buono e giusto ai tuoi occhi". [26]Giosuè li trattò in questo modo: li salvò dalla mano degli Israeliti, che non li uccisero; [27]ma da quel giorno, fino ad

24

oggi, Giosuè li rese tagliatori di legna e portatori d'acqua per la comunità e per l'altare del Signore, nel luogo che egli avrebbe scelto.

Insomma quando gli Israeliti sono benevoli (ma solo perché erano stati ingannati sulla provenienza di quelli di Gabaon ed avevano giurato di risparmiarli) li fanno diventare tagliatori di legna e portatori d'acqua (detto in termini semplici: schiavi).
Che popolo pacifico era quello amato dal signore!

Giosuè Cap. 10, v. 11
(La Bibbia del dio che colpisce alle spalle)

11Mentre essi fuggivano dinanzi a Israele ed erano alla discesa di Bet-Oron, il Signore lanciò dal cielo su di loro come grosse pietre fino ad Azekà e molti morirono. Morirono per le pietre della grandine più di quanti ne avessero uccisi gli Israeliti con la spada

Che vigliacco questo dio che lancia sassi alle spalle dei nemici che già stavano fuggendo!
Ma erano sassi, era grandine, erano tutte e due le cose? Un poco confuso in questi passaggi il pastore errante, forse il successo gli aveva dato alla testa.

Giosuè Cap. 10, vv. 12-13 (La Bibbia spiegata a Copernico)

12 Quando il Signore consegnò gli Amorrei in mano agli Israeliti, Giosuè parlò al Signore e disse alla presenza d'Israele:
"Férmati, sole, su Gàbaon,
luna, sulla valle di Àialon".
13Si fermò il sole
e la luna rimase immobile
finché il popolo non si vendicò dei nemici.
Non è forse scritto nel libro del Giusto? Stette fermo il sole nel mezzo del cielo, non corse al tramonto un giorno intero.

Per dare forza alla sua balla colossale del sole che si ferma nel cielo, Giosuè chiama in causa un fantomatico "libro del giusto", che avrebbe contenuto la profezia poi avveratasi.

Insomma un libro fantasy che ne chiama in causa un altro inesistente, adiamo bene!

Questo capitolo 10 è il passo famigerato in cui si dà per certo che il sole si fermò in mezzo al cielo, niente interpretazione allegorica, per favore, per qualche millennio in base a questo passo, dato per infallibile perché scritto da dio, fu proibito agli scienziati anche solo di ipotizzare che fosse la terra a girare intorno al sole e sempre in base a questo passo Galileo fu imprigionato, forse torturato, gli fu impedito di continuare il suo lavoro e rischiò il rogo.

Gli stessi che hanno dato per secoli un'interpretazione letteraria e rozza dei testi, ora, alla luce delle innegabili acquisizioni scientifiche, passano alla lettura allegorica, facile come accendere o spegnere un interruttore: il pastore errante sapeva che la terra gira intorno al sole ma, dato che non sarebbe stato capito dagli ignoranti di quel tempo, optò per la soluzione di fantasia…

Giosuè Cap. 10, vv. 22-27 (La Bibbia spiegata ai re idioti)

[22]Giosuè quindi ordinò: "Aprite l'ingresso della grotta e fatemi uscire dalla grotta quei cinque re". [23]Così fecero e gli condussero fuori dalla grotta quei cinque re: il re di Gerusalemme, il re di Ebron, il re di Iarmut, il re di Lachis e il re di Eglon. [24]Quando quei re furono fatti uscire dinanzi a Giosuè, egli convocò tutti gli Israeliti e disse agli ufficiali che avevano marciato con lui: "Avvicinatevi e ponete i vostri piedi sul collo di questi re!". Quelli si avvicinarono e posero i piedi sul loro collo. [25]Disse loro Giosuè: "Non temete e non spaventatevi! Coraggio, siate forti, perché così farà il Signore a tutti i nemici contro cui dovrete combattere". [26]Dopo di ciò, Giosuè li colpì e li fece morire e li fece appendere a cinque alberi. Vi rimasero appesi fino a sera. [27]All'ora del tramonto, per ordine di Giosuè, li calarono dagli alberi e li gettarono nella grotta dove si erano nascosti. All'ingresso della grotta posero grosse pietre, che sono lì ancora oggi.

La gloriosa epopea dei massacri commessi dai predoni guidati da Giosuè continua con toni sempre più favolistici:

O i re di allora erano davvero idioti od il pastore errante le spara grosse:
Se cinque re decisero di attaccare contemporaneamente i predoni di Giosuè, si presume marciassero alla testa di cinque eserciti separati. Anche in caso di sconfitta in battaglia ognuno dei re avrà tentato di rientrare nella sua città, aiutato dal resto dell'esercito. Come mai i cinque re si sarebbero ritrovati insieme e soli, senza più un soldato a fianco? Ed ammesso quest'assurdo, erano così idioti da rifugiarsi dentro una grotta senza via d'uscita?
Va infine ancora una volta segnalata l'estrema spietatezza dei predoni amati da dio, ed anche in questo caso il turista può ammirare ancora oggi il cumulo di pietre all'ingresso della grotta. (dove? Chiedetelo alla Valtour…)

Giosuè Cap. 10, vv. 28-39 (La Bibbia delle pulizie etniche seriali)

28 *Giosuè in quel giorno conquistò Makkedà: passò a fil di spada la città e il suo re, li votò allo sterminio, con ogni essere vivente che era in essa; non lasciò alcun superstite e trattò il re di Makkedà come aveva trattato il re di Gerico.* 29*Da Makkedà Giosuè e tutto Israele passarono a Libna e l'attaccarono.* 30*Il Signore consegnò anche questa città e il suo re nelle mani d'Israele, che la passò a fil di spada con ogni essere vivente che era in essa; non vi lasciò alcun superstite e trattò il suo re come aveva trattato il re di Gerico.* 31*Da Libna Giosuè e tutto Israele passarono a Lachis, si accamparono contro di essa e l'attaccarono.* 32*Il Signore consegnò Lachis nelle mani d'Israele: la conquistò il secondo giorno e la passò a fil di spada con ogni essere vivente che era in essa, come aveva fatto a Libna.* 33*Allora Oram, re di Ghezer, andò in soccorso di Lachis. Giosuè batté lui e il suo popolo, fino a non lasciargli alcun superstite.* 34*Da Lachis Giosuè e tutto Israele passarono a Eglon, si accamparono contro di essa e l'attaccarono.* 35*La presero quello stesso giorno e la passarono a fil di spada, votando allo sterminio ogni essere vivente che era in essa, come avevano fatto a Lachis.* 36*Da Eglon Giosuè e tutto Israele salirono a Ebron e l'attaccarono.* 37*Presero e passarono a fil di spada la città, il suo re, tutti i suoi villaggi e ogni essere vivente che era in essa. Non lasciarono alcun superstite, come avevano fatto a Eglon: la votarono allo sterminio, con ogni essere vivente che era in essa.* 38*Poi Giosuè, e con lui tutto Israele, si volsero a Debir e l'attaccarono.* 39*La presero con il suo re e tutti i suoi villaggi, li passarono a fil di spada e votarono allo sterminio ogni essere vivente che era in essa: non lasciarono*

alcun superstite. Trattarono Debir e il suo re come avevano trattato Ebron e come avevano trattato Libna e il suo re.

Riporto per intero questi racconti ragionieristici delle città distrutte dai predoni del signore, in cui il copione è lo stesso: attacco, vittoria, devastazione ed uccisione di **tutti** gli abitanti. Provate ad immaginare di quali crimini si sia macchiata la stirpe eletta, il popolo "buono" perché timorato di dio. Provate ad immaginare i cumuli di cadaveri, il loro lezzo, l'odore del sangue, i gemiti dei moribondi, i cumuli di bambini ammucchiati, le donne prima violentate (di solito si fa così) e poi uccise, ecco immaginate tutto questo e chiedetevi se davvero noi dobbiamo essere dalla parte di questo popolo e di questo dio.

Giosuè Cap. 11, vv. 4-6 (La Bibbia spiegata ai cavalli)

[4]Allora essi uscirono con tutti i loro eserciti: erano una truppa numerosa come la sabbia sulla riva del mare, con numerosissimi cavalli e carri. [5]Tutti questi re si allearono e vennero ad accamparsi insieme presso le acque di Merom, per combattere contro Israele. [6]Allora il Signore disse a Giosuè: "Non temerli, perché domani a quest'ora io li consegnerò tutti trafitti davanti a Israele. Taglierai i garretti ai loro cavalli e appiccherai il fuoco ai loro carri".

Un'altra forma di guerra degna di commandos di predoni: tagliare i garretti ai cavalli ed appiccare il fuoco ai carri. La ferocia di queste armate capaci solo di combattere ormai è evidente e sicuramente il loro comportamento del tutto disinteressato alla pace ed alle alleanze causerà il ritrovarsi poi in un vicolo cieco e preparerà la strada alle future sconfitte degli Ebrei, quando, naturalmente, dio li avrà abbandonati...

Giosuè Cap. 11, vv. 12-14
(La Bibbia delle città incendiate in pianura)

[12]Giosuè prese tutti quei re e le loro città, passandoli a fil di spada; li votò allo sterminio, come aveva comandato Mosè, servo del Signore. [13]Tuttavia Israele non

incendiò nessuna delle città costruite su colline, a parte Asor, incendiata da Giosuè.
[14]Gli Israeliti presero tutto il bottino di queste città e il bestiame; passarono però a fil di spada tutti gli uomini fino a distruggerli: non risparmiarono alcun vivente.

Fortunate le città poste sulle colline, perché, non si sa il motivo, non furono incendiate (ma i loro abitanti comunque sterminati!). Sfortunata invece due volte Asor, città posta sulla collina, ma incendiata lo stesso da Giosuè in persona.
-Il senso?
- Così garbava al grande conquistatore.
Tutto il capitolo 11 si dilunga ancora in distruzioni di città ed uccisioni seriali di re, ve le risparmio in gran parte.

Giosuè Cap. 11, vv. 19-20 (La Bibbia del dio sadico)

[19]Non ci fu alcuna città che facesse pace con gli Israeliti, eccetto gli Evei che abitavano Gàbaon: le presero tutte con le armi, [20]perché veniva dal Signore che il loro cuore si ostinasse a dichiarare guerra a Israele, per votarle allo sterminio senza pietà e così distruggerle, come il Signore aveva comandato a Mosè.

Ancora una volta, come ripetutamente raccontato in passato, dio si diverte a rendere ostinati i nemici in modo che gli Ebrei potessero sterminarli.
Ogni commento è superfluo.

Giosuè Cap. 11, v. 23 (La Bibbia della pace perpetua)

[23]Giosuè prese tutto il territorio, come il Signore aveva ordinato a Mosè. Giosuè lo assegnò in eredità a Israele, secondo le loro divisioni in tribù. E la terra visse tranquilla, senza guerra.

Orrenda conclusione di questo capitolo: Per ottenere la pace devi sterminare tutti quelli che ti stanno attorno, quando avrai fatto terra bruciata per centinaia di chilometri allora ci sarà la pace... fino alla prossima guerra, naturalmente.

Giosuè Cap. 12, vv. 9-13 (La Bibbia del pallottoliere)

⁹il re di Gerico, uno; il re di Ai, che è presso Betel, uno;
¹⁰il re di Gerusalemme, uno; il re di Ebron, uno;
¹¹il re di Iarmut, uno; il re di Lachis, uno;
¹²il re di Eglon, uno; il re di Ghezer, uno;
¹³il re di Debir, uno; il re di Gheder, uno;

Strana costruzione delle frasi, che continua fino al termine del capitolo: forse serve a dimostrare che il pastore errante e Giosuè sapevano contare fino ad uno e che per arrivare a contarne 31 dovevano ripetere uno 31 volte.

Sapevano combattere, ma in matematica erano un poco scarsini…

Giosuè Cap. 13, vv. 6-7 (La Bibbia della spartizione con i dadi)

⁶Io stesso scaccerò davanti agli Israeliti tutti gli abitanti delle montagne dal Libano a Misrefot-Màim, e tutti quelli di Sidone. Tu dovrai solo tirare a sorte l'eredità per Israele, come ti ho comandato. ⁷Ora dunque, distribuisci questa terra in eredità alle nove tribù e a metà della tribù di Manasse".

Dopo l'ennesima istigazione a delinquere rivolta da dio al suo popolo (come se ce ne fosse bisogno!), il capitolo 13 procede con la ragionieristica descrizione della spartizione dei territori conquistati. Ve la risparmio.

Giosuè Cap. 13, v. 13 (La Bibbia delle parzialità)

¹³Tuttavia gli Israeliti non avevano scacciato i Ghesuriti e i Maacatiti; infatti le popolazioni di Ghesur e Maacà vivono in mezzo a Israele ancora oggi.

Come mai i Ghesuriti ed i Maacatiti furono risparmiati?
Il pastore errante non dice quali meriti abbiano acquisito e perché Giosuè in questo caso abbia contravvenuto agli ordini di dio, alla legge dello sterminio.

Capricci di Giosuè il sanguinario.

Giosuè Cap. 13, v. 14 (La Bibbia spiegata ai senza terra)

14Soltanto alla tribù di Levi non aveva assegnato un'eredità: i sacrifici consumati dal fuoco per il Signore, Dio d'Israele, sono la sua eredità, come aveva detto loro.

Ancora una volta è ricordato che la tribù di Levi era speciale: a loro non toccava la spartizione della terra, quindi sembrava penalizzata, ma abbiamo già visto nel primo volume che invece la tribù dei sacerdoti rapinava a man bassa beni e preziosi da tutte le altre tribù, vivendo da nababbi esattamente come il clero di oggi.

Giosuè Cap. 14, vv. 4-5 (La Bibbia spiegata a chi si accontenta)

4Poiché i figli di Giuseppe formano due tribù, Manasse ed Èfraim, non si diede parte alcuna ai leviti nella terra, tranne le città dove abitare e i loro pascoli per le loro greggi e gli armenti. 5Come aveva comandato il Signore a Mosè, così fecero gli Israeliti e si divisero la terra.

Poveri Leviti, a loro furono date le briciole: solo le città dove abitare ed i pascoli per le loro greggi. E vi pare poco?
I parassiti sacerdoti da subito hanno imparato ad accumulare ricchezze fingendo di essere in miseria.

Giosuè Cap. 15, v. 63 (La Bibbia della pace, purtroppo)

63Quanto ai Gebusei che abitavano in Gerusalemme, i figli di Giuda non riuscirono a scacciarli; così i Gebusei abitano a Gerusalemme insieme con i figli di Giuda ancora oggi.

I capitoli 14 e 15 sono una noiosa e ragionieristica descrizione dei territori conquistati dagli Ebrei e delle loro spartizione, e si conclude con una considerazione di disdetta: Purtroppo la tribù di Giuda non riuscì a scacciare i Gebusei e questi ultimi vissero a Gerusalemme in pace con i figli di Giuda "ancora oggi": Che peccato che in questo caso non ci sia stato uno sterminio come dio comanda, ma si sa che della tribù di Giuda non c'è da fidarsi...

Giosuè Cap. 16, v. 10 (La Bibbia del dio schiavista)

¹⁰Essi non scacciarono i Cananei che abitavano a Ghezer; i Cananei hanno abitato in mezzo ad Èfraim fino ad oggi, ma sono costretti al lavoro coatto da schiavi.

Che bravi quelli della tribù di Efraim, loro non cacciano i nemici, né li sterminano, li fanno solo lavorare come schiavi...
Si dimostra per l'ennesima volta che il dio della Bibbia è un dio schiavista che approva che degli uomini tolgano la libertà ad altri uomini e li rendano simili a bestie da soma, loro ed i loro discendenti.

Giosuè Cap. 17, v. 10 (La Bibbia del dio schiavista, come sopra)

¹²Non poterono però i figli di Manasse impossessarsi di queste città e il Cananeo continuò ad abitare in questa regione. ¹³Poi, quando gli Israeliti divennero forti, costrinsero il Cananeo al lavoro coatto, ma non lo spodestarono del tutto.

Ancora una volta, come nel precedente commento, il pastore errante sembra dolersi del fatto che i Cananei continuassero ad abitare al fianco degli Israeliti, per fortuna poi, quando i rapporti di forza cambiarono, i Cananei furono costretti al lavoro coatto (schiavitù), alla fine dio trionfa sempre.

Giosuè Cap. 17, vv. 17-18 (La Bibbia dei disastri ecologici)

¹⁷Allora Giosuè disse alla casa di Giuseppe, cioè a Èfraim e a Manasse: "Tu sei un popolo numeroso e possiedi una grande forza; la tua non sarà una porzione soltanto, ¹⁸perché le montagne saranno tue. È una foresta, ma tu la disboscherai e sarà tua da un estremo all'altro; spodesterai infatti il Cananeo, benché abbia carri di ferro e sia forte".

Distruggere una foresta, in territori semi-aridi non è propriamente una scelta ecologica e nemmeno intelligente, dato che si peggiora ulteriormente il clima e la disponibilità d'acqua della zona.
Il dio della Bibbia ed i suoi seguaci non odiano solo gli altri uomini, ma anche la natura che sarebbe stata da lui creata!

Giosuè Cap. 18, vv. 3-5 (La Bibbia della torta da dividere)

³Disse allora Giosuè agli Israeliti: "Fino a quando trascurerete di andare a occupare la terra, che il Signore, Dio dei vostri padri, vi ha dato? ⁴Sceglietevi tre uomini per tribù e io li invierò. Essi andranno subito a ispezionare la terra, ne traceranno un piano per la divisione in eredità e torneranno da me. ⁵Essi se la divideranno in sette parti: Giuda rimarrà sul suo territorio nel meridione e quelli della casa di Giuseppe rimarranno sul loro territorio al settentrione.

Giosuè incita ancora e come sempre alla guerra, questo condottiero feroce e sanguinario che ordina di occupare terre che non sono sue e che solo con guerre di sterminio poteva procurarsi, ed il popolo, stanco di fare guerre dovrà ancora seguirlo. E dall'alto dio che annuisce: Sia guerra.

Giosuè Cap. 20, vv. 1-6 (La Bibbia spiegata agli omicidi lenti)

¹Il Signore disse a Giosuè: ²"Di' agli Israeliti: Sceglietevi le città di asilo, come vi avevo ordinato per mezzo di Mosè, ³perché l'omicida che avrà ucciso qualcuno per errore o per inavvertenza, vi si possa rifugiare. Vi serviranno di rifugio contro il vendicatore del sangue. ⁴Se qualcuno cerca asilo in una di queste città, fermatosi all'ingresso della porta della città, esporrà il suo caso agli anziani di quella città. Se costoro lo accoglieranno presso di sé dentro la città, gli assegneranno una dimora ed egli si stabilirà in mezzo a loro. ⁵Se il vendicatore del sangue lo insegue, essi non abbandoneranno nelle sue mani l'omicida, perché ha ucciso il prossimo per inavvertenza e senza averlo prima odiato. ⁶L'omicida abiterà in quella città finché comparirà in giudizio davanti alla comunità. Alla morte del sommo sacerdote in carica in quel tempo, l'omicida potrà tornarsene e rientrare nella sua città e nella sua casa, nella città da dove era fuggito".

Già nei libri del Pentateuco troviamo questa strana e barbara usanza in vigore fra le tribù primitive ebraiche:
L'omicidio viene vendicato dai parenti dal clan della vittima secondo il criterio edificante dell'occhio per occhio.
Ma, in caso d'omicidio involontario, l'omicida poteva rifugiarsi in una delle città-asilo, dove il vendicatore non poteva entrare. In quella città l'omicida doveva restare, pena la possibilità di essere raggiunto dal vendicatore, fino alla morte del sommo sacerdote.
Il senso di queste demenziali prescrizioni:
Impara a correre più veloce del possibile vendicatore!

Giosuè Cap. 21, vv. 41-42 (La Bibbia spiegata ai parchi)

⁴¹Totale delle città dei leviti in mezzo ai possessi degli Israeliti: quarantotto città e i loro pascoli. ⁴²Ciascuna di queste città comprendeva la città e il suo pascolo intorno: così di tutte queste città.

Come sempre alla fine la maschera viene gettata: la casta dei sacerdoti si accontenta "solo" di 48 città e del territorio circostante. Come adesso la chiesa romana si accontenta "solo" del 20% del patrimonio edilizio italiano, su cui naturalmente non paga le tasse.

Giosué Cap. 22, v. 8 (La Bibbia dei grossi bottini)

⁸Disse loro: "Tornate alle vostre tende con grandi ricchezze, con bestiame molto numeroso, con argento, oro, bronzo, ferro e una grande quantità di vesti; dividete con i vostri fratelli il bottino, tolto ai vostri nemici".

Giosuè non è un fine oratore, ma va al sodo, divide il bottino insanguinato e prescrive ai capi tribù di fare altrettanto a loro volta. Noi in realtà adoriamo il dio dei bottini.

Giosuè Cap. 22, vv. 26-29
(La Bibbia di chi la fa lunga per un altare)

26Perciò ci siamo detti: Costruiamo questo altare, non per olocausti o per sacrifici, 27ma perché sia testimonianza fra noi e voi e fra i nostri discendenti dopo di noi, che vogliamo compiere il nostro servizio al Signore davanti a lui, con i nostri olocausti, con le nostre vittime e con i nostri sacrifici di comunione. Così i vostri figli non potranno un domani dire ai nostri: "Voi non avete parte con il Signore". 28Ci siamo detti: Se in avvenire essi diranno questo a noi o ai nostri discendenti, risponderemo: "Guardate la forma dell'altare del Signore, che i nostri padri hanno costruito, non per olocausti o per sacrifici, ma perché fosse testimonianza fra noi e voi". 29Lontano da noi l'idea di ribellarci al Signore e di smettere oggi di seguirlo, costruendo un altare per olocausti, offerte e sacrifici, oltre l'altare del Signore, nostro Dio, che è davanti alla sua Dimora!".

Tutto il capitolo 22 è basato sulla contesa per un altare che le tribù di Ruben, di Gad e di Manasse costruirono. Quest'altare che avrebbe dovuto essere un segno di devozione a dio, per poco non scatenò un'altra faida tribale all'interno d'Israele. A questo porta il fanatismo religioso: attaccarsi ad un totem, un feticcio, considerare un sasso od un legno cosa sacra, intoccabile od al contrario un affronto ad un'altra divinità, o addirittura al proprio dio, secondo come viene letto o capito questo dio così silenzioso da risultare inesistente...

Giosuè Cap. 23, vv. 12-13 (La Bibbia spiegata agli integrati)

12Perché, se vi volgete indietro e vi unite al resto di queste nazioni che sono rimaste fra voi e vi imparentate con loro e vi mescolate con esse ed esse con voi, 13sappiate bene che il Signore, vostro Dio, non scaccerà più queste nazioni dinanzi a voi. Esse diventeranno per voi una rete e una trappola, flagello ai vostri fianchi e spine nei vostri occhi, finché non sarete spazzati via da questo terreno buono, che il Signore, vostro Dio, vi ha dato.

Di solito, finite le guerre, nel corso di qualche generazione, l'odio finisce e si torna a vivere in pace, i giovani s'incontrano, magari s'innamorano, fanno figli che sono d'entrambi i popoli, questa è la normalità, quale Italiano ricorda che contro gli Austriaci abbiamo combattuto una crudele guerra? Ora siamo popoli amici ed abbiamo abbattuto anche le frontiere.

Ma col popolo eletto da dio questo non è possibile: **loro** non si mescolano e continuano ad odiare di generazione in generazione.

Sarà proprio questa la rovina di questo popolo intrattabile e di "dura cervice", non certo l'aver abbandonato il loro dio sanguinario.

Giosuè Cap. 24, vv. 2-4 (La Bibbia spiegata agli intermediari)

²Giosuè disse a tutto il popolo: "Così dice il Signore, Dio d'Israele: "Nei tempi antichi i vostri padri, tra cui Terach, padre di Abramo e padre di Nacor, abitavano oltre il Fiume. Essi servivano altri dèi. ³Io presi Abramo, vostro padre, da oltre il Fiume e gli feci percorrere tutta la terra di Canaan. Moltiplicai la sua discendenza e gli diedi Isacco. ⁴A Isacco diedi Giacobbe ed Esaù; assegnai a Esaù il possesso della zona montuosa di Seir, mentre Giacobbe e i suoi figli scesero in Egitto.

Giosuè ripercorre la storia fantasy del suo popolo, ma quello che mi preme farvi notare è che lui non parla in nome di dio, è dio che parla al popolo per mezzo di Giosuè. Insomma allora come ora i presunti rappresentanti di dio sono davvero arroganti e pretendono di essere seguiti anche quando affermano cose assurde, perché è dio che parla per bocca loro.

Giosuè o Ratzinger la musica è sempre la stessa.

Giosuè Cap. 24, v. 11 (La Bibbia dei rivoltatori di frittate)

¹¹Attraversaste il Giordano e arrivaste a Gerico. Vi attaccarono i signori di Gerico, gli Amorrei, i Perizziti, i Cananei, gli Ittiti, i Gergesei, gli Evei e i Gebusei, ma io li consegnai in mano vostra.

Totalmente falso, come già scritto proprio in Giosuè, furono gli Ebrei ad attaccare Gerico, tra l'altro senza alcun pretesto plausibile, se non la bramosia di impadronirsi della loro terra, abitare le loro case mai costruite, raccogliere dalla vigna che non avevano piantato, e questo è bello agli occhi del signore.

Giosuè Cap. 24, vv. 25-27 (La Bibbia delle pietre-testimone)

[25]Giosuè in quel giorno concluse un'alleanza per il popolo e gli diede uno statuto e una legge a Sichem. [26]Scrisse queste parole nel libro della legge di Dio. Prese una grande pietra e la rizzò là, sotto la quercia che era nel santuario del Signore. [27]Infine, Giosuè disse a tutto il popolo: "Ecco: questa pietra sarà una testimonianza per noi, perché essa ha udito tutte le parole che il Signore ci ha detto; essa servirà quindi da testimonianza per voi, perché non rinneghiate il vostro Dio".

Certo chiamare a testimone una pietra è proprio da pazzi invasati, non ne convenite?

COMMENTO FINALE A GIOSUE'

Dalla lettura appena fatta di questo libro risulta evidente che si racconta **solo** la storia delle guerre di sterminio (così le chiama il libro santo), operate dal popolo israelita contro tutti gli altri popoli, badate bene legittimi proprietari del terreno che gli Ebrei volevano conquistare!

Le guerre, sempre volute fortemente da dio, sono descritte con dovizie di particolari su stragi, incendi, imboscate, impiccagioni di re, decapitazioni, bottini e spartizioni.

Le spartizioni del maltolto in particolare occupano più di metà del libro.

Credo che neanche per il popolo ebraico d'oggi tali racconti possano essere considerati edificanti, ma per chi non appartiene nemmeno a quella stirpe questo libro grondante di sangue non ha nessun valore.

GIUDICI

Giudici Cap. 1 vv. 4-7 (La Bibbia spiegata agli amputati)

4Giuda dunque salì, e il Signore mise nelle loro mani i Cananei e i Perizziti; sconfissero a Bezek diecimila uomini. 5A Bezek trovarono Adonì-Bezek, l'attaccarono e sconfissero i Cananei e i Perizziti. 6Adonì-Bezek fuggì, ma essi lo inseguirono, lo catturarono e gli amputarono i pollici e gli alluci. 7Adonì-Bezek disse: "Settanta re, con i pollici e gli alluci amputati, raccattavano gli avanzi sotto la mia tavola. Dio mi ripaga quel che ho fatto". Lo condussero poi a Gerusalemme, dove morì.

Il libro dei giudici comincia subito con una bella guerra conclusa con la cattura del re e la comminazione della pena dell'amputazione di pollici ed alluci (in fondo mite per quei tempi), ma qui il pastore errante la spara proprio grossa: Adoni-Bezek avrebbe accettato la punizione perché lui a sua volta in precedenza avrebbe amputato alluci e pollici a ben 70 re, che dopo vivevano raccattando avanzi sotto la tavola regale. Assolutamente non credibili il numero di re e la monotonia della punizione.

Giudici Cap. 1 v. 8
(La Bibbia della Gerusalemme abbandonata)

8I figli di Giuda attaccarono Gerusalemme e la presero; la passarono a fil di spada e l'abbandonarono alle fiamme.

Quante volte Gerusalemme fu presa e data alle fiamme?
Il fatto di essere al centro di passioni le più varie non giovò per niente alla salute di questa povera città tutt'oggi smembrata per stupidi motivi religiosi.

Giudici Cap. 1 vv. 11-15 (La Bibbia copia/incolla)

11Di là andò contro gli abitanti di Debir, che prima si chiamava Kiriat-Sefer. 12Disse allora Caleb: "A chi colpirà Kiriat-Sefer e la prenderà io darò in moglie mia figlia Acsa". 13La prese Otnièl, figlio di Kenaz, fratello minore di Caleb; a lui

41

diede in moglie sua figlia Acsa. [14]Ora, mentre andava dal marito, ella lo convinse a chiedere a suo padre un campo. Scese dall'asino e Caleb le disse: "Che hai?". [15]Ella rispose: "Concedimi un favore; poiché tu mi hai dato una terra arida, dammi anche qualche fonte d'acqua". Caleb le donò la sorgente superiore e la sorgente inferiore..

Racconto esattamente identico a quanto scritto in Giosuè, ma con un piccolo problema: In Giosuè si racconta che l'episodio fosse avvenuto **prima** della morte del sanguinario condottiero, ma in Giudici si racconta fosse avvenuto dopo.
Tutto questo nel libro sacro e perfetto.

Giudici Cap. 1 vv. 22-26 (La Bibbia dei traditori)

[22]La casa di Giuseppe salì anch'essa, ma contro Betel, e il Signore fu con loro. [23]La casa di Giuseppe mandò a esplorare Betel, città che prima si chiamava Luz. [24]Gli esploratori videro un uomo che usciva dalla città e gli dissero: "Insegnaci una via di accesso alla città e noi ti faremo grazia". [25]Egli insegnò loro la via di accesso alla città ed essi passarono la città a fil di spada, ma risparmiarono quell'uomo con tutta la sua famiglia. [26]Quell'uomo andò nella terra degli Ittiti e vi edificò una città, che chiamò Luz: questo è il suo nome fino ad oggi.

Come con la prostituta di Gerico, il dio biblico è molto generoso con spie e traditori d'ogni risma: non solo risparmia la vita a chi provoca lo sterminio dei suoi concittadini, ma gli regala addirittura una città.

Giudici Cap. 1 vv. 34-35 (La Bibbia spiegata allo zio tom)

[34]Gli Amorrei respinsero i figli di Dan sulla montagna e non li lasciarono scendere nella pianura. [35]Gli Amorrei continuarono ad abitare ad Ar-Cheres, Àialon e Saalbim, ma la mano della casa di Giuseppe si aggravò su di loro e furono costretti al lavoro coatto

Per chi fosse di "dura cervice": "lavoro coatto" = schiavitù. Il capitolo uno si dilunga, come al solito facendoci comprendere che nonostante le guerre di sterminio molti popoli restarono nella terra "santa", ma a maggior gloria del signore furono fatti schiavi.

Giudici Cap. 2 vv. 11-13 (La Bibbia degli dei più attraenti)

[11]Gli Israeliti fecero ciò che è male agli occhi del Signore e servirono i Baal; [12]abbandonarono il Signore, Dio dei loro padri, che li aveva fatti uscire dalla terra d'Egitto, e seguirono altri dèi tra quelli dei popoli circostanti: si prostrarono davanti a loro e provocarono il Signore, [13]abbandonarono il Signore e servirono Baal e le Astarti.

Se questi Israeliti alla prima occasione abbandonano il loro dio miracoloso e scelgono baal, astarti, e tanti altri, un motivo ci sarà pure. Evidentemente erano dei molto più attraenti ed allegri rispetto al musone jahvè. Notate ancora una volta che il pastore errante **non** nega l'esistenza di baal o astarti, semplicemente dice che il popolo d'Israele non può abbandonare il loro gelosissimo e noioso dio.

Giudici Cap. 2 vv. 17-19
(La Bibbia degli idolatri a corrente alternata)

[17]Ma neppure ai loro giudici davano ascolto, anzi si prostituivano ad altri dèi e si prostravano davanti a loro. Abbandonarono ben presto la via seguita dai loro padri, i quali avevano obbedito ai comandi del Signore: essi non fecero così. [18]Quando il Signore suscitava loro dei giudici, il Signore era con il giudice e li salvava dalla mano dei loro nemici durante tutta la vita del giudice, perché il Signore si muoveva a compassione per i loro gemiti davanti a quelli che li opprimevano e li maltrattavano. [19]Ma quando il giudice moriva, tornavano a corrompersi più dei loro padri, seguendo altri dèi per servirli e prostrarsi davanti a loro: non desistevano dalle loro pratiche e dalla loro condotta ostinata.

Ritorna il concetto molto laico che adorare altri dei equivale a prostituirsi, ed intervengono i giudici, evidentemente uomini potenti ed armati, che con le buone o le cattive riuscivano ad estirpare le altre religioni dal popolo, ma appena morto un giudice si tornava ad adorare Baal, che davvero doveva essere un bel dio.

Probabilmente la spiegazione prosaica è che i giudici attribuivano le sconfitte militari all'idolatria (magari solo immaginata o saltuaria nella popolazione) mentre attribuivano le vittorie alla benevolenza di dio. Con questo trucco giudici e sacerdoti potevano dominare all'infinito e così hanno fatto da svariati millenni.

Giudici Cap. 3 vv. 1-2 (La Bibbia dell'arte della guerra)

¹Queste sono le nazioni che il Signore lasciò sussistere, allo scopo di mettere alla prova per mezzo loro Israele, cioè quanti non avevano visto tutte le guerre di Canaan. ²Ciò avvenne soltanto per istruire le nuove generazioni degli Israeliti, per insegnare loro la guerra, perché prima non l'avevano mai conosciuta:

Questo dio premuroso si preoccupa di lasciare qualche nemico intorno al suo popolo diletto per fare in modo che le nuove generazioni non scordassero la nobile arte della guerra.
Che buon dio, che pensa a tutto per il bene del suo popolo!

Giudici Cap. 3 vv. 7-11 (La Bibbia dei giudici monotoni)

⁷Gli Israeliti fecero ciò che è male agli occhi del Signore; dimenticarono il Signore, loro Dio, e servirono i Baal e le Asere. ⁸L'ira del Signore si accese contro Israele e li consegnò nelle mani di Cusan-Risatàim, re di Aram Naharàim; gli Israeliti furono servi di Cusan-Risatàim per otto anni. ⁹Poi gli Israeliti gridarono al Signore e il Signore fece sorgere per loro un salvatore, Otnièl, figlio di Kenaz, fratello minore di Caleb, e li salvò. ¹⁰Lo spirito del Signore fu su di lui ed egli fu giudice d'Israele. Uscì a combattere e il Signore gli consegnò nelle mani Cusan-Risatàim, re di Aram; la sua mano fu potente contro Cusan-Risatàim. ¹¹La terra rimase tranquilla per quarant'anni, poi Otnièl, figlio di Kenaz, morì.

Tante volte quanti sono i giudici (come al solito 12, ci mancherebbe, come le tribù, come gli apostoli, come i segni zodiacali...) il meccanismo è di una monotonia abissale: Il popolo pecca perché sposa le infedeli e si converte ad altri idoli, dio s'infuria e li punisce duramente, ma poi fa sorgere un giudice (il salvatore?) che riesce a liberarli, e poi il ciclo ricomincia…

Assurdo! Se dio è onnipotente può interrompere questo balletto, o rendendo il suo popolo fedele per sempre senza metterlo alla prova, o sterminandolo definitivamente!

Giudici Cap. 3 vv. 15-16 (La Bibbia spiegata ai mancini)

[15]Poi gridarono al Signore ed egli fece sorgere per loro un salvatore, Eud, figlio di Ghera, Beniaminita, che era mancino. Gli Israeliti mandarono per mezzo di lui un tributo a Eglon, re di Moab. [16]Eud si fece una spada a due tagli, lunga un gomed, e se la cinse sotto la veste, al fianco destro

Da cartone animato la descrizione di Eud, il secondo giudice-supereroe, mancino e con la spada a due tagli lunga un gomed (addirittura….)

Giudici Cap. 3 vv. 21-23 (La Bibbia dei regicidi)

[21]Allora Eud, allungata la mano sinistra, trasse la spada dal suo fianco e gliela piantò nel ventre. [22]Anche l'elsa entrò con la lama; il grasso si richiuse intorno alla lama. Eud, senza estrargli la spada dal ventre, uscì dalla finestra, [23]passò nel portico, dopo aver chiuso i battenti del piano di sopra e aver tirato il chiavistello.

E' virtù dei membri di questo popolo l'uccidere a tradimento ed Eud non si smentisce, col suo omicidio da cartoni animati.

Giudici Cap. 3 vv. 29-31 (La Bibbia spiegata sempre ad Obelix)

[29]In quella circostanza sconfissero circa diecimila Moabiti, tutti robusti e valorosi; non ne scampò neppure uno. [30]Così in quel giorno Moab fu umiliato sotto la mano d'Israele e la terra rimase tranquilla per ottant'anni. [31]Dopo di lui ci fu Samgar,

figlio di Anat. Egli sconfisse seicento Filistei con un pungolo da buoi; anch'egli salvò Israele.

Il libro dei Giudici è davvero un libro-cartone animato, gli Israeliti che uccisero diecimila Moabiti robusti e valorosi, e poi per finire Samgar (OD Obelix?) che sconfisse seicento filistei con un pungolo da buoi! E non era ancora entrato in azione Asterix!

Giudici Cap. 4 vv. 4-10 (La Bibbia spiegata ai carristi)

[4]In quel tempo era giudice d'Israele una donna, una profetessa, Dèbora, moglie di Lappidòt. [5]Ella sedeva sotto la palma di Dèbora, tra Rama e Betel, sulle montagne di Èfraim, e gli Israeliti salivano da lei per ottenere giustizia. [6]Ella mandò a chiamare Barak, figlio di Abinòam, da Kedes di Nèftali, e gli disse: "Sappi che il Signore, Dio d'Israele, ti dà quest'ordine: "Va', marcia sul monte Tabor e prendi con te diecimila figli di Nèftali e figli di Zàbulon. [7]Io attirerò verso di te, al torrente Kison, Sìsara, capo dell'esercito di Iabin, con i suoi carri e la sua gente che è numerosa, e lo consegnerò nelle tue mani"". [8]Barak le rispose: "Se vieni anche tu con me, andrò; ma se non vieni, non andrò". [9]Rispose: "Bene, verrò con te; però non sarà tua la gloria sulla via per cui cammini, perché il Signore consegnerà Sìsara nelle mani di una donna". Dèbora si alzò e andò con Barak a Kedes. [10]Barak convocò Zàbulon e Nèftali a Kedes; diecimila uomini si misero al suo seguito e Dèbora andò con lui.

Finalmente entra in campo, nel libro fantasy, un'eroina, una donna, Debora.

Lascio a voi valutare quanto sia credibile, in questa tribù arretrata e maschilista, la figura di una donna-sacerdotessa-giudice, quando da ogni altra pagina della Bibbia emerge una valutazione della donna inferiore al valore di un cammello. Ma, entrati nel film, cosa fa la prima eroina della Bibbia? Istiga alla guerra, naturalmente, anche contro i carri armati dell'epoca, e quando il titubante Barak le chiede di andare con lui a combattere, Debora non si fa pregare e va in guerra con Barak. Ancora più facile è immaginare in questa società di maschilisti una donna che si mette a capo di un esercito di maschi, roba da ridere….

Giudici Cap. 4 vv. 17-21 (La Bibbia delle picchettatrici)

[17]Intanto Sìsara era fuggito a piedi verso la tenda di Giaele, moglie di Cheber il Kenita, perché vi era pace fra Iabin, re di Asor, e la casa di Cheber il Kenita. [18]Giaele uscì incontro a Sìsara e gli disse: "Férmati, mio signore, férmati da me: non temere". Egli entrò da lei nella sua tenda ed ella lo nascose con una coperta. [19]Egli le disse: "Dammi da bere un po' d'acqua, perché ho sete". Ella aprì l'otre del latte, gli diede da bere e poi lo ricoprì. [20]Egli le disse: "Sta' all'ingresso della tenda; se viene qualcuno a interrogarti dicendo: "C'è qui un uomo?", dirai: "Nessuno"". [21]Allora Giaele, moglie di Cheber, prese un picchetto della tenda, impugnò il martello, venne pian piano accanto a lui e gli conficcò il picchetto nella tempia, fino a farlo penetrare in terra. Egli era profondamente addormentato e sfinito; così morì.

In un solo capitolo ben due eroine!
Per la verità Giaele più che eroina è la solita traditrice che colpisce alle spalle l'ospite, in questo caso il condottiero sconfitto, Sisara, che si fidò di lei perché il marito di Giaele era suo amico. Ma la donna, chiaramente ispirata da dio, compie un delitto orribile, che il libro dell'amore descrive con dovizia di particolari. Ancora una volta dio ama le donne solo quando tradiscono ed uccidono.

Giudici Cap. 5 v. 4 (La Bibbia delle nubi portentose)

[4]Signore, quando uscivi dal Seir,
quando avanzavi dalla steppa di Edom,
la terra tremò, i cieli stillarono,
le nubi stillarono acqua.

Per qualcuno la terra che trema non è un assestamento della crosta terrestre, dannosissimo per noi umani, ma ben spiegabile scientificamente, ma ancora oggi considera il terremoto un segno di dio, un castigo per i popoli "empi".
Certo la terra che trema evoca in noi paure ancestrali e ci fa sentire davvero piccoli di fronte alla potenza della natura, ma quale portento sarebbe "i cieli stillarono, le nubi stillarono acqua."? Si sa da che mondo è mondo che le nubi a volte provocano la pioggia!

Evidentemente la gran sacerdotessa Debora si era ubriacata dopo la fulgida vittoria.

Giudici Cap. 5 vv. 15-18 (La Bibbia spiegata agli zampognari)

15Nei territori di Ruben grandi erano le esitazioni.
16Perché sei rimasto seduto tra gli ovili
ad ascoltare le zampogne dei pastori?
Nei territori di Ruben grandi erano le dispute.
17Gàlaad sta fermo oltre il Giordano
e Dan perché va peregrinando sulle navi?
Aser si è stabilito lungo la riva del mare
e presso le sue insenature dimora.
18Zàbulon invece è un popolo che si è esposto alla morte,
come Nèftali, sui poggi della campagna!

La tribù di Ruben viene ridicolizzata perché esitava ad entrare in guerra e preferiva continuare a pascere greggi ed ascoltare il suono delle zampogne. Altre tribù erano diventate stanziali ed erano diventate comunità di pescatori e d'agricoltori. Anche contro queste tribù la grande sacerdotessa si scaglia, perché non erano rimaste tribù di predoni e non amavano la guerra.
Bravi invece quelli di Zabulon e Nèftali sempre pronti ad esporsi alla morte.
Le radici religiose di un popolo traggono la loro linfa vitale dal sangue e dalla carne degli innocenti ammazzati.

Giudici Cap. 5 v. 20 (La Bibbia delle guerre stellari)

20Dal cielo le stelle diedero battaglia,
dalle loro orbite combatterono contro Sìsara.

Debora si fa prendere la mano nel suo canto e fa intervenire persino le stelle a combattere Sisara, magari lanciando raggi laser contro i nemici nello stile dei film di Lucas.

Giudici Cap. 5 v. 23 (La Bibbia spiegata ai maledetti pacifisti)

²³Maledite Meroz - dice l'angelo del Signore -,
maledite, maledite i suoi abitanti,
perché non vennero in aiuto al Signore,
in aiuto al Signore tra gli eroi.

Il mondo alla rovescia: chi cerca la pace è maledetto, chi sobilla per fare le guerre è santo. Scusate le ripetizioni ma questa poesia di Debora ispira i più alti sentimenti nell'animo umano.

Giudici Cap. 5 vv. 24-27
(La Bibbia delle troppe donne benedette fra le donne)

²⁴Sia benedetta fra le donne Giaele,
la moglie di Cheber il Kenita,
benedetta fra le donne della tenda!
²⁵Acqua egli chiese, latte ella diede,
in una coppa da prìncipi offrì panna.
²⁶Una mano ella stese al picchetto
e la destra a un martello da fabbri,
e colpì Sìsara, lo percosse alla testa,
ne fracassò, ne trapassò la tempia.
²⁷Ai piedi di lei si contorse, cadde, giacque;
ai piedi di lei si contorse, cadde;
dove si contorse, là cadde finito.

"Sia benedetta fra le donne Giaele"
Mi pare una frase già sentita riferita a qualche altra donna.
Quando dunque le donne cessano di diventare merce di scambio, al pari dei cammelli, o bottino di guerra e diventano "benedette fra le donne"?
Quando portano inconsapevolmente nell'utero un dio, semplici contenitori di dei, senza volontà né possibilità di decisione, oppure quando istigano alla violenza ed all'odio, quando, insomma diventano uomini!

L'uccisione a tradimento di Sisara qui è descritta in modo ancora più truculento e viene esplicitato ed esaltato il tranello perpetrato da Giaele.

Giudici Cap. 5 vv. 28-30 (La Bibbia delle madri derise)

[28]Dietro la finestra si affaccia e si lamenta
la madre di Sìsara, dietro le grate:
"Perché il suo carro tarda ad arrivare?
Perché così a rilento procedono i suoi carri?".
[29]Le più sagge tra le sue principesse rispondono,
e anche lei torna a dire a se stessa:
[30]"Certo han trovato bottino, stan facendo le parti:
una fanciulla, due fanciulle per ogni uomo;
un bottino di vesti variopinte per Sìsara,
un bottino di vesti variopinte a ricamo;
una veste variopinta a due ricami
è il bottino per il mio collo".

Sembrerebbe un brano ispirato ad umana pietà nei confronti della madre di Sisara, che aspetta invano il ritorno del figlio condottiero e sconfitto. Ma il contesto in cui il pezzo è inserito e l'insistere sul bottino e sulle vesti variopinte che la madre aspettava dimostra che invece Debora vuole deridere la madre del nemico, sbeffeggiarla proprio nel momento del massimo dolore per lei.

Numeri Cap. 5 v. 31
(La Bibbia della pace come intervallo fra due guerre)

[31]Così periscano tutti i tuoi nemici, Signore!
Ma coloro che ti amano siano come il sole,
quando sorge con tutto lo splendore".
Poi la terra rimase tranquilla per quarant'anni.

Il canto di Debora finisce degnamente come è cominciato: perché nel mondo ci sia tranquillità per almeno 40 anni, prima ci deve essere una bella guerra che lava tutto e fa vincere, naturalmente, i popoli che hanno dalla loro parte il "signore". Peccato che tutti i popoli pensino di avere dalla loro parte il loro "signore", quello giusto!

Giudici Cap. 6 vv. 19-24
(La Bibbia del signore della pace: eterna)

[19]Allora Gedeone entrò in casa, preparò un capretto e con un'efa di farina fece focacce azzime; mise la carne in un canestro, il brodo in una pentola, gli portò tutto sotto il terebinto e glielo offrì. [20]L'angelo di Dio gli disse: "Prendi la carne e le focacce azzime, posale su questa pietra e vèrsavi il brodo". Egli fece così. [21]Allora l'angelo del Signore stese l'estremità del bastone che aveva in mano e toccò la carne e le focacce azzime; dalla roccia salì un fuoco che consumò la carne e le focacce azzime, e l'angelo del Signore scomparve dai suoi occhi. [22]Gedeone vide che era l'angelo del Signore e disse: "Signore Dio, ho dunque visto l'angelo del Signore faccia a faccia!". [23]Il Signore gli disse: "La pace sia con te, non temere, non morirai!". [24]Allora Gedeone costruì in quel luogo un altare al Signore e lo chiamò "Il Signore è pace". Esso esiste ancora oggi a Ofra degli Abiezeriti.

Ecco entra in campo un altro dei dodici supereroi, più potenti dei fantastici 4: Gedeone. Anche lui si faceva chiacchierate e mangiate con gli angeli del signore, che adoravano le focacce azzime con carne e brodo. Ma quello che a me disorienta è questo dio che predica guerra perenne e che poi saluta con la classica frase "la pace sia con te" e fece erigere un altare in suo nome che venne chiamato "Il Signore è pace". Ma di che pace vanno cianciando i vari Gedeone e gli altri infiniti profeti che dopo di lui hanno preteso di parlare in nome di dio?
Parlano di pace si, ma di pace eterna, la pace del buio perpetuo che aspetta i milioni di morti periti per colpa delle religioni e dei loro profeti.

Giudici Cap. 6 vv. 28-32 (La Bibbia dell'autodifesa degli dei)

[28]Quando il mattino dopo la gente della città si alzò, ecco che l'altare di Baal era stato demolito, il palo sacro accanto era stato tagliato e il secondo giovenco era offerto in olocausto sull'altare che era stato costruito. [29]Si dissero l'un altro: "Chi ha fatto questo?". Investigarono, si informarono e dissero: "Gedeone, figlio di Ioas, ha fatto questo". [30]Allora la gente della città disse a Ioas: "Conduci fuori tuo figlio e sia messo a morte, perché ha demolito l'altare di Baal e ha tagliato il palo sacro che gli stava accanto". [31]Ioas rispose a quanti insorgevano contro di lui: "Volete difendere voi la causa di Baal e venirgli in aiuto? Chi vorrà difendere la sua causa sarà messo a morte prima di domattina; se è davvero un dio, difenda da sé la sua causa, per il fatto che hanno demolito il suo altare". [32]Perciò in quel giorno Gedeone fu chiamato Ierub-Baal, perché si disse: "Baal difenda la sua causa contro di lui, perché egli ha demolito il suo altare".

Un altro episodio d'intolleranza, la demolizione da parte di Gedeone di un altare e di un palo sacro dedicati al dio baal (il solito rivale del dio ebraico). Ma in questo caso la Bibbia la conta giusta: che c'è di male a demolire l'altare dedicato ad un dio? Se davvero quel dio è onnipotente saprà ben difendersi da solo e punire adeguatamente il colpevole!
Ottimo, lo stesso criterio potrei applicarlo io ai simboli ed ai luoghi del cattolicesimo?
Potrei demolire le tante orrende cappelle, edicole, crocifissi (pali sacri) sparsi abusivamente sul territorio e che deturpano il paesaggio e le coscienze del popolo? Tanto se dio esiste ed è onnipotente sarà lui a punirmi!
Sono in attesa del permesso da parte dei rappresentanti in terra di questo dio…

Giudici Cap. 6 vv. 36-40
(La Bibbia del vello-stazione meteorologica)

[36]Gedeone disse a Dio: "Se tu stai per salvare Israele per mano mia, come hai detto, [37]ecco, io metterò un vello di lana sull'aia: se ci sarà rugiada soltanto sul vello e tutto il terreno resterà asciutto, io saprò che tu salverai Israele per mia mano, come hai detto". [38]Così avvenne. La mattina dopo Gedeone si alzò per tempo, strizzò il vello

e ne spremette la rugiada: una coppa piena d'acqua. ³⁹Gedeone disse a Dio: "Non adirarti contro di me; io parlerò ancora una volta. Lasciami fare la prova con il vello, una volta ancora: resti asciutto soltanto il vello e ci sia la rugiada su tutto il terreno". ⁴⁰Dio fece così quella notte: il vello soltanto restò asciutto e ci fu rugiada su tutto il terreno..

Gedeone qui sottopone lui il suo dio alla prova, per due volte e naturalmente dio le supera facilmente, ci mancherebbe altro. Una volta il vello si bagna di rugiada, mentre la volta successiva accade l'esatto contrario. L'esperimento fu naturalmente eseguito in doppio cieco e controllato da scienziati d'ogni provenienza, che osservarono il vello tutta la notte, escludendo manomissioni, misurarono il tasso d'umidità del vello e del terreno con strumenti di precisione etc. etc.
-O no?

Giudici Cap. 7 vv. 1-7
(La Bibbia spiegata a chi non vuole vincere facile)

¹Ierub-Baal dunque, cioè Gedeone, con tutta la gente che era con lui, alzatosi di buon mattino, si accampò alla fonte di Carod. Il campo di Madian era, rispetto a lui, a settentrione, ai piedi della collina di Morè, nella pianura. ²Il Signore disse a Gedeone: "La gente che è con te è troppo numerosa, perché io consegni Madian nelle sue mani; Israele potrebbe vantarsi dinanzi a me e dire: "La mia mano mi ha salvato". ³Ora annuncia alla gente: "Chiunque ha paura e trema, torni indietro e fugga dal monte di Gàlaad"". Tornarono indietro ventiduemila uomini tra quella gente e ne rimasero diecimila. ⁴Il Signore disse a Gedeone: "La gente è ancora troppo numerosa; falli scendere all'acqua e te li metterò alla prova. Quello del quale ti dirò: "Costui venga con te", verrà; e quello del quale ti dirò: "Costui non venga con te", non verrà". ⁵Gedeone fece dunque scendere la gente all'acqua e il Signore gli disse: "Quanti lambiranno l'acqua con la lingua, come la lambisce il cane, li porrai da una parte; quanti, invece, per bere, si metteranno in ginocchio, li porrai dall'altra". ⁶Il numero di quelli che lambirono l'acqua portandosela alla bocca con la mano, fu di trecento uomini; tutto il resto della gente si mise in ginocchio per bere l'acqua. ⁷Allora il Signore disse a Gedeone: "Con questi trecento uomini che hanno lambito l'acqua, io vi salverò e consegnerò i Madianiti nelle tue mani. Tutto il resto della gente se ne vada, ognuno a casa sua".

Dio non ama vincere facile e, dato che gli Israeliti erano troppi per combattere contro i Madianiti, ne fa selezionare solo 300 a Gedeone, mentre gli altri li rimanda a casa. Assolutamente ridicola la tecnica di selezione (in base a come bevono l'acqua dal fiume), ma questi sono i bizzarri voleri di un dio bizzarro.

Giudici Cap. 7 vv. 13-14 (La Bibbia delle pagnotte rotolanti)

[13]Quando Gedeone vi giunse, un uomo stava raccontando un sogno al suo compagno e gli diceva: "Ho fatto un sogno. Mi pareva di vedere una pagnotta d'orzo rotolare nell'accampamento di Madian: giunse alla tenda, la urtò e la rovesciò e la tenda cadde a terra". [14]Il suo compagno gli rispose: "Questo non è altro che la spada di Gedeone, figlio di Ioas, uomo d'Israele; Dio ha consegnato nelle sue mani Madian e tutto l'accampamento".

I sogni raccontati nella bibbia sono contemporaneamente assurdi e banali: una pagnotta d'orzo che rotola e fa cadere una tenda... i nemici che pur essendo numerosissimi temono quei selvaggi predoni, Gedeone ed il servo che entrano all'accampamento e riescono ad udire distintamente il colloquio di due soldati... Pura fantasy spacciata per storia...

Giudici Cap. 7 vv. 19-20 (La Bibbia degli uomini con tre braccia)

[19]Gedeone e i cento uomini che erano con lui giunsero all'estremità dell'accampamento, all'inizio della veglia di mezzanotte, quando avevano appena cambiato le sentinelle. Suonarono i corni spezzando la brocca che avevano in mano. [20]Anche le tre schiere suonarono i corni e spezzarono le brocche, tenendo le fiaccole con la sinistra, e con la destra i corni per suonare, e gridarono: "La spada per il Signore e per Gedeone!".

Una banale ripetizione dei fatti di Gerico: un popolo di forti guerrieri che si spaventa a morte per il suono di trecento corni e si mettono ad uccidersi fra loro... ma dai!

Comunque il conto non ridà: con una mano tengono una rocca con dentro la fiaccola, con l'altra tengono il corno per suonarlo. Poi spezzano la brocca (gesto piuttosto complicato da fare con una sola mano senza far cadere e spegnere la fiaccola). Ma "la spada per il signore e Gedeone" con che cosa la impugnavano?

Giudici Cap. 8 vv. 13-17
(La Bibbia del "chi non è con me è contro di me")

[13]Poi Gedeone, figlio di Ioas, tornò dalla battaglia per la salita di Cheres. [14]Catturò un giovane tra gli uomini di Succot e lo interrogò; quello gli mise per iscritto i nomi dei capi e degli anziani di Succot: settantasette uomini. [15]Poi venne dagli uomini di Succot e disse: "Ecco Zebach e Salmunnà, a proposito dei quali mi avete insultato dicendo: "Tieni forse già nelle tue mani i polsi di Zebach e di Salmunnà perché dobbiamo dare pane alla tua gente esausta?"". [16]Prese gli anziani della città e con le spine del deserto e con i cardi castigò gli uomini di Succot. [17]Demolì la torre di Penuèl e uccise gli uomini della città.

Le tribù di Succot e di Penuèl avevano una sola colpa: di non essersi alleate con i predoni Israeliti, ma di essere rimaste prudentemente a guardare. Per tale colpa (si fa per dire) furono torturati gli anziani di Succot ed uccisi gli uomini di Penuèl.
S'ignora il motivo del trattamento di relativo favore riservato a quelli di Succot.

Giudici Cap. 8 vv. 22-23 (La Bibbia della teocrazia perfetta)

[22]Allora gli Israeliti dissero a Gedeone: "Governa tu, tuo figlio e il figlio di tuo figlio, poiché ci hai salvati dalla mano di Madian". [23]Ma Gedeone rispose loro: "Non vi governerò io né vi governerà mio figlio: il Signore vi governerà".

Di fronte all'affermazione di Gedeone che è il signore a governare il popolo e che lui è solo il portavoce di dio c'è ben poco da replicare e discutere: ogni suo ordine è perfetto, lui è infallibile e chi lo critica è automaticamente colpevole ed eretico.

Insomma la teocrazia perfetta, il regime intoccabile ed immutabile nei secoli, diciamo uno Stato del Vaticano in anticipo di qualche migliaio d'anni.

Ma meraviglia delle meraviglie, Gedeone riesce lo stesso a farsi del male....

Giudici Cap. 8 vv. 24-27 (La Bibbia degli dei intermittenti)

[24]Poi Gedeone disse loro: "Una cosa voglio chiedervi: ognuno di voi mi dia un anello del suo bottino". I nemici avevano anelli d'oro, perché erano Ismaeliti. [25]Risposero: "Li daremo volentieri". Egli stese allora il mantello e ognuno vi gettò un anello del suo bottino. [26]Il peso degli anelli d'oro, che egli aveva chiesto, fu di millesettecento sicli d'oro, oltre le lunette, le catenelle e le vesti di porpora, che i re di Madian avevano addosso, e oltre i collari che i loro cammelli avevano al collo. [27]Gedeone ne fece un efod che pose a Ofra, sua città; tutto Israele vi si prostituì, e ciò divenne una causa di rovina per Gedeone e per la sua casa.

Non si accontenta certo di poco il buon Gedeone, millesettecento sicli d'oro, oltre gli extra, mi sa che facevano un bel bottino. Ma vi pare credibile che Gedeone, il condottiero del signore, che grazie a questo dio stermina un immenso esercito al solo suono dei corni, proprio lui si converta ad un'altra fede e realizzi un idolo proprio con l'oro conquistato grazie al dio degli eserciti? Pura follia del narratore, pastore errante.

Inoltre, come vedremo nei versetti successivi, Gedeone se la spassò con mogli e concubine fino alla sua morte naturale, ed allora in cosa sarebbe consistita la rovina sua e della sua casa?

Giudici Cap. 8 vv. 30-35 (La Bibbia della santa poligamia)

[30]Gedeone ebbe settanta figli nati da lui, perché aveva molte mogli. [31]Anche la sua concubina che stava a Sichem gli partorì un figlio, che chiamò Abimèlec. [32]Gedeone,

figlio di Ioas, morì dopo una felice vecchiaia e fu sepolto nella tomba di Ioas, suo padre, a Ofra degli Abiezeriti. ³³Dopo la morte di Gedeone gli Israeliti tornarono a prostituirsi ai Baal e presero Baal-Berit come loro dio. ³⁴Gli Israeliti non si ricordarono del Signore, loro Dio, che li aveva liberati dalle mani di tutti i loro nemici all'intorno, ³⁵e non dimostrarono gratitudine alla casa di Ierub-Baal, cioè di Gedeone, per tutto il bene che egli aveva fatto a Israele.

Ormai sappiamo benissimo che la Bibbia ammette la poligamia, almeno per i capipopolo, ed ammette che, mai contenti, i capipopolo abbiano, oltre a tante mogli, anche tante concubine (mantenute). Diciamo che tutto avveniva come oggi in Italia, per i potenti la poligamia è di fatto approvata dalla chiesa di Roma, che invece tanti limitazioni ed ostacoli impone a chi potente non è!
Il passo conferma la contraddizione con i versetti precedenti: il popolo tornò a coltivare l'idolatria solo alla morte di Gedeone, secondo un copione ormai stantio: Alla morte di un giudice si tornava ai vecchi vizi, fino all'avvento di un nuovo giudice.

Giudici Cap. 9 vv. 8-15 (La Bibbia degli alberi che camminano)

⁸Si misero in cammino gli alberi

per ungere un re su di essi.

Dissero all'ulivo:

"Regna su di noi".

⁹Rispose loro l'ulivo:

"Rinuncerò al mio olio,

grazie al quale

si onorano dèi e uomini,

e andrò a librarmi sugli alberi?".

¹⁰Dissero gli alberi al fico:

"Vieni tu, regna su di noi".

¹¹Rispose loro il fico:

"Rinuncerò alla mia dolcezza

e al mio frutto squisito,

e andrò a librarmi sugli alberi?".

[12]Dissero gli alberi alla vite:

"Vieni tu, regna su di noi".

[13]Rispose loro la vite:

"Rinuncerò al mio mosto,

che allieta dèi e uomini,

e andrò a librarmi sugli alberi?".

[14]Dissero tutti gli alberi al rovo:

"Vieni tu, regna su di noi".

[15]Rispose il rovo agli alberi:

"Se davvero mi ungete re su di voi,

venite, rifugiatevi alla mia ombra;

se no, esca un fuoco dal rovo

e divori i cedri del Libano".

Nel contesto del Cap. 9 tutto intessuto di trame, tradimenti e lotte spietate **interne** al popolo d'Israele, c'è questo "poema" che dovrebbe dettare la morale del libro: Gli alberi utili e che danno buoni frutti rifiutarono di diventare re degli alberi, il solo ad accettare fu il rovo, che dà frutti incostanti e meno rilevanti rispetto agli altri. Come affermare che, trasportata la parabola agli uomini, è giusto che a governare siano gli uomini più inutili, diciamo anche i parassiti...

Giudici Cap. 9 vv. 50-57 (La Bibbia degli ammazza-settanta)

[50]Poi Abimèlec andò a Tebes, la cinse d'assedio e la prese. [51]In mezzo alla città c'era una torre fortificata, dove si rifugiarono tutti gli uomini e le donne, con i signori della città; vi si rinchiusero dentro e salirono sul terrazzo della torre. [52]Abimèlec,

giunto alla torre, l'attaccò e si accostò alla porta della torre per appiccarvi il fuoco.
⁵³Ma una donna gettò giù il pezzo superiore di una macina sulla testa di Abimèlec
e gli spaccò il cranio. ⁵⁴Egli chiamò in fretta il giovane che gli portava le armi e gli
disse: "Estrai la spada e uccidimi, perché non si dica di me: "L'ha ucciso una
donna!"". Il giovane lo trafisse ed egli morì. ⁵⁵Quando gli Israeliti videro che
Abimèlec era morto, se ne andarono ciascuno a casa sua.⁵⁶Così Dio fece ricadere
sopra Abimèlec il male che egli aveva fatto contro suo padre, uccidendo settanta suoi
fratelli. ⁵⁷Dio fece anche ricadere sul capo della gente di Sichem tutto il male che essa
aveva fatto. Così si avverò su di loro la maledizione di Iotam, figlio di Ierub-Baal.

Con questi versetti si conclude il racconto su Abimélec, che aveva il
torto di essere nato da una concubina (nel Cap. 9 chiamata invece
schiava). Tutto il capitolo racconta confusamente una spaventosa
guerra tribale, tutta interna alla tribù eletta da dio, con Abimélec, il
bastardo che ammazza i suoi 70 (settanta!) fratelli, che in realtà furono
68 e vediamo perché:
Il padre ebbe 70 figli, fa cui era compreso anche lui, inoltre Iotam non
fu ucciso, tanto è vero che riuscì ad organizzare la resistenza contro
Abimélec!
Scarso in matematica questo pastore errante...

Giudici Cap. 10 vv. 3-5
(La Bibbia dei trenta figli, trenta asinelli, trenta città)

³Dopo di lui sorse Iair, il Galaadita, che fu giudice d'Israele per ventidue anni;
⁴ebbe trenta figli che cavalcavano trenta asinelli e avevano trenta città, che si
chiamano anche oggi villaggi di Iair e sono nella terra di Gàlaad. ⁵Poi Iair morì e
fu sepolto a Kamon.

Certo che del povero giudice Iair la Bibbia dice poco, sappiamo solo
che ebbe trenta figli, che avevano la strana abitudine di cavalcare tutti e
solo asinelli, mica cavalli, cammelli, dromedari, asinelli e basta e tutti e
trenta possedevano una città, ma non potevano permettersi una
migliore cavalcatura...
Libro fantasy o da racconto di fiabe, fate voi....

Giudici Cap. 10 vv. 6-7 (La Bibbia degli infiniti dei)

⁶Gli Israeliti continuarono a fare ciò che è male agli occhi del Signore e servirono i Baal, le Astarti, gli dèi di Aram, gli dèi di Sidone, gli dèi di Moab, gli dèi degli Ammoniti e quelli dei Filistei; abbandonarono il Signore e non lo servirono più. ⁷L'ira del Signore si accese contro Israele e li consegnò nelle mani dei Filistei e nelle mani degli Ammoniti.

Questi versetti mi danno l'occasione di parlare delle infinite divinità oggetto di culto nel periodo dei giudici, ma anche nella nostra epoca. Si contano circa 10.000 religioni fra gli umani, e tutte naturalmente affermano che il vero dio (o i veri dei) è (sono) il (i) loro.
Mai che a qualche rappresentante di una religione, poniamo quella cattolica, salti in mente che il dio jahvé della religione dei testimoni di geova sia in realtà lo stesso dio che adorano loro, il dio del credo di Nicea!
Noi non sappiamo nulla del culto degli dei degli Ammoniti, ma sono certo che avessero almeno la stessa credibilità che ha il dio di Israele!

Giudici Cap. 11 vv. 30-40 (La Bibbia dei sacrifici umani)

³⁰Iefte fece voto al Signore e disse: "Se tu consegni nelle mie mani gli Ammoniti, ³¹chiunque uscirà per primo dalle porte di casa mia per venirmi incontro, quando tornerò vittorioso dagli Ammoniti, sarà per il Signore e io lo offrirò in olocausto". ³²Quindi Iefte raggiunse gli Ammoniti per combatterli e il Signore li consegnò nelle sue mani. ³³Egli li sconfisse da Aroèr fin verso Minnit, prendendo loro venti città, e fino ad Abel-Cheramìm. Così gli Ammoniti furono umiliati davanti agli Israeliti. ³⁴Poi Iefte tornò a Mispa, a casa sua; ed ecco uscirgli incontro la figlia, con tamburelli e danze. Era l'unica figlia: non aveva altri figli né altre figlie. ³⁵Appena la vide, si stracciò le vesti e disse: "Figlia mia, tu mi hai rovinato! Anche tu sei con quelli che mi hanno reso infelice! Io ho dato la mia parola al Signore e non posso ritirarmi". ³⁶Ella gli disse: "Padre mio, se hai dato la tua parola al Signore, fa' di me secondo quanto è uscito dalla tua bocca, perché il Signore ti ha concesso vendetta sugli Ammoniti, tuoi nemici". ³⁷Poi disse al padre: "Mi sia concesso questo: lasciami libera per due mesi, perché io vada errando per i monti a piangere la mia verginità con le mie compagne". ³⁸Egli le rispose: "Va'!", e la lasciò andare per due mesi. Ella se ne andò con le compagne e pianse sui monti la sua verginità. ³⁹Alla fine dei due mesi tornò dal padre ed egli compì su di lei il voto che aveva fatto. Ella non aveva conosciuto uomo; di qui venne in Israele questa usanza: ⁴⁰le fanciulle d'Israele vanno a piangere la figlia di Iefte il Galaadita, per quattro giorni ogni anno.

Gran parte del cap. 11 riporta la versione Israelita sulle infinite lotte territoriali con le tribù vicine. Naturalmente la versione dei vincitori è che i confinanti "non li lasciarono passare", verso dove non si sa, visto che tutto il territorio di cui si appropriarono con guerre continue era già occupato.
La fine del capitolo è degna della peggiore Bibbia: Iefte (che era naturalmente un giudice e quindi persona giusta e da prendere ad esempio), fa un voto assurdo: Immolare con un sacrificio umano chiunque fosse uscito per primo da casa sua per venirgli incontro! Date queste premesse sono ovvie anche le conseguenze: un innocente doveva morire e toccò alla sua unica figlia.
In questo bruttissimo libro **mai** che ci sia un ripensamento e che un giudice giusto diventi meno giusto ma più umano e salvi una vita, tra l'altro di sua figlia, mai che l'agnello sacrificale si ribelli e mandi tutti al diavolo, mai che una vergine rinunci a tale stato, ormai inutile e faccia almeno il dispetto di morire non da vergine ma da donna.

Giudici Cap. 12 vv. 5-6 (La Bibbia spiegata ai balbuzienti)

⁵I Galaaditi occuparono i guadi del Giordano in direzione di Èfraim. Quando uno dei fuggiaschi di Èfraim diceva: "Lasciatemi passare", gli uomini di Gàlaad gli chiedevano: "Sei un Efraimita?". Se rispondeva: "No", ⁶i Galaaditi gli dicevano: "Ebbene, di' scibbòlet", e se quello diceva: "Sibbòlet", non riuscendo a pronunciare bene, allora lo afferravano e lo uccidevano presso i guadi del Giordano. In quell'occasione perirono quarantaduemila uomini di Èfraim.

Nel Cap. 12 si riporta una guerra tutta interna agli Israeliti, che, quando non avevano nemici da combattere si scannavano fra loro, tanto per tenersi in allenamento. La tribù di Efraim si lamenta e quindi muove guerra contro i Galaaditi, perché questi ultimi non li avrebbero, diciamo, "convocati" nella guerra contro gli Ammoniti! Nella lotta fratricida quelli di Efraim furono sconfitti e venivano ammazzati se

61

cercavano di passare il Giordano e non riuscivano a pronunciare bene la parola "sibbòlet". I balbuzienti erano comunque spacciati!

Sul numero di persone che furono ammazzate in questo modo: 42.000 avanzerei qualche riserva, ma certo l'episodio non onora il popolo "eletto da dio"

Giudici Cap. 13 vv. 3-7 (La Bibbia degli inseminatori misteriosi)

[3]L'angelo del Signore apparve a questa donna e le disse: "Ecco, tu sei sterile e non hai avuto figli, ma concepirai e partorirai un figlio. [4]Ora guàrdati dal bere vino o bevanda inebriante e non mangiare nulla d'impuro. [5]Poiché, ecco, tu concepirai e partorirai un figlio sulla cui testa non passerà rasoio, perché il fanciullo sarà un nazireo di Dio fin dal seno materno; egli comincerà a salvare Israele dalle mani dei Filistei". [6]La donna andò a dire al marito: "Un uomo di Dio è venuto da me; aveva l'aspetto di un angelo di Dio, un aspetto maestoso. Io non gli ho domandato da dove veniva ed egli non mi ha rivelato il suo nome, [7]ma mi ha detto: "Ecco, tu concepirai e partorirai un figlio; ora non bere vino né bevanda inebriante e non mangiare nulla d'impuro, perché il fanciullo sarà un nazireo di Dio dal seno materno fino al giorno della sua morte"".

La faccenda mi sembra troppo simile a tante altre di donne sterili che poi diventano fertili dopo aver incontrato, in assenza del marito, un "angelo del signore" d'aspetto maestoso, che procede all'inseminazione.

La spiegazione "divina" fa a pugni con una spiegazione razionale di molto più semplice e prosaica: d'angeli inseminatori se ne incontrano tanti anche il giorno d'oggi... Inoltre questo racconto somiglia troppo alla narrazione dell'annunciazione, anche il quel caso sarebbe nato un figlio speciale...

Giudici Cap. 13 vv. 8-9
(La Bibbia spiegata a chi si accontenta della prima spiegazione)

[8]Allora Manòach pregò il Signore e disse: "Perdona, mio Signore, l'uomo di Dio mandato da te venga di nuovo da noi e c'insegni quello che dobbiamo fare per il

nascituro". ⁹Dio ascoltò la preghiera di Manòach e l'angelo di Dio tornò ancora dalla donna, mentre stava nel campo; ma Manòach, suo marito, non era con lei.

Il povero Manòch mi pare proprio credulone e lui stesso fa riconvocare il misterioso angelo di bell'aspetto. E, guarda caso, ancora una volta l'angelo arriva quando il marito non era con la donna!
A pensar male si fa peccato, ma spesso ci si azzecca.

Giudici Cap. 14 vv. 3-4 (La Bibbia del dio attaccabrighe)

³Suo padre e sua madre gli dissero: "Non c'è una donna tra le figlie dei tuoi fratelli e in tutto il nostro popolo, perché tu vada a prenderti una moglie tra i Filistei non circoncisi?". Ma Sansone rispose al padre: "Prendimi quella, perché mi piace". ⁴Suo padre e sua madre non sapevano che questo veniva dal Signore, il quale cercava un motivo di scontro con i Filistei. In quel tempo i Filistei dominavano Israele.

Uno s'innamora di una bella ragazza ma straniera e per giunta nata da un popolo di non circoncisi e dominatori del popolo d'Israele. Uno crede di seguire il suo senso estetico ed i suoi feromoni ed invece no, è dio-cupido che ha scoccato la sua freccia per provocare la guerra con i Filistei.
Pazzesco.

Giudici Cap. 14 vv. 12-13 (La Bibbia degli enigmi insolubili)

¹²Sansone disse loro: "Voglio proporvi un enigma. Se voi me lo spiegate entro i sette giorni del banchetto e se l'indovinate, vi darò trenta tuniche e trenta mute di vesti; ¹³ma se non sarete capaci di spiegarmelo, darete trenta tuniche e trenta mute di vesti a me". ¹⁴Quelli gli risposero: "Proponi l'enigma e noi lo ascolteremo". Egli disse loro:
"Da colui che mangia è uscito quel che si mangia
e dal forte è uscito il dolce".

Sansone, di certo il più famoso dei giudici comincia a giocare sporco fin da giovane e propone ai futuri parenti un enigma assolutamente insolubile, perché riguardante la sua stretta vita privata: Nessuno poteva sapere che aveva ucciso un leone e che aveva trovato dentro la carcassa della belva un favo di api da cui aveva tratto il miele! Eppure da quest'assurdo indovinello il giudice giusto ed eletto da dio fa scaturire una serie di assurde conseguenze.

Giudici Cap. 14 vv. 18-20 (La Bibbia delle mogli in regalo)

[18]Gli uomini della città, il settimo giorno, prima che tramontasse il sole, dissero a Sansone:
"Che c'è di più dolce del miele?
Che c'è di più forte del leone?".
Rispose loro:
"Se non aveste arato con la mia giovenca,
non avreste sciolto il mio enigma".
[19]Allora lo spirito del Signore irruppe su di lui ed egli scese ad Àscalon; vi uccise trenta uomini, prese le loro spoglie e diede le mute di vesti a quelli che avevano spiegato l'enigma. Poi, acceso d'ira, risalì alla casa di suo padre, [20]e la moglie di Sansone fu data al compagno che gli aveva fatto da amico di nozze.

Ricapitolando dal commento precedente: Sansone pose un enigma assurdo ai parenti della moglie, scommettendo trenta vesti. La moglie, mossa a pietà dai suoi parenti, rivelò l'enigma ed i parenti diedero la spiegazione a Sansone. Quest'ultimo avrebbe dovuto capire di aver posto un enigma assurdo ed insolubile, invece, acceso dall'ira, prese trenta persone a caso di Ascalon (che non c'entravano nulla con la faccenda!) e li uccise, depredandoli delle vesti per consegnarle ai solutori dell'enigma.

Non contento ripudiò la moglie, accomunata ad una giovenca, che fu data ad un amico di Sansone.

Dov'è la morale di tutto questo? Sempre la solita, la ragione del più forte.

Giudici Cap. 15 vv. 1-2 (La Bibbia dei mariti smemorati)

[1] Dopo qualche tempo, nei giorni della mietitura del grano, Sansone andò a visitare sua moglie, le portò un capretto e disse: "Voglio entrare da mia moglie nella camera". Ma il padre di lei non gli permise di entrare [2]e gli disse: "Credevo proprio che tu l'avessi presa in odio e perciò l'ho data al tuo compagno; la sua sorella minore non è più bella di lei? Prendila dunque al suo posto".

Sansone aveva ripudiato la moglie, nel capitolo14, ma nel capitolo 15 si ripresenta con un capretto per regalo chiedendo di tornare con lei, ma il padre gli ricorda che l'aveva data ad un compagno perché lui se n'era andato. Per giunta gli offre la sorella minore (allora si usava così, non si considerava importante chiedere cosa ne pensasse l'interessata), ma Sansone evidentemente era in cerca di qualsiasi pretesto per fare un casino, infatti sappiamo già che era ispirato da dio ad attaccare briga!
In cosa consisterebbe l'ingiustizia subita da Sansone, l'imbroglione con gli enigmi insolubili?

Giudici Cap. 15 vv. 4-5 (La Bibbia delle volpi arrostite vive)

[4]Sansone se ne andò e catturò trecento volpi; prese delle fiaccole, legò coda a coda e mise una fiaccola fra le due code. [5]Poi accese le fiaccole, lasciò andare le volpi per i campi di grano dei Filistei e bruciò i covoni ammassati, il grano ancora in piedi e perfino le vigne e gli oliveti.

Tralasciamo l'assurda crudeltà nei confronti delle povere volpi, sappiamo già dalla lettura del primo volume che dio ha dato gli animali a noi umani per farne quello che vogliamo, anche torturarli a morte ed è quello che fa Sansone, giudice giusto.
Ma quest'orrenda vendetta per cosa l'avrebbe portata avanti?
Per un'ingiustizia **mai** subita!

Giudici Cap. 14 vv. 6-8 (La Bibbia delle vendette trasversali)

⁶I Filistei chiesero: "Chi ha fatto questo?". La risposta fu: "Sansone, il genero dell'uomo di Timna, perché costui gli ha ripreso la moglie e l'ha data al compagno di lui". I Filistei salirono e bruciarono tra le fiamme lei e suo padre. ⁷Sansone disse loro: "Poiché agite in questo modo, io non la smetterò finché non mi sia vendicato di voi".
⁸Li sbatté uno contro l'altro, facendone una grande strage. Poi scese e si ritirò nella caverna della rupe di Etam.

In questa gara a chi riesce ad essere più ingiusto, i Filistei non scherzano e, invece di ammazzare Sansone, uccidono l'ex moglie e suo padre.
Tanto per non essere da meno in ingiustizia e crudeltà, Sansone fa una grande strage di Filistei e poi scappa (perché fuggire se era così forte?).

Giudici Cap. 15 vv. 1-2 (La Bibbia delle armi di distrazione di massa)

¹³Quelli risposero: "No; ti legheremo soltanto e ti metteremo nelle loro mani, ma certo non ti uccideremo". Lo legarono con due funi nuove e lo trassero su dalla rupe. ¹⁴Mentre giungeva a Lechì e i Filistei gli venivano incontro con grida di gioia, lo spirito del Signore irruppe su di lui: le funi che aveva alle braccia divennero come stoppini bruciacchiati dal fuoco e i legacci gli caddero disfatti dalle mani. ¹⁵Trovò allora una mascella d'asino ancora fresca, stese la mano, l'afferrò e uccise con essa mille uomini.
¹⁶Sansone disse:
"Con una mascella d'asino,
li ho ben macellati!
Con una mascella d'asino,
ho colpito mille uomini!".

Uno di quei capitoli in cui il pastore errante le spara davvero grosse: un solo uomo "armato" di una mascella d'asino uccide mille uomini, naturalmente armati fino ai denti.
Ma per chi è portato a credere non c'è nessun problema a credere anche a questo!

Notare il sadico grido di gioia di Sansone, degno macellaio della stirpe eletta: "Li ho ben macellati".
I miei complimenti, signor Sansone.

Giudici Cap. 16 vv. 1-3
(La Bibbia delle imprese di Obelix)

[1]Sansone andò a Gaza, vide una prostituta e andò da lei. [2]Fu riferito a quelli di Gaza: "È venuto Sansone". Essi lo circondarono, stettero in agguato tutta la notte presso la porta della città e tutta quella notte rimasero quieti, dicendo: "Attendiamo lo spuntar del giorno e allora lo uccideremo". [3]Sansone riposò fino a mezzanotte; a mezzanotte si alzò, afferrò i battenti della porta della città e i due stipiti, li divelse insieme con la sbarra, se li mise sulle spalle e li portò in cima al monte che è di fronte a Ebron

Da quando era senza moglie Sansone si sfogava come poteva con le prostitute e questo è sempre ben voluto dal signore, quando a divertirsi sono i capi di stato, sia che si chiamino Sansone che Silvio...
La scena della sua fuga in cui si porta sulle spalle l'intero portale potrebbe stare benissimo fra gli episodi delle gesta di Asterix e compagni, tanto è assurdamente fumettistico.

Giudici Cap. 16 vv. 15-17 (La Bibbia dell'amore venale)

[15]Allora ella gli disse: "Come puoi dirmi: "Ti amo", mentre il tuo cuore non è con me? Già tre volte ti sei burlato di me e non mi hai spiegato da dove proviene la tua forza così grande". [16]Ora, poiché lei lo importunava ogni giorno con le sue parole e lo tormentava, egli ne fu annoiato da morire [17]e le aprì tutto il cuore e le disse: "Non è mai passato rasoio sulla mia testa, perché sono un nazireo di Dio dal seno di mia madre; se fossi rasato, la mia forza si ritirerebbe da me, diventerei debole e sarei come un uomo qualunque".

Un'altra storia "d'amore" degna di questo libro: questa volta Sansone s'innamora davvero, ma come tutte le altre donne della Bibbia, Dalila era una traditrice: finge di amarlo per carpirgli il segreto della sua forza ed ottenere la ricompensa in denaro. Per tre volte Sansone fiuta il tranello e le racconta bugie. Ragione vorrebbe che Sansone, che era stato ingannato per ben tre volte dalla donna, la lasciasse o, almeno, non le raccontasse la verità, ma lo zoppicante racconto fantasy va verso altra direzione: Questa volta Sansone racconta dei suoi capelli miracolosi ed il seguito è ben conosciuto, essendo uno degli episodi più famosi della Bibbia, raccontato nei kolossal hollywoodiani, il Sansone – king-kong che fa crollare le colonne del tempio, morendo insieme a migliaia di nemici.

Giudici Cap. 18 vv. 16-20
(La Bibbia dei sacerdoti che si vendono al miglior offerente)

[16]Mentre i seicento uomini, muniti delle loro armi, stavano davanti alla porta, [17]i cinque uomini che erano andati a esplorare il territorio, vennero, entrarono in casa, presero la statua di metallo fuso, l'efod e i terafim. Intanto il sacerdote stava davanti alla porta con i seicento uomini armati. [18]Quando, entrati in casa di Mica, ebbero preso la statua di metallo fuso, l'efod e i terafim, il sacerdote disse loro: "Che cosa fate?". [19]Quelli gli risposero: "Taci, mettiti la mano sulla bocca, vieni con noi e sarai per noi padre e sacerdote. Che cosa è meglio per te: essere sacerdote della casa di un uomo solo oppure essere sacerdote di una tribù e di una famiglia in Israele?". [20]Il sacerdote gioì in cuor suo; prese l'efod, i terafim e la statua e si unì a quella gente.

Illuminante questo capitolo, in cui il sacerdote di casa da Mica è rapito dagli uomini di Dan e, minacciato da loro, non ci mette molto a capire che era più conveniente essere sacerdote di una potente tribù e "gioì in cuor suo". E' destino della classe sacerdotale in ogni epoca e latitudine passare rapidamente idoli e bagagli dalla parte del più forte, siano essi i Daniti od i fascisti non importa.

Giudici Cap. 18 vv. 27-29
(La Bibbia spiegata ai popoli tranquilli e fiduciosi)

²⁷Quelli dunque, presi con sé gli oggetti che Mica aveva fatto e il sacerdote che aveva al suo servizio, giunsero a Lais, a un popolo che se ne stava tranquillo e fiducioso; lo passarono a fil di spada e diedero la città alle fiamme ²⁸Nessuno le prestò aiuto, perché era lontana da Sidone e i suoi abitanti non avevano relazioni con altra gente. Essa era nella valle che si estende verso Bet-Recob. Poi i Daniti ricostruirono la città e l'abitarono. ²⁹La chiamarono Dan dal nome di Dan, loro padre, che era nato da Israele; ma prima la città si chiamava Lais.

La tribù di Dan, non dimentichiamolo è una delle tribù degli Israeliti e quindi sempre di popolo prediletto da dio si tratta. Questi feroci predoni attaccarono un popolo, quello di Lais che, la Bibbia precisa, se ne stava "tranquillo e fiducioso" e quelli di Dan li sterminarono come il solito col consenso di dio che, è ormai chiaro, **odia** i popoli pacifici e fiduciosi.

Giudici Cap. 19 vv. 22-28
(La Bibbia delle concubine date in pasto all'orda)

²²Mentre si stavano riconfortando, alcuni uomini della città, gente iniqua, circondarono la casa, bussando fortemente alla porta, e dissero al vecchio padrone di casa: "Fa' uscire quell'uomo che è entrato in casa tua, perché vogliamo abusare di lui". ²³Il padrone di casa uscì e disse loro: "No, fratelli miei, non comportatevi male; dal momento che quest'uomo è venuto in casa mia, non dovete commettere quest'infamia! ²⁴Ecco mia figlia, che è vergine, e la sua concubina: io ve le condurrò fuori, violentatele e fate loro quello che vi pare, ma non commettete contro quell'uomo una simile infamia". ²⁵Ma quegli uomini non vollero ascoltarlo. Allora il levita afferrò la sua concubina e la portò fuori da loro. Essi la presero e la violentarono tutta la notte fino al mattino; la lasciarono andare allo spuntar dell'alba. ²⁶Quella donna sul far del mattino venne a cadere all'ingresso della casa dell'uomo presso il quale stava il suo padrone, e là restò finché fu giorno chiaro. ²⁷Il suo padrone si alzò alla mattina, aprì la porta della casa e uscì per continuare il suo viaggio, ed ecco che la donna, la sua concubina, giaceva distesa all'ingresso della casa, con le mani sulla soglia. ²⁸Le disse: "Àlzati, dobbiamo partire!". Ma non ebbe risposta. Allora il marito la caricò sull'asino e partì per tornare alla sua abitazione.

La Bibbia è ripetitiva anche negli episodi più spregevoli ed orrendi e questo raccontato nel cap. 19 di Giudici è orrendo e spaventoso ed è la quasi fotocopia dell'episodio di Lot in Genesi cap. 19 vv. 4-8. In questo caso un levita ed un padrone di casa decidono di salvarsi da un'orda di cittadini inferociti dando loro in pasto la concubina del Levita (in un primo tempo avevano pensato di far uscire anche la figlia del padrone di casa...) In questo episodio il pastore errante racconta la faccenda per intera e ci fa sapere che la povera donna fu violentata tutta la notte dalla folla e che sul far della mattina cadde distrutta all'ingresso di casa e che il levita (uomo quindi del signore), la caricò sull'asino come un sacco di patate.
Nel commento successivo sapremo la fine che sarà riservata alla povera donna.

Giudici Cap. 19 vv. 29- 30
(La Bibbia delle concubine fatte a pezzi")

[29]Come giunse a casa, si munì di un coltello, afferrò la sua concubina e la tagliò, membro per membro, in dodici pezzi; poi li spedì per tutto il territorio d'Israele. [30]Agli uomini che inviava ordinò: "Così direte a ogni uomo d'Israele: "È forse mai accaduta una cosa simile da quando gli Israeliti sono usciti dalla terra d'Egitto fino ad oggi? Pensateci, consultatevi e decidete!"". Quanti vedevano, dicevano: "Non è mai accaduta e non si è mai vista una cosa simile, da quando gli Israeliti sono usciti dalla terra d'Egitto fino ad oggi!".

L'uomo di Legge, il giusto, il Levita, l'uomo di dio prende la povera donna che lui ha fatto violentare da un'intera città, non è chiaro se la uccide lui od era già morta, comunque la fa in dodici pezzi (guarda caso), mandandoli alle 12 tribù d'Israele, dicendo che queste cose non erano mai accadute. In effetti è vero, solo il popolo di dio poteva commettere tali mostruosità.

Giudici Cap. 20 vv. 4-10 (La Bibbia di chi non la conta giusta)

⁴Allora il levita, il marito della donna che era stata uccisa, rispose: "Io ero giunto con la mia concubina a Gàbaa di Beniamino, per passarvi la notte. ⁵Ma gli abitanti di Gàbaa insorsero contro di me e circondarono di notte la casa dove stavo. Volevano uccidere me; quanto alla mia concubina, le usarono violenza fino al punto che ne morì. ⁶Io presi la mia concubina, la feci a pezzi e mandai i pezzi a tutti i territori dell'eredità d'Israele, perché costoro hanno commesso un delitto e un'infamia in Israele. ⁷Eccovi qui tutti, Israeliti: consultatevi e decidete qui". ⁸Tutto il popolo si alzò insieme gridando: "Nessuno di noi tornerà alla tenda, nessuno di noi rientrerà a casa. ⁹Ora ecco quanto faremo a Gàbaa: tireremo a sorte ¹⁰e prenderemo in tutte le tribù d'Israele dieci uomini su cento, cento su mille e mille su diecimila, i quali andranno a cercare viveri per il popolo, per quelli che andranno a punire Gàbaa di Beniamino, come merita l'infamia che ha commesso in Israele".

Dal capitolo precedente non si evince se la povera concubina fosse morta per le violenze subite o se fosse stata uccisa e fatta a pezzi dal Levita. Ma una cosa è certa: la poveretta fu uccisa perché lo spregevole uomo, per salvare se stesso, la diede in pasto alla folla! Altra cosa certa è che, viva o morta, fu fatta a pezzi dallo stesso, che il Levita si comportò esattamente come un serial killer! Non contento, egli utilizzò la squallida vicenda per fomentare la guerra contro la tribù di Beniamino, che sempre tribù del popolo eletto si tratta!
Altro conto che non torna è il numero di pezzi della donna spedito alle varie tribù, perché quella di Beniamino comunque è una delle dodici, ed essendo loro diventati nemici, i pezzi da spedire erano undici!
In ogni caso ve l'immaginate il macabro, sanguinolento e maleodorante messaggio postale?
Roba da Bibbia!

Giudici Cap. 20 vv. 27-28 (La Bibbia dei sacerdoti guerrafondai)

²⁷Gli Israeliti consultarono il Signore - l'arca dell'alleanza di Dio in quel tempo era là ²⁸e Fineès, figlio di Eleàzaro, figlio di Aronne, prestava servizio davanti ad essa in quel tempo - e dissero: "Devo continuare ancora a uscire in battaglia contro i figli di Beniamino, mio fratello, o devo cessare?". Il Signore rispose: "Andate, perché domani li consegnerò in mano vostra".

Eleàzaro, come i migliori sacerdoti, parla in nome di dio ed a nessuno viene minimamente in mente che lui possa essere un impostore, e questo dio che parla sempre attraverso la ricca ed avida casta sacerdotale ha sempre una sola parola: scannatevi!

In questo capitolo si racconta la guerra fratricida fra la tribù di Beniamino e le restanti tribù israelite e, se il conto portato dal narratore è esatto, questa faccenda comportò la morte di circa 75.000 combattenti, mentre non si contano le vittime civili nelle città passate a fil di spada. Forse il pastore errante esagera, ma sicuramente nelle guerre tanto volute da dio perirono decine di migliaia di persone.

Giudici Cap. 21 vv. 5-12
(La Bibbia del male riparato con un altro male)

. *5Poi gli Israeliti dissero: "Fra tutte le tribù d'Israele, qual è quella che non è venuta all'assemblea davanti al Signore?". Perché contro chi non fosse venuto alla presenza del Signore a Mispa si era pronunciato questo grande giuramento: "Sarà messo a morte". 6Gli Israeliti si pentivano di quello che avevano fatto a Beniamino loro fratello e dicevano: "Oggi è stata soppressa una tribù d'Israele. 7Come faremo per procurare donne ai superstiti, dato che abbiamo giurato per il Signore di non dar loro in moglie nessuna delle nostre figlie?".*
8Dissero dunque: "Fra le tribù d'Israele, qual è quella che non è venuta davanti al Signore a Mispa?". Risultò che nessuno di Iabes di Gàlaad era venuto all'accampamento dove era l'assemblea; 9fatta la rassegna del popolo, si era trovato che là non vi era nessuno degli abitanti di Iabes di Gàlaad. 10Allora la comunità vi mandò dodicimila uomini dei più valorosi e ordinò: "Andate e passate a fil di spada gli abitanti di Iabes di Gàlaad, comprese le donne e i bambini. 11Farete così: voterete allo sterminio ogni maschio e ogni donna che abbia avuto rapporti con un uomo; invece risparmierete le vergini". Quelli fecero così. 12Trovarono fra gli abitanti di Iabes di Gàlaad quattrocento fanciulle vergini, che non avevano avuto rapporti con un uomo, e le condussero all'accampamento, a Silo, che è nella terra di Canaan.

Gli Israeliti si pentirono di aver quasi sterminato la tribù di Beniamino (600 maschi superstiti), ma come fecero a pentirsi se l'ordine di sterminarli era venuto da dio, come chiaramente scritto nei versetti in precedenza commentati? Dio non è perfetto?
Inoltre, come rimediare al misfatto?

Semplice, con un altro misfatto!

Dunque: loro avevano giurato che mai avrebbero dato in moglie le loro donne ai maschi di Beniamino, ed un giuramento non si può annullare nemmeno se ci si è pentiti del male fatto... Ma comunque volevano che la stirpe di Beniamino non si estinguesse.

-Allora che fare?

-Si va a prendere le donne da qualche altra parte.

A questo punto inventano una scusa geniale: quelli di Iabes di Galaad non erano presenti all'assemblea, poco importa se magari quel giorno stavano tutti male, la strada non era praticabile, avevano altri impegni: Non erano presenti all'assemblea e quindi potevano essere sterminati. E così sterminarono tutti, tranne 400 donne, naturalmente vergini, la precisazione è necessaria, per i maschi di Beniamino. L'opinione delle vergini sulla faccenda è irrilevante.

Ma 400 vergini non bastavano, occorreva inventarsi qualcos'altro...

Giudici Cap. 21 vv. 19-22
(La Bibbia di due mali che ne riparano uno)

19 Aggiunsero: "Ecco, ogni anno si fa una festa per il Signore a Silo". Questa città è a settentrione di Betel, a oriente della strada che sale da Betel a Sichem e a mezzogiorno di Lebonà. 20 Diedero quest'ordine ai figli di Beniamino: "Andate, appostatevi nelle vigne 21 e state attenti: quando le fanciulle di Silo usciranno per danzare in coro, uscite dalle vigne, rapite ciascuno una donna tra le fanciulle di Silo e andatevene nel territorio di Beniamino. 22 Quando i loro padri o i loro fratelli verranno a discutere con noi, diremo loro: "Perdonateli: non le hanno prese una ciascuno in guerra, né voi le avete date loro: solo in tal caso sareste in colpa"".

Per trovare ancora altre donne da dare a quelli di Beniamino la soluzione è semplice: si prendono dove stanno, rapendole, così i predoni d'Israele (il popolo del signore) si appostano intorno a Silo e rapiscono le loro fanciulle.

Ma gli anziani della comunità raccomandano di dare questa spiegazione ai parenti delle rapite se fossero venuti a reclamare per lo spregevole atto: **"Perdonateli: non le hanno prese una ciascuno in guerra, né voi le avete date loro, solo in tal caso sareste in colpa"**

Insomma gli anziani d'Israele "assolvono" le vittime del rapimento: Non sentitevi in colpa, non avete fatto nulla di male! In effetti non furono loro a fare del male, ma i predoni d'Israele, la tribù che agisce in nome di dio.

Il meccanismo mistificatorio è lo stesso anche oggi: La chiesa di Roma di recente ha "perdonato" Glielo Galilei e lo ha "riabilitato", insomma il carnefice "perdona" la vittima.

E questa è la degnissima conclusione di questo spaventoso libro dei Giudici.

COMMENTO FINALE A GIUDICI

Se "Giosuè" è il libro della conquista e quindi delle crudeltà contro i nemici degli Israeliti, "Giudici" è il libro della disgregazione del popolo eletto e degli infruttuosi tentativi di riunificarlo e di riorganizzarlo. Come spiegato negli ultimi capitoli non c'era un vero e proprio re ed ogni tribù faceva un poco come le pareva.

Tale situazione portava a continue lotte fratricide e gli ultimi capitoli descrivono ampiamente una di queste, contro la tribù di Beniamino.

Il libro riporta l'orrendo episodio in cui un non meglio precisato levita, per salvare se stesso, consegna la propria concubina alla folla inferocita, lasciando che abusassero di lei per un'intera notte. Non è chiaro se la povera donna sia morta in conseguenza della violenza subita od addirittura uccisa dal suo uomo-padrone, che comunque la fa a pezzi e la recapita alle altre tribù per fomentare la guerra contro la tribù di Beniamino. Come definire quest'uomo con una sola parola?

vigliacco.

Anche i tentativi di riparare al danno inferto alla tribù quasi sterminata sono degni della peggiore Bibbia e fanno assurgere il libro dei Giudici all'olimpo dei capolavori della letteratura horror.

RUT

Rut Cap. 3 vv. 8-14 (La Bibbia spiegata ai rapiti)

[8]Verso mezzanotte quell'uomo ebbe un brivido di freddo, si girò e vide una donna sdraiata ai suoi piedi. [9]Domandò: "Chi sei?". Rispose: "Sono Rut, tua serva. Stendi il lembo del tuo mantello sulla tua serva, perché tu hai il diritto di riscatto". [10]Egli disse: "Sii benedetta dal Signore, figlia mia! Questo tuo secondo atto di bontà è ancora migliore del primo, perché non sei andata in cerca di uomini giovani, poveri o ricchi che fossero. [11]Ora, figlia mia, non temere! Farò per te tutto quanto chiedi, perché tutti i miei concittadini sanno che sei una donna di valore. [12]È vero: io ho il diritto di riscatto, ma c'è un altro che è parente più stretto di me. [13]Passa qui la notte e domani mattina, se lui vorrà assolvere il diritto di riscatto, va bene, lo faccia; ma se non vorrà riscattarti, io ti riscatterò, per la vita del Signore! Rimani coricata fino a domattina". [14]Ella rimase coricata ai suoi piedi fino alla mattina e si alzò prima che una persona riesca a riconoscere un'altra. Booz infatti pensava: "Nessuno deve sapere che questa donna è venuta nell'aia!".

Il piccolo libro di Rut è passabile, come dirò nel riassunto finale, ma ho citato questo brano sia per l'evidente ambiguità erotica, sia per il fatto che comunque si dimostra che le donne sono ostaggio dei maschi e delle tribù, non sono mai libere, neanche alla morte del marito, ma sempre e comunque merce di scambio all'interno della tribù. E si noti che anche a quei tempi gli uomini vecchi ma ricchi erano preferiti ai giovani.

Rut Cap. 4 v. 17-22 (La Bibbia delle anagrafi informatizzate)

[17]Le vicine gli cercavano un nome e dicevano: "È nato un figlio a Noemi!". E lo chiamarono Obed. Egli fu il padre di Iesse, padre di Davide. [18]Questa è la discendenza di Peres: Peres generò Chesron, [19]Chesron generò Ram, Ram generò Amminadàb, [20]Amminadàb generò Nacson, Nacson generò Salmon, [21]Salmon generò Booz, Booz generò Obed, 22Obed generò Iesse e Iesse generò Davide.

Il breve libro di Rut si conclude così, con la solita genealogia inventata al fine di dimostrare che da Abramo a Gesù, passando per Davide, c'è un'unica linea di parentela. Ma a che serve quest'arrampicata libera su specchi unti di lardo, se Giuseppe **non** è il padre di Gesù?

COMMENTO FINALE A RUT

Il libro di Rut è presentabile, nulla d'eccezionale, ma sembra scritto da una mano pietosa, in grado di esprimere sentimenti, e narra di una donna, ma non una donna violenta e guerrafondaia come Debora (Giudici Cap. 4), ma di una donna umana. Rut è una straniera, non è del popolo d'Israele e quando il marito, figlio di Noemi, muore, lei sceglie di seguire la suocera, per aiutarla a tornare nelle sue terre d'origine e per sopravvivere insieme alla fame ed agli stenti. Pur non essendo un granché la storia d'amore con Booz, sembrando più un matrimonio d'affari che altro, comunque tutto il libro rifugge dalla brutalità e rozzezza di gran parte della Bibbia. Addirittura c'è rispetto e considerazione anche per le persone straniere, che non fanno parte della stirpe eletta. Naturalmente la condizione della donna era quella che era: merce al pari dei terreni e dei cammelli, e non sono stati di certo dio o le preghiere a liberare la donna, ma le sue lotte e la nuova consapevolezza dei suoi diritti, affermatasi con l'illuminismo e poi con l'industrializzazione, mentre le religioni sono sempre state il principale ostacolo alla liberazione femminile.

SAMUELE 1

Samuele 1 Cap. 1 vv. 4-8 (La Bibbia delle donne-utero)

⁴Venne il giorno in cui Elkanà offrì il sacrificio. Ora egli soleva dare alla moglie Peninnà e a tutti i figli e le figlie di lei le loro parti. ⁵Ad Anna invece dava una parte speciale, poiché egli amava Anna, sebbene il Signore ne avesse reso sterile il grembo. ⁶La sua rivale per giunta l'affliggeva con durezza a causa della sua umiliazione, perché il Signore aveva reso sterile il suo grembo. ⁷Così avveniva ogni anno: mentre saliva alla casa del Signore, quella la mortificava; allora Anna si metteva a piangere e non voleva mangiare. ⁸Elkanà, suo marito, le diceva: "Anna, perché piangi? Perché non mangi? Perché è triste il tuo cuore? Non sono forse io per te meglio di dieci figli?".

Questo passo ricalca quello della Genesi della rivalità fra Sara (moglie di Abramo) e la schiava fertile Agar. Anche in questo caso la gelosia fra le due mogli era legata alla fertilità, dato che in quei tempi una donna non fertile semplicemente non era neanche una donna, la donna era ridotta ad un organo anatomico, un utero con intorno altri inutili accessori.

Samuele 1 Cap. 1 vv. 10-11 (La Bibbia dei figli sacrificati)

¹⁰Ella aveva l'animo amareggiato e si mise a pregare il Signore, piangendo dirottamente. ¹¹Poi fece questo voto: "Signore degli eserciti, se vorrai considerare la miseria della tua schiava e ricordarti di me, se non dimenticherai la tua schiava e darai alla tua schiava un figlio maschio, io lo offrirò al Signore per tutti i giorni della sua vita e il rasoio non passerà sul suo capo".

Illuminante la preghiera di Anna rivolta a dio: **"Signore degli eserciti"**, inutile commentare.
"...considerare la miseria della tua schiava", così ci si rivolge a dio, come lo schiavo al suo padrone, elemosinando un tozzo di pane e temendo la solita frustata. Questa religione è un ottimo allenamento per diventare cittadini obbedienti e decerebrati. Inoltre si evidenzia che la donna sterile è ridotta in miseria, anche se appartenente ad una famiglia agiata ed anche se preferita dal marito-padrone!
"...io lo offrirò al signore" Non conta affatto l'opinione del futuro figlio, se gradiva diventare un nazireo e dedicarsi a dio, se preferiva

portare barba e capelli lunghi o se voleva diventare naziskin, tutto questo non conta, anche i figli sono merce di scambio fra gli uomini e dio, al pari degli agnelli.

Samuele 1 Cap. 2 vv. 4-7 (La Bibbia del dio-Robin-Hood)

⁴L'arco dei forti s'è spezzato,
ma i deboli si sono rivestiti di vigore.
⁵I sazi si sono venduti per un pane,
hanno smesso di farlo gli affamati.
La sterile ha partorito sette volte
e la ricca di figli è sfiorita.
⁶Il Signore fa morire e fa vivere,
scendere agli inferi e risalire.
⁷Il Signore rende povero e arricchisce,
abbassa ed esalta.

-Insomma dio, come Robin Hood ruba al ricco A per dare al povero B
-Ma quando il povero B diventa ricco, ed il ricco A diventa povero, dio che fa?
-Ruba a B per dare ad A, in un pendolo senza fine, perché mai che a questo potentissimo ed intelligentissimo dio venga in mente di dare ad A e B più o meno nella uguale misura!

Samuele 1 Cap. 2 vv. 33-34 (La Bibbia delle orrende maledizioni)

³³Qualcuno dei tuoi tuttavia non lo strapperò dal mio altare, perché ti si consumino gli occhi e si strazi il tuo animo, ma tutta la prole della tua casa morirà appena adulta. ³⁴Sarà per te un segno quello che avverrà ai tuoi due figli, a Ofni e Fineès: nello stesso giorno moriranno tutti e due.

Qual'era la colpa dei figli di Eli, per cui furono puniti con la morte e la discendenza di Eli sterminata?

Il fatto che i figli fossero andati a donne (figurarsi lo facevano tutti…) e l'aver rubato sulle offerte portate al tempio (che in fondo è la mission di ogni casta sacerdotale…)
Dio è sempre per la pena di morte.

Samuele 1 Cap. 3 vv. 1-6 (La Bibbia del dio dalla voce incerta)

[1] *Il giovane Samuele serviva il Signore alla presenza di Eli. La parola del Signore era rara in quei giorni, le visioni non erano frequenti.* [2]*E quel giorno avvenne che Eli stava dormendo al suo posto, i suoi occhi cominciavano a indebolirsi e non riusciva più a vedere.* [3]*La lampada di Dio non era ancora spenta e Samuele dormiva nel tempio del Signore, dove si trovava l'arca di Dio.* [4]*Allora il Signore chiamò: "Samuele!" ed egli rispose: "Eccomi",* [5]*poi corse da Eli e gli disse: "Mi hai chiamato, eccomi!". Egli rispose: "Non ti ho chiamato, torna a dormire!". Tornò e si mise a dormire.* [6]*Ma il Signore chiamò di nuovo: "Samuele!"; Samuele si alzò e corse da Eli dicendo: "Mi hai chiamato, eccomi!". Ma quello rispose di nuovo: "Non ti ho chiamato, figlio mio, torna a dormire!".*

Dai libri del Pentateuco sappiamo già che dio ha una massa, mani e piedi, occhi, orecchie, delle spalle e dei… glutei, ma non sapevamo molto della sua voce. Adesso questa lacuna è stata colmata: dio ha la voce somigliante al vecchio sacerdote Eli, e quindi una vocina flebile ed incerta, come quella dei vecchietti nei film western o, se preferite come quella dell'attuale sempre amato pontefice Benedetto XVI.
Il pastore errante ammette che in quel tempo la voce del signore fosse rara e che ancora meno frequenti fossero le visioni. Si mi pare più o meno come ai nostri tempi, solo pochi disturbati affermano di vedere o sentire dio.

Samuele 1 Cap. 4 vv. 5-11 (La Bibbia della super-arma spuntata)

[5]*Non appena l'arca dell'alleanza del Signore giunse all'accampamento, gli Israeliti elevarono un urlo così forte che ne tremò la terra.* [6]*Anche i Filistei udirono l'eco di quell'urlo e dissero: "Che significa quest'urlo così forte nell'accampamento degli Ebrei?". Poi vennero a sapere che era arrivata nel loro campo l'arca del Signore.* [7]*I*

Filistei ne ebbero timore e si dicevano: "È venuto Dio nell'accampamento!", ed esclamavano: "Guai a noi, perché non è stato così né ieri né prima. [8]Guai a noi! Chi ci libererà dalle mani di queste divinità così potenti? Queste divinità hanno colpito con ogni piaga l'Egitto nel deserto. [9]Siate forti e siate uomini, o Filistei, altrimenti sarete schiavi degli Ebrei, come essi sono stati vostri schiavi. Siate uomini, dunque, e combattete!". [10]Quindi i Filistei attaccarono battaglia, Israele fu sconfitto e ciascuno fuggì alla sua tenda. La strage fu molto grande: dalla parte d'Israele caddero trentamila fanti. [11]In più l'arca di Dio fu presa e i due figli di Eli, Ofni e Fineès, morirono.

Quando le sorti della guerra contro i Filistei volgevano al peggio, gli Ebrei ricorsero alla solita super-arma segreta, quella di fronte alla quale non c'è esercito che tenga. Non è la bomba H, è l'arca dell'alleanza, quel baule al cui cospetto tutti i più spaventosi guerrieri diventano vermi striscianti. Ma questa volta l'arma… fa cilecca, i nemici vincono facilmente, ammazzano un sacco d'Israeliti, fra cui i due figli del sacerdote Eli e, colmo dei colmi, s'impadroniscono dell'arma segreta!
A qualunque cosa si riesce a trovare una spiegazione… irrazionale, quando si tratta di giustificare il potere clericale: La sconfitta c'è stata perché i figli di Eli si erano concessi qualche bistecca in più dai sacrifici e qualche distrazione di troppo con le donne offerenti…
Della serie: Hanno sempre ragione loro.

Samuele 1 Cap. 5 vv. 1-6 (La Bibbia spiegata agli appestati)

[1]I Filistei, catturata l'arca di Dio, la portarono da Eben-Ezer ad Asdod. [2]I Filistei poi presero l'arca di Dio, la introdussero nel tempio di Dagon e la collocarono a fianco di Dagon. [3]Il giorno dopo i cittadini di Asdod si alzarono, ed ecco che Dagon era caduto con la faccia a terra davanti all'arca del Signore; essi presero Dagon e lo rimisero al suo posto. [4]Si alzarono il giorno dopo di buon mattino, ed ecco che Dagon era caduto con la faccia a terra davanti all'arca del Signore, mentre la testa di Dagon e le palme delle mani giacevano staccate sulla soglia; il resto di Dagon era intero. [5]Per questo i sacerdoti di Dagon e quanti entrano nel tempio di Dagon ad Asdod non calpestano la soglia di Dagon ancora oggi. [6]Allora incominciò a pesare la mano del Signore sugli abitanti di Asdod, li devastò e li colpì con bubboni, Asdod e il suo territorio.

E' evidente che questi popoli furono colpiti da un'epidemia di peste bubbonica, come ulteriormente esplicitato nei versetti successivi che non riporto. Ma di fronte a queste spaventose epidemie, come nel caso della peste a Milano, raccontata dal Manzoni, ci s'ingegna sempre a cercare sempre la spiegazione più ... irrazionale al fenomeno.
A Milano la causa fu attribuita agli untori, fra gli Ebrei invece all'arca trafugata agli Ebrei.

Samuele 1 Cap. 6 v. 5 (La Bibbia spiegata agli epidemiologi)

[5]*Fate dunque figure dei vostri bubboni e figure dei vostri topi, che infestano la terra, e date gloria al Dio d'Israele. Forse renderà più leggera la sua mano su di voi, sul vostro dio e sul vostro territorio.*

Da questo passo si evince che gli Israeliti avevano capito benissimo l'epidemiologia della peste bubbonica, infatti, pur non sapendo nulla di microbiologia, avevano notato che la peste si diffondeva in relazione all'eccessiva presenza di topi. (oggi sappiamo che l'agente eziologico, una yersinia, è trasmesso attraverso la puntura di una pulce, parassita dei topi, ma che può pungere anche l'uomo).
Purtroppo però queste conoscenze epidemiologiche sono sempre vanificate dalle follie dei religiosi, che invece attribuiscono questi eventi a cause soprannaturali, in questo caso alla presenza del baule trafugato. Quando la scienza deve fare i conti con la fede, le condizioni di vita della gente peggiorano inevitabilmente.

Samuele 1 Cap. 6 vv. 19-21 (La Bibbia dell'arca radioattiva)

[19]*Ma il Signore colpì gli uomini di Bet-Semes, perché avevano guardato nell'arca del Signore; colpì nel popolo settanta persone su cinquantamila e il popolo fu in lutto, perché il Signore aveva inflitto alla loro gente questo grave colpo.*
[20]*Gli uomini di Bet-Semes allora esclamarono: "Chi mai potrà stare al cospetto del Signore, questo Dio così santo? La manderemo via da noi; ma da chi?".* [21]*Perciò inviarono messaggeri agli abitanti di Kiriat-Iearìm a dire: "I Filistei hanno restituito l'arca del Signore. Scendete e portatela presso di voi".*

Chiariamo subito che la città di Bet-Semes era israelita e che 70 su 50.000 abitanti morirono **solo** per aver guardato con i loro occhi quella specie di madia detta arca.

Avuta questa tragica esperienza anche loro, pur essendo Ebrei, pensarono bene di disfarsi di quell'oggetto portatore di disgrazie come il nucleo di una centrale atomica spaccata, e decisero di mandarla a Kiriat-Iearim, dato che volevano molto bene ai suoi abitanti...

Samuele 1 Cap. 7 vv. 3-6
(La Bibbia degli dei con maggiore appeal)

[3]Allora Samuele disse a tutta la casa d'Israele: "Se è proprio di tutto cuore che voi tornate al Signore, eliminate da voi tutti gli dèi stranieri e le Astarti; indirizzate il vostro cuore al Signore e servite lui, lui solo, ed egli vi libererà dalla mano dei Filistei". [4]Subito gli Israeliti eliminarono i Baal e le Astarti e servirono solo il Signore. [5]Disse poi Samuele: "Radunate tutto Israele a Mispa, perché voglio pregare il Signore per voi". [6]Si radunarono pertanto a Mispa, attinsero acqua, la versarono davanti al Signore, digiunarono in quel giorno e là dissero: "Abbiamo peccato contro il Signore!". A Mispa Samuele fu giudice degli Israeliti.

E' incredibile come, nonostante le tante prove che il signore unico avrebbe dato a questo popolo (o nonostante l'oppressione militare del potere clericale dei Leviti?), gli Israeliti continuino ciclicamente a tornare politeisti ed ad adorare dei ben più attraenti del vecchietto irascibile imposto dai Leviti.

Evidentemente il politeismo è più attraente (e tollerante) rispetto al monoteismo, tanto è vero che anche oggi il cattolicesimo in realtà è una Religione politeistica, visto che l'unico dio è stato scisso in tre, è stata aggiunta una divinità femminile ed un'infinita schiera di santi, che altro non sono che le vecchie divinità pagane, per non parlare poi d'angeli, arcangeli e cherubini, nonché gli dei del male: satana e le schiere di diavoli, che tutti insieme sono andati a sostituire gli antichi spiriti.

Ah, naturalmente non appena gli Israeliti riprendono a servire il dio D.O.C. ricominciano a vincere e sterminare i nemici, era scontato...

Samuele 1 Cap. 8 vv. 10-20 (La Bibbia degli anarchici)

[10]Samuele riferì tutte le parole del Signore al popolo che gli aveva chiesto un re. [11]Disse: "Questo sarà il diritto del re che regnerà su di voi: prenderà i vostri figli per destinarli ai suoi carri e ai suoi cavalli, li farà correre davanti al suo cocchio, [12]li farà capi di migliaia e capi di cinquantine, li costringerà ad arare i suoi campi, mietere le sue messi e apprestargli armi per le sue battaglie e attrezzature per i suoi carri. [13]Prenderà anche le vostre figlie per farle sue profumiere e cuoche e fornaie. [14]Prenderà pure i vostri campi, le vostre vigne, i vostri oliveti più belli e li darà ai suoi ministri. [15]Sulle vostre sementi e sulle vostre vigne prenderà le decime e le darà ai suoi cortigiani e ai suoi ministri. [16]Vi prenderà i servi e le serve, i vostri armenti migliori e i vostri asini e li adopererà nei suoi lavori. [17]Metterà la decima sulle vostre greggi e voi stessi diventerete suoi servi. [18]Allora griderete a causa del re che avrete voluto eleggere, ma il Signore non vi ascolterà". [19]Il popolo rifiutò di ascoltare la voce di Samuele e disse: "No! Ci sia un re su di noi. [20]Saremo anche noi come tutti i popoli; il nostro re ci farà da giudice, uscirà alla nostra testa e combatterà le nostre battaglie".

In questo capitolo il pastore errante spiega benissimo quali sono i difetti della monarchia, non si può che condividere ed anche gli anarchici concorderanno sulla necessità di uccidere questo siffatto re.

Ma l'alternativa che reclamava il popolo era fra la monarchia e la **teocrazia**, il potere assoluto dei Leviti, esercitato attraverso i sacerdoti-giudici che a tanti disastri aveva portato questo sfortunato popolo. Il popolo almeno sperava che un re, prima di dichiarare guerra ad un nemico, valutasse razionalmente le possibilità di vittoria, senza dare ascolto ad improbabili oracoli.

Comincia insomma, qualche millennio prima, la lotta per le investiture, la sanguinosissima guerra fra potere politico e potere religioso per dirimere chi abbia la supremazia sull'altro, il tutto a scapito del popolo, che poteva scegliere fra la padella e la brace ed a volte toccava loro entrambe le disgrazie, sia la padella, sia la brace!

Samuele 1 Cap. 9 vv. 9-10 (La Bibbia delle precisazioni lessicali)

9Una volta, in Israele, quando uno andava a consultare Dio, diceva: "Su, andiamo dal veggente", perché, quello che oggi si chiama profeta, allora si chiamava veggente. 10Disse dunque Saul al domestico: "Hai detto bene; su, andiamo". E andarono nella città dove era l'uomo di Dio.

Menomale che il pastore errante lo spiega bene: profeta e veggente sono la stessa cosa. Io direi: sono la stessa cosa anche indovino, mago, guaritore, ciarlatano.

Samuele 1 Cap. 10 vv. 3-6 (La Bibbia delle infinite schiere di profeti)

3Passerai di là e andrai oltre; quando arriverai alla Quercia di Tabor, vi troverai tre uomini che salgono a onorare Dio a Betel: uno porterà tre capretti, l'altro porterà tre pani rotondi, il terzo porterà un otre di vino. 4Ti domanderanno se stai bene e ti daranno due pani, che tu prenderai dalle loro mani. 5Giungerai poi a Gàbaa di Dio, dove c'è una guarnigione di Filistei ed entrando in città incontrerai un gruppo di profeti che scenderanno dall'altura preceduti da arpe, tamburelli, flauti e cetre, che agiranno da profeti. 6Lo spirito del Signore irromperà anche su di te e ti metterai a fare il profeta insieme con loro, e sarai trasformato in un altro uomo.

A quei tempi, evidentemente tutti profetizzavano in mezzo a canti e suoni di tamburelli, flauti e cetre, e chiunque volesse poteva unirsi alla schiera d'indovini, veggenti, profeti. Ma c'era ancora qualcuno che semplicemente ascoltava le profezie?

Samuele 1 Cap. 11 vv. 1-3 (La Bibbia spiegata ai consiglieri militari)

1Nacas l'Ammonita si mosse e pose il campo contro Iabes di Gàlaad. Tutti i cittadini di Iabes di Gàlaad dissero allora a Nacas: "Fa' un patto con noi e ti saremo sudditi". 2Rispose loro Nacas l'Ammonita: "A queste condizioni farò un patto con voi: possa io cavare a tutti voi l'occhio destro e porre tale gesto a oltraggio di tutto Israele". ³Di nuovo chiesero gli anziani di Iabes: "Lasciaci sette giorni per inviare messaggeri in tutto il territorio d'Israele. Se nessuno verrà a salvarci, usciremo incontro a te".

Nacas è descritto come un feroce guerriero che pone una condizione impossibile a quelli di Iabes: Farsi cavare tutti un occhio! Ebbene, secondo il pastore errante, questo feroce guerriero avrebbe accettato cavallerescamente la richiesta di quelli di Iabes di aspettare una settimana prima di attaccare e nel frattempo loro avrebbero chiesto aiuti a tutte le tribù d'Israele.
Ma davvero pensate sia un racconto credibile?

Samuele 1 Cap. 11 vv. 6-8 (La Bibbia delle guerre imposte)

⁶Lo spirito di Dio irruppe allora su Saul ed egli, appena udite quelle parole, si irritò molto. ⁷Prese un paio di buoi, li fece a pezzi e li inviò in tutto il territorio d'Israele per mezzo di messaggeri con questo proclama: "A chi non uscirà dietro Saul e dietro Samuele, così sarà fatto dei suoi buoi". Cadde il terrore del Signore sul popolo e si mossero come un sol uomo. ⁸Saul li passò in rassegna a Bezek e risultarono trecentomila Israeliti e trentamila di Giuda.

Saul comincia la sua carriera con metodi molto spicci e raccapriccianti: Uccide due buoi (che non c'entravano proprio nulla), li fa a pezzi e ne manda un pezzo per ciascuna tribù (1/6 di bue a testa), dicendo loro: "ecco la fine che farete se non combatterete con me". Non si capisce se questa fine l'avrebbero fatta per mano del nemico Nacas o per mano del vendicativo Saul, ma tanto per il popolo non cambia nulla, il nemico spesso marcia alla testa dei poveri soldati.

Samuele 1 Cap. 12 vv. 12-17 (La Bibbia spiegata ai monarchici)

¹²Eppure, quando avete visto che Nacas, re degli Ammoniti, muoveva contro di voi, mi avete detto: "No, un re regni sopra di noi". Invece il Signore, vostro Dio, è vostro re. ¹³Ora ecco il re che avete scelto e che avevate chiesto. Ecco che il Signore ha posto un re sopra di voi. ¹⁴Dunque, se temerete il Signore, se lo servirete e ascolterete la sua voce e non sarete ribelli alla parola del Signore, voi e il re che regna su di voi sarete con il Signore, vostro Dio. [15]Se invece non ascolterete la voce del Signore e sarete ribelli alla sua parola, la mano del Signore peserà su di voi e sui vostri padri. [16]Fatevi avanti ancora e osservate questa grande cosa che il Signore sta per compiere sotto i vostri occhi. [17]Non è forse questo il tempo della mietitura del grano? Ma io griderò al Signore ed egli manderà tuoni e pioggia. Così vi persuaderete e constaterete che grande è il male che avete fatto davanti al Signore chiedendo un re per voi".

Insomma non è stato un grande affare per il popolo d'Israele a richiedere un re come capo, perché adesso, come Arlecchino, ognuno è servo di due padroni: il re e dio (leggasi sacerdoti). E se per adesso la lotta per le investiture volge a favore della monarchia, il "buon" Samuele si vendica facendo mandare da dio tuoni e pioggia nella stagione della mietitura.

Insomma pare evidente che i buoni fedeli debbano avere una sola forma di governo perfetto, la famosa "città del sole": La teocrazia assoluta. La monarchia è solo una concessione obtorto collo di dio, ma solo se naturalmente il popolo ed il re saranno totalmente sottomessi a dio (ai suoi sedicenti rappresentanti in terra). Di sistemi democratici neanche a parlarne, naturalmente…

Samuele 1 Cap. 13 vv. 9-13 (La Bibbia di chi vuole l'esclusiva)

[9]Allora Saul diede ordine: "Portatemi l'olocausto e i sacrifici di comunione". Quindi offrì l'olocausto. [10]Ed ecco, appena ebbe finito di offrire l'olocausto, giunse Samuele, e Saul gli uscì incontro per salutarlo. [11]Samuele disse: "Che hai fatto?". Saul rispose: "Vedendo che il popolo si disperdeva lontano da me e tu non venivi all'appuntamento, mentre i Filistei si riunivano a Micmas, [12]ho detto: "Ora scenderanno i Filistei contro di me a Gàlgala, mentre io non ho ancora placato il Signore". Perciò mi sono fatto ardito e ho offerto l'olocausto". [13]Rispose Samuele a Saul: "Hai agito da stolto, non osservando il comando che il Signore, tuo Dio, ti aveva dato, perché in questa occasione il Signore avrebbe reso stabile il tuo regno su Israele per sempre.

Continua la lotta per la supremazia politica fra il re Saul ed il sacerdote Samuele: Saul viene rimproverato di aver sacrificato direttamente lui a dio, senza aspettare Samuele, e poca importa che si sia trattato di un sacrificio d'urgenza, dettato dal fatto che i nemici erano alle porte: sempre e comunque l'ira di dio (o di Samuele?) si abbatterà su di lui!

Samuele 1 Cap. 14 vv. 13-15 (La Bibbia dei due contro tutti)

[13]Giònata si arrampicava con le mani e con i piedi e lo scudiero lo seguiva; quelli cadevano davanti a Giònata e, dietro, lo scudiero li finiva. [14]Questa fu la prima strage nella quale Giònata e il suo scudiero colpirono una ventina di uomini, in circa mezzo iugero di campo. [15]Si sparse così il terrore nell'accampamento, nella campagna e tra tutto il popolo. Anche la guarnigione e gli uomini d'assalto furono atterriti. La terra tremò e ci fu un terrore divino.

Una di quelle volte in cui il pastore le spara davvero grosse: Gionata ed il suo scudiero contro un esercito numerosissimo ed agguerrito, che si dà alla fuga perché erano stati uccisi venti soldati dei loro.
Ma raccontane un'altra, pastore errante…

Samuele 1 Cap. 14 v. 21 (La Bibbia spiegata alle opposizioni)

[21]Anche quegli Ebrei che erano con i Filistei da qualche tempo e che erano saliti con loro all'accampamento, cominciarono anch'essi a stare dalla parte degli Israeliti che erano con Saul e Giònata.

Questo versetto ci dimostra che tutto il racconto biblico non è di un popolo eletto da dio che lotta concorde e monolitico contro i suoi nemici esterni. Abbiamo già visto le frequenti lotte fratricide fra le varie tribù d'Israele, ma adesso veniamo a sapere che spesso una parte del popolo si alleava con i nemici per combattere contro il resto degli Israeliti. Quindi questo fantomatico dio non sarebbe stato dalla parte dell'intero popolo, ma solo a favore di quella fazione che ebbe la meglio (come anche oggi dio e quindi il clero salgono sempre sul carro dei vincitori!)

Samuele 1 Cap. 14 vv. 24-27 (La Bibbia spiegata agli affamati)

[24]Gli uomini d'Israele erano sfiniti in quel giorno, ma Saul fece giurare a tutto il popolo: "Maledetto chiunque toccherà cibo prima di sera, prima che io mi sia vendicato dei miei nemici". E nessuno del popolo gustò cibo. [25]Tutta la gente passò per una selva, dove c'erano favi di miele sul suolo. [26]Il popolo passò per la selva, ed ecco si vedeva colare il miele, ma nessuno stese la mano e la portò alla bocca, perché il popolo temeva il giuramento. [27]Ma Giònata non aveva saputo che suo padre aveva fatto giurare il popolo, quindi allungò la punta del bastone che teneva in mano e la intinse nel favo di miele, poi riportò la mano alla bocca e i suoi occhi si rischiararono..

Quando si tratta di sterminare i nemici in fuga, colpendoli alle spalle non c'è da perdere tempo e non c'è fame che tenga, anche se affamati bisogna assolvere il dovere di fare a pezzi gli sconfitti. Anche fermarsi un attimo ad assaggiare un poco di miele da un favo può mettere a rischio la vita, persino per il figlio del re...

Samuele 1 Cap. 14 vv. 31-34 (La Bibbia dei dissanguatori)

[31]In quel giorno essi batterono i Filistei da Micmas fino ad Àialon e il popolo era sfinito. [32]Il popolo si gettò sulla preda e presero pecore, buoi e vitelli e li macellarono per terra e li mangiarono con il sangue. [33]La cosa fu annunciata a Saul: "Ecco, il popolo pecca contro il Signore, mangiando con il sangue". Rispose: "Avete prevaricato! Rotolate subito qui una grande pietra". [34]Saul soggiunse: "Passate tra il popolo e dite loro che ognuno mi conduca qua il suo bue e il suo montone e li macellerete su questa pietra e ne mangerete; così non peccherete contro il Signore, mangiando il sangue". E tutto il popolo condusse nella notte ciascuno il bestiame che aveva e là lo macellò.

Sappiamo già che le prescrizioni dei Leviti sono chiare: non si può mangiare la carne che non sia stata dissanguata, ma i poveri soldati erano affamati ed allora agirono in fretta ed alla meglio, ma sempre di peccato si tratta! Per fortuna, per questa volta non ci furono severe punizioni.

Samuele 1 Cap. 14 vv. 38-44 (La Bibbia delle vite tirate a sorte)

38Allora Saul disse: "Accostatevi qui, autorità tutte del popolo. Cercate ed esaminate da chi sia stato commesso oggi il peccato, 39perché per la vita del Signore, salvatore d'Israele, certamente costui morirà, anche se si trattasse di mio figlio Giònata". Ma nessuno del popolo gli rispose. 40Perciò disse a tutto Israele: "Voi state da una parte e io e mio figlio Giònata staremo dall'altra". Il popolo rispose a Saul: "Fa' quanto ti sembra bene". 41Saul disse al Signore: "Dio d'Israele, da' una risposta chiara". E furono indicati Giònata e Saul, mentre il popolo restò libero. 42Saul soggiunse: "Tirate a sorte tra me e mio figlio Giònata". E fu indicato Giònata. 43Saul disse a Giònata: "Narrami quello che hai fatto". Giònata raccontò: "Sì, ho assaggiato un po' di miele con la punta del bastone che avevo in mano. Ecco, morirò". 44Saul disse: "Faccia Dio a me questo e anche di peggio, se non andrai a morte, Giònata!". 45Ma il popolo disse a Saul: "Dovrà forse morire Giònata, che ha ottenuto questa grande vittoria in Israele? Non sia mai! Per la vita del Signore, non cadrà a terra un capello del suo capo, perché in questo giorno egli ha operato con Dio". Così il popolo riscattò Giònata, che non fu messo a morte.

Nel guardare a come funziona oggi la giustizia verrebbe voglia di usare il metodo dell'estrazione a sorte anche il giorno d'oggi, si risparmierebbe un sacco di tempo e di spese giudiziarie e si avrebbe la certezza di una sentenza giusta nel 50% delle cause!
A mio avviso Samuele non ci fa una bella figura a volere a tutti i costi la morte del figlio Gionata, che aveva sconfitto da solo i nemici e che solo perché ignorava il voto aveva mangiato il miele, in questo caso il popolo dimostra una saggezza ben maggiore dei suoi tiranni.

Samuele 1 Cap. 15 vv. 1-3 (La Bibbia dei lattanti da uccidere)

1 Samuele disse a Saul: "Il Signore ha inviato me per ungerti re sopra Israele, suo popolo. Ora ascolta la voce del Signore. 2 Così dice il Signore degli eserciti: "Ho considerato ciò che ha fatto Amalèk a Israele, come gli si oppose per la via, quando usciva dall'Egitto. 3Va', dunque, e colpisci Amalèk, e vota allo sterminio quanto gli appartiene; non risparmiarlo, ma uccidi uomini e donne, bambini e lattanti, buoi e pecore, cammelli e asini"".

La religione che pretende di difendere la vita del feto, dell'embrione, persino di un ovulo fecondato, è la stessa che ha come libro di riferimento questo che ordina al suo popolo di sterminare persino i lattanti: e questo è monotonamente ripetuto in tutto il vecchio testamento, ed io non posso fare a meno di riportare... monotonamente.

Samuele 1 Cap. 15 vv. 7-9
(La Bibbia del bestiame da mandare in fumo)

[7] Saul colpì Amalèk da Avìla in direzione di Sur, che è di fronte all'Egitto. [8] Egli prese vivo Agag, re di Amalèk, e sterminò a fil di spada tutto il popolo. [9] Ma Saul e il popolo risparmiarono Agag e il meglio del bestiame minuto e grosso, cioè gli animali grassi e gli agnelli, tutto il meglio, e non vollero sterminarli; invece votarono allo sterminio tutto il bestiame scadente e patito.

In questi e nei versetti successivi continua la contesa fra il potere religioso e quello regale per la supremazia spirituale sul popolo: Il re Saul è evidentemente una persona assennata e ritiene, a ragione, che quando si conquista un territorio non ha senso distruggere i loro beni, ma è meglio appropriarsene, per far arricchire il suo popolo, in particolare i soldati, in modo che combattano con più entusiasmo.
Ma il fanatico e sanguinario Samuele la pensa diversamente e, millantando la linea telefonica con dio, vuole imporre la sua scelta di sterminio di tutto ciò che è vivente ed accusa Saul di non aver rispettato gli ordini del signore.
Vedremo che la lotta sotterranea diventerà un vero scontro di poteri e vedremo anche che il pastore errante si schiererà decisamente dalla parte del sacerdote sanguinario.

Samuele 1 Cap. 15 vv. 22-23 (La Bibbia dell'obbedienza cieca)

[22] Samuele esclamò:
"Il Signore gradisce forse gli olocausti e i sacrifici
quanto l'obbedienza alla voce del Signore?

Ecco, obbedire è meglio del sacrificio,
essere docili è meglio del grasso degli arieti.
[23]Sì, peccato di divinazione è la ribellione,
e colpa e terafìm l'ostinazione.
Poiché hai rigettato la parola del Signore,
egli ti ha rigettato come re".

Questa dolce poesia di Samuele mette ben in chiaro le cose a Saul: Base di questa religione non sono i sacrifici, ma **l'obbedienza** senza se e senza ma, senza chiedere, senza ragionare. Non importa se dio ordina di buttarsi in un burrone, si fa e basta! E naturalmente sono i sacerdoti a sapere quali siano gli ordini dell'amico immaginario, **loro** hanno la linea telefonica aperta con dio, loro e solo loro!

Samuele 1 Cap. 15 vv. 26-29

(La Bibbia del dio che non si pente – o si?)

[26]Ma Samuele rispose a Saul: "Non posso ritornare con te, perché tu stesso hai rigettato la parola del Signore e il Signore ti ha rigettato, perché tu non sia più re sopra Israele". [27]Samuele si voltò per andarsene, ma Saul gli afferrò un lembo del mantello, che si strappò. [28]Samuele gli disse: "Oggi il Signore ha strappato da te il regno d'Israele e l'ha dato a un altro migliore di te. [29]D'altra parte colui che è la gloria d'Israele non mentisce né può pentirsi, perché egli non è uomo per pentirsi".

Qui la guerra per le investiture fra clero e monarchia raggiunge il suo apice, e Samuele fa un'affermazione piuttosto azzardata: **"Dio non mentisce e non può pentirsi"**, non essendo un uomo, ma un'entità perfetta. Vogliamo enumerare tutte le volte in cui, partendo dalla Genesi, la Bibbia afferma che dio "si pentì" del suo operato?
Inoltre pochi versetti dopo, nello stesso capitolo verrà scritto che il signore si era pentito di aver scelto Saul come re... davvero errante questo pastore errante...

Samuele 1 Cap. 15 vv. 33-35 (La Bibbia dei re sacrificati)

³³*Samuele l'apostrofò: "Come la tua spada ha privato di figli le donne, così tra le donne sarà privata di figli tua madre". E Samuele abbatté Agag davanti al Signore a Gàlgala.*
³⁴*Samuele andò quindi a Rama e Saul salì a casa sua, a Gàbaa di Saul.*
³⁵*Samuele non rivide più Saul fino al giorno della sua morte; ma Samuele piangeva per Saul, perché il Signore si era pentito di aver fatto regnare Saul su Israele.*

Per celebrare la parziale e temporanea pace tra Samuele e Saul sacrificare il povero re prigioniero è sembrata una buona idea, infatti Agag viene abbattuto "davanti al signore". Il sacrifico non servì appunto più di tanto, perché i due contendenti non si rividero più ed il signore, infallibile come sappiamo, si macerava nel pentimento per aver fatto regnare Saul...

Samuele 1 Cap. 16 v. 7 (La Bibbia spiegata ai cardiologi)

⁷*Il Signore replicò a Samuele: "Non guardare al suo aspetto né alla sua alta statura. Io l'ho scartato, perché non conta quel che vede l'uomo: infatti l'uomo vede l'apparenza, ma il Signore vede il cuore".*

Sembrerebbe un bel versetto, siamo tutti concordi che non si dovrebbe guardare all'aspetto fisico ma il cuore degli uomini!
Peccato però che questa bella frase sia contraddetta subito dopo, dato che il futuro re verrà scelto **fulvo, con begli occhi e bello di aspetto.**
Inoltre quando dio afferma che guarda al cuore intende solo che il futuro re deve essere coraggioso, ciecamente ubbidiente ai suoi ordini, sufficientemente fanatico, insomma un talebano ante litteram.

Samuele 1 Cap. 16 vv. 14-16 (La Bibbia spiegata ai malati di mente)

14Lo spirito del Signore si era ritirato da Saul e cominciò a turbarlo un cattivo spirito, venuto dal Signore. 15Allora i servi di Saul gli dissero: "Ecco, un cattivo spirito di Dio ti turba. 16Comandi il signore nostro ai servi che gli stanno intorno e noi cercheremo un uomo abile a suonare la cetra. Quando il cattivo spirito di Dio sarà su di te, quegli metterà mano alla cetra e ti sentirai meglio".

Adesso sappiamo che il dio biblico, come una qualsiasi divinità preistorica, come ad esempio il dio della montagna tuonante, ha uno spirito buono ed uno spirito cattivo, che manda a suo capriccio nella mente degli uomini. Molto probabilmente Saul era diventato pazzo, probabilmente anche a causa dello scontro con Samuele e della sua convinzione che dio lo aveva rifiutato.

Samuele 1 Cap. 17 vv. 4-7 (La Bibbia spiegata a Gozilla)

4Dall'accampamento dei Filistei uscì uno sfidante, chiamato Golia, di Gat; era alto sei cubiti e un palmo. 5Aveva in testa un elmo di bronzo ed era rivestito di una corazza a piastre, il cui peso era di cinquemila sicli di bronzo. 6Portava alle gambe schinieri di bronzo e un giavellotto di bronzo tra le spalle. 7L'asta della sua lancia era come un cilindro di tessitori e la punta dell'asta pesava seicento sicli di ferro; davanti a lui avanzava il suo scudiero.

Approssimativamente Golia era alto tre metri, la descrizione pare più adatta ad un mostro del cinema horror od ad un personaggio dei manga giapponesi che ad una figura storica.

Samuele 1 Cap. 17 vv. 41-47 (La Bibbia dei ragazzi presuntuosi)

41Il Filisteo avanzava passo passo, avvicinandosi a Davide, mentre il suo scudiero lo precedeva. 42Il Filisteo scrutava Davide e, quando lo vide bene, ne ebbe disprezzo, perché era un ragazzo, fulvo di capelli e di bell'aspetto. 43Il Filisteo disse a Davide:

"Sono io forse un cane, perché tu venga a me con un bastone?". E quel Filisteo maledisse Davide in nome dei suoi dèi. ⁴⁴Poi il Filisteo disse a Davide: "Fatti avanti e darò le tue carni agli uccelli del cielo e alle bestie selvatiche". ⁴⁵Davide rispose al Filisteo: "Tu vieni a me con la spada, con la lancia e con l'asta. Io vengo a te nel nome del Signore degli eserciti, Dio delle schiere d'Israele, che tu hai sfidato. ⁴⁶In questo stesso giorno, il Signore ti farà cadere nelle mie mani. Io ti abbatterò e ti staccherò la testa e getterò i cadaveri dell'esercito filisteo agli uccelli del cielo e alle bestie selvatiche; tutta la terra saprà che vi è un Dio in Israele. ⁴⁷Tutta questa moltitudine saprà che il Signore non salva per mezzo della spada o della lancia, perché del Signore è la guerra ed egli vi metterà certo nelle nostre mani".

Anche a costo di passare per Bastian contrario, io non mi associo alle orde di tifosi per il piccolo presuntuoso Davide che, con una fionda in mano sfida il gigante, sostenendo di avere dio dalla sua parte. Troppo spesso uomini e popoli interi hanno fatto la scelta sbagliata, andando ad uno scontro improponibile perché convinti di avere dio dalla loro parte.

Che poi Davide sia stato fortunato e sia riuscito ad abbattere il gigante, non cambia di una virgola la faccenda: Le religioni aiutano a fare la scelta più irrazionale e la meno idonea a portare il massimo benessere possibile al mondo.

Tra l'altro Davide non era figlio di un popolo inerme e pacifico ingiustamente aggredito da genti più potenti e feroci, era vero il contrario: Gli Israeliti erano feroci conquistatori, assolutamente spietati con i nemici. Insomma il più forte era proprio Davide e per questo io non avrei avuto dubbi: Avrei tifato per Golia!

Samuele 1 Cap. 17 vv. 55-58 (La Bibbia della demenza senile)

⁵⁵Saul, mentre guardava Davide uscire contro il Filisteo, aveva chiesto ad Abner, capo delle milizie: "Abner, di chi è figlio questo giovane?". Rispose Abner: "Per la tua vita, o re, non lo so". ⁵⁶Il re soggiunse: "Chiedi tu di chi sia figlio quel giovinetto". ⁵⁷Quando Davide tornò dall'uccisione del Filisteo, Abner lo prese e lo condusse davanti a Saul mentre aveva ancora in mano la testa del Filisteo. ⁵⁸Saul gli chiese: "Di chi sei figlio, giovane?". Rispose Davide: "Di Iesse il Betlemmita, tuo servo".

Abbiamo fatto la conoscenza col futuro re Davide nel capitolo precedente, quando viene chiamato dal re Saul a suonare la cetra durante le regali crisi di pazzia. Ma evidentemente il re non era solo pazzo, ma anche affetto da demenza senile, dato che nel capitolo dopo non riconosce il giovane e chiede ai suoi consiglieri chi esso sia.

Facendo un discorso più serio, il racconto del libro di Samuele proviene probabilmente da molte fonti diverse messe insieme alla meglio.

Addirittura il pastore errante comincia con l'unzione di Davide (Cap. 16), col quale il ragazzo sarebbe già diventato re, ma poi fa un passo indietro e lo fa diventare suonatore di cetra presso Saul, poi gli fa fare un altro balzo, in avanti, facendolo diventare scudiero del re. Ma improvvisamente, al cap. 17 viene retrocesso ad umile pastore disprezzato sai suoi stessi fratelli e non è nemmeno riconosciuto dal re che pur lo aveva fatto suo scudiero!

Samuele 1 Cap. 18 vv. 1-4 (La Bibbia degli amici troppo... amici)

¹ Quando Davide ebbe finito di parlare con Saul, la vita di Giònata s'era legata alla vita di Davide, e Giònata lo amò come se stesso. ²Saul in quel giorno lo prese con sé e non lo lasciò tornare a casa di suo padre. ³Giònata strinse con Davide un patto, perché lo amava come se stesso. ⁴Giònata si tolse il mantello che indossava e lo diede a Davide e vi aggiunse i suoi abiti, la sua spada, il suo arco e la cintura.

Questa amicizia fortissima fra due maschi-soldato mi ricorda tanto le storie d'amicizia intima dei racconti omerici come quella fra Achille e Patroclo. Nulla di male, naturalmente, per il pensiero laico, ma come la mettiamo con la condanna dell'omosessualità da parte della chiesa?

Samuele 1 Cap. 18 vv. 8-16 (La Bibbia dei vecchi re invidiosi)

⁸Saul ne fu molto irritato e gli parvero cattive quelle parole. Diceva: "Hanno dato a Davide diecimila, a me ne hanno dati mille. Non gli manca altro che il regno". ⁹Così da quel giorno in poi Saul guardava sospettoso Davide. ¹⁰Il giorno dopo, un cattivo spirito di Dio irruppe su Saul, il quale si mise a fare il profeta in casa.

Davide suonava la cetra come ogni giorno e Saul teneva in mano la lancia. [11]Saul impugnò la lancia, pensando: "Inchioderò Davide al muro!". Ma Davide gli sfuggì per due volte. [12]Saul cominciò a sentire timore di fronte a Davide, perché il Signore era con lui, mentre si era ritirato da Saul. [13]Saul lo allontanò da sé e lo fece comandante di migliaia e Davide andava e veniva al cospetto del popolo. [14]Davide riusciva in tutte le sue imprese, poiché il Signore era con lui. [15]Saul, vedendo che riusciva proprio sempre, aveva timore di lui. [16]Ma tutto Israele e Giuda amavano Davide, perché egli andava e veniva alla loro testa.

Il capitolo 18, per la verità notevolmente confuso e frammentario, va avanti con la rivalità del vecchio re contro il fortunatissimo, giovane ed antipatico Gastone (pardon Davide). Il vecchio re cerca di ammazzarlo direttamente, ma non ci riesce, ed allora escogita un altro piano...

Samuele 1 Cap. 18 vv. 25-27 (La Bibbia della valuta-prepuzio)

[25]Allora Saul disse: "Riferite a Davide: "Il re non vuole il prezzo nuziale, ma solo cento prepuzi di Filistei, perché sia fatta vendetta dei nemici del re"". Saul tramava di far cadere Davide in mano ai Filistei. [26]I ministri di lui riferirono a Davide queste parole e a Davide sembrò giusta tale condizione per diventare genero del re. Non erano ancora compiuti i giorni fissati, [27]quando Davide si alzò, partì con i suoi uomini e abbatté tra i Filistei duecento uomini. Davide riportò tutti quanti i loro prepuzi al re per diventare genero del re. Saul gli diede in moglie la figlia Mical.

Il vecchio re invidioso chiede in dote a Davide, per poter sposare la figlia, cento prepuzi di nemici e Davide, facile come andare al supermercato ne riporta 200! Meglio abbondare, tanto i prepuzi mica sono suoi, sono dei nemici uccisi.

Samuele 1 Cap. 19 vv. 1-3 (La Bibbia del capitolo ripetuto)

[1] Saul comunicò a Giònata, suo figlio, e ai suoi ministri di voler uccidere Davide. Ma Giònata, figlio di Saul, nutriva grande affetto per Davide. [2]Giònata informò Davide dicendo: "Saul, mio padre, cerca di ucciderti. Sta' in guardia domani, sta'

al riparo e nasconditi. ³Io uscirò e starò al fianco di mio padre nella campagna dove sarai tu e parlerò in tuo favore a mio padre. Ciò che vedrò te lo farò sapere".

La stessa situazione dell'inizio del Cap. 18: Gionata, figlio di Saul difende Davide, da cui era legato da profondo ed ambiguo affetto... E Saul semplicemente cambia idea grazie alle parole del figlio ed accoglie benevolmente Davide fino... a pochi versetti seguenti!

Samuele 1 Cap. 19 vv. 8-10 (La Bibbia del capitolo copiato)

⁸Ci fu di nuovo la guerra e Davide uscì a combattere i Filistei e inflisse loro una grande sconfitta, così che si dettero alla fuga davanti a lui.⁹Ma un cattivo spirito del Signore fu su Saul. Egli stava in casa e teneva in mano la lancia, mentre Davide suonava la cetra. ¹⁰Saul tentò di inchiodare Davide con la lancia nel muro. Ma Davide si scansò da Saul, che infisse la lancia nel muro. Davide fuggì e quella notte si salvò.

Come nel Cap. 18, vv. 8-19, nel Cap. 19 si racconta la stessa cosa, Saul che cerca di infilzare Davide come un pollo allo spiedo ma non ci riesce.
Ah questa è a stirpe eletta da cui scaturì il divino Gesù attraverso Giuseppe che è solo il padre anagrafico di Gesù...
Bah!

Samuele 1 Cap. 19 vv. 13- 17
(La Bibbia spiegata al lupo ed alla nonna)

¹³Mical prese allora i terafim e li pose sul letto. Mise dalla parte del capo un tessuto di pelo di capra e li coprì con una coltre. ¹⁴Saul mandò dunque messaggeri a prendere Davide, ma ella disse: "È malato". ¹⁵Saul rimandò i messaggeri a vedere Davide dicendo: "Portatelo qui da me nel suo letto, perché lo faccia morire". ¹⁶Tornarono i messaggeri, ed ecco che sul letto c'erano i terafim e il tessuto di pelo di capra dalla parte del capo. ¹⁷Saul disse a Mical: "Perché mi hai ingannato a questo modo e hai permesso al mio nemico di salvarsi?". Rispose Mical a Saul: "Egli mi ha detto: "Lasciami andare, altrimenti ti uccido"".

Un altro capitolo biblico che starebbe benissimo in un libro di fiabe mal scritto: Mical, figlia di Saul, e moglie di Davide fa fuggire il marito e, per sviare le ricerche fa credere che egli sia malato, mettendo nel letto un terafim (idolo) con pelo di capra per simulare i capelli e la barba. Gli scaltrissimi soldati di Saul una prima volta ci cascano... nella favola, ma la seconda volta si accorgono del tranello e addebitano a Mical l'imbroglio. Logica vorrebbe che Mical fosse subito uccisa per il tradimento, od almeno arrestata, invece se la cava minacciando di uccidere il re (padre) che si presume fosse attorniato di soldati armati fino ai denti ed allora viene lasciata libera... sempre nelle favole.

Samuele 1 Cap. 19 vv. 7-10 (La Bibbia del contagio profetico)

[18]Davide dunque fuggì e si salvò. Andò da Samuele a Rama e gli narrò quanto gli aveva fatto Saul; poi Davide e Samuele andarono ad abitare a Naiot. [19]La cosa fu riferita a Saul: "Ecco, Davide sta a Naiot di Rama". [20]Allora Saul spedì messaggeri a catturare Davide, ma quando videro profetare la comunità dei profeti, mentre Samuele stava in piedi alla loro testa, lo spirito di Dio fu sui messaggeri di Saul e anch'essi fecero i profeti. [21]Annunciarono a Saul questa cosa ed egli spedì altri messaggeri, ma anch'essi fecero i profeti. Saul mandò di nuovo messaggeri per la terza volta, ma anch'essi fecero i profeti. [22]Allora venne egli stesso a Rama e si portò alla grande cisterna che si trova a Secu e domandò: "Dove sono Samuele e Davide?". Gli risposero: "Eccoli: sono a Naiot di Rama". [23]Egli si incamminò verso Naiot di Rama, ma fu anche su di lui lo spirito di Dio e andava avanti facendo il profeta finché giunse a Naiot di Rama. [24]Anch'egli si tolse gli abiti e continuò a fare il profeta davanti a Samuele; poi crollò e restò nudo tutto quel giorno e tutta la notte. Da qui è venuto il detto: "Anche Saul è tra i profeti?".

Altro brano spassosissimo, dopo le stragi e gli stupri: I messaggeri che vanno a cercare Davide e Samuele per ben tre volte vengono contagiati dai profeti (ma quanti ce n'erano in quei tempi!) e diventano a loro volta profeti, in un contagio senza fine, in cui basta sfiorare o guardare un profeta per diventare come lui. La terza volta addirittura anche Saul viene infettato, ma in modo alquanto strano, dato che addirittura si spoglia nudo, totalmente invasato. Certo a questi strani effetti lisergici portano le religioni.

Samuele 1 Cap. 20 vv. 30-33 (La Bibbia delle madri nude)

[30]Saul si adirò molto con Giònata e gli gridò: "Figlio di una scostumata, non so io forse che tu preferisci il figlio di Iesse, a tua vergogna e a vergogna della nudità di tua madre? [31]Perché fino a quando vivrà il figlio di Iesse sulla terra, non avrai sicurezza né tu né il tuo regno. Manda dunque a prenderlo e conducilo qui da me, perché merita la morte". [32]Rispose Giònata a Saul, suo padre: "Perché deve morire? Che cosa ha fatto?". [33]Saul afferrò la lancia contro di lui per colpirlo e Giònata capì che suo padre aveva ormai deciso di uccidere Davide.

Questo passaggio, di certo ambiguo e confuso, a mia opinione conferma che Saul sospettasse una relazione molto intima fra il figlio e Davide e forse questa è la causa principale del suo odio contro Davide, tanto è vero che Saul, nella sua ira, cerca di colpire anche suo figlio, parimenti colpevole della relazione.

Samuele 1 Cap. 20 vv. 41-42
(La Bibbia delle brokeback mountains)

[41]Partito il ragazzo, Davide si alzò da dietro la collinetta, cadde con la faccia a terra e si prostrò tre volte, poi si baciarono l'un l'altro e piansero insieme, finché Davide si fece forza. [42]E Giònata disse a Davide: "Va' in pace, ora che noi due abbiamo giurato nel nome del Signore in questi termini: "Il Signore sia tra me e te, tra la mia discendenza e la tua discendenza per sempre"".

La conclusione del Cap. 20 chiarisce ancora, col bacio appassionato fra i due amici, che non solo d'amicizia si tratta, nulla di male, ma la Bibbia condanna l'omosessualità addirittura con la lapidazione e Davide è uno dei principali esponenti della genealogia da cui scaturisce (spirito santo a parte) Gesù.

Samuele 1 Cap. 2 vv. 18-20 (La Bibbia dei Guelfi e Ghibellini)

[18]Allora il re disse a Doeg: "Scàgliati tu contro i sacerdoti e colpiscili". Doeg l'Edomita si scagliò lui contro i sacerdoti e li colpì, e uccise in quel giorno

ottantacinque uomini che portavano l'efod di lino. ¹⁹*Passò a fil di spada Nob, la città dei sacerdoti: uomini e donne, fanciulli e lattanti; anche buoi, asini e pecore passò a fil di spada.* ²⁰*Si salvò un figlio di Achimèlec, figlio di Achitùb, che si chiamava Ebiatàr, il quale fuggì presso Davide.*

A questo punto lo scontro fra potere religioso e potere regale è all'apice e si passa alle vie di fatto. Achimelec è colpevole di aver aiutato Davide nella sua fuga da Saul ed allora Saul ammazza... tutti i sacerdoti, naturalmente compresi parenti, mogli, animali etc. come il solito, guarda caso si salva solo il figlio di Achimelec, incredibile...

Ma allora come nel corso della tragica storia dominata dal clero, a raccontare i fatti sono sempre loro, i sacerdoti, che la raccontano come fa a loro comodo: Il ghibellino Saul è un pazzo sanguinario, pronto a far fuori anche suo figlio, diciamo un predecessore di Nerone, Davide invece è per definizione buono, anche se un poco gay, dato che è amico dei sacerdoti e li aiuta, diciamo un predecessore di Costantino. Sono queste le falsificazioni che hanno consentito ad una casta di parassiti di moltiplicare beni e poteri all'infinito.

Samuele 1 Cap. 23 vv. 9-14
(La Bibbia delle profezie non verificabili)

⁹*Quando Davide seppe che Saul veniva contro di lui macchinando il male, disse al sacerdote Ebiatàr: "Porta qui l'efod".* ¹⁰*Davide disse: "Signore, Dio d'Israele, il tuo servo ha sentito dire che Saul cerca di venire a Keila per distruggere la città per causa mia.* ¹¹*Mi metteranno nelle sue mani i signori di Keila? Scenderà Saul, come ha saputo il tuo servo? Signore, Dio d'Israele, fallo sapere al tuo servo". Il Signore rispose: "Scenderà".* ¹²*Davide disse: "I signori di Keila mi consegneranno nelle mani di Saul con i miei uomini?". Il Signore rispose: "Ti consegneranno".* ¹³*Davide si alzò e uscì da Keila con i suoi uomini, circa seicento, vagando senza mèta. Fu riferito a Saul che Davide si era messo in salvo fuggendo da Keila, ed egli rinunciò all'azione.* ¹⁴*Davide andò a dimorare nel deserto in luoghi impervi, in zona montuosa, nel deserto di Zif, e Saul lo cercava continuamente; ma Dio non lo mise mai nelle sue mani.*

Le profezie hanno questo difetto: se vengono svelate per tempo allora è possibile far andare gli eventi in modo diverso da quanto profetizzato, ed allora... diventano sbagliate. Ma se le riveli dopo che l'evento è accaduto allora... stiamo parlando della bufala del terzo segreto di Fatima...

Davide scappò dalla città e non sapremo mai se davvero i cittadini di Keila lo avrebbero consegnato a Saul. Ciò dimostra che certe profezie sono semplicemente non verificabili.

Samuele 1 Cap. 24 vv. 3-7 (La Bibbia dei re sprovveduti)

³Saul scelse tremila uomini valorosi in tutto Israele e partì alla ricerca di Davide e dei suoi uomini di fronte alle Rocce dei Caprioli. ⁴Arrivò ai recinti delle greggi lungo la strada, ove c'era una caverna. Saul vi entrò per coprire i suoi piedi, mentre Davide e i suoi uomini se ne stavano in fondo alla caverna. ⁵Gli uomini di Davide gli dissero: "Ecco il giorno in cui il Signore ti dice: "Vedi, pongo nelle tue mani il tuo nemico: trattalo come vuoi"". Davide si alzò e tagliò un lembo del mantello di Saul, senza farsene accorgere. ⁶Ma ecco, dopo aver fatto questo, Davide si sentì battere il cuore per aver tagliato un lembo del mantello di Saul. ⁷Poi disse ai suoi uomini: "Mi guardi il Signore dal fare simile cosa al mio signore, al consacrato del Signore, dallo stendere la mano su di lui, perché è il consacrato del Signore".

Il Cap. 24 senz'altro è uno dei più presentabili dell'intera Bibbia, Davide che ha l'occasione di far fuori il re persecutore e che invece lo risparmia e poi ci fa la pace.

Ma...

E' naturalmente totalmente fantasioso l'episodio della caverna, è impensabile che un re con un'armata di tremila uomini, che sta dando la caccia ad un pericoloso nemico, che presumibilmente si nasconde in qualche caverna, entri per l'appunto in una caverna, senza alcuna scorta a protezione. Ma il racconto serve a dimostrare la bontà d'animo di Davide, bontà d'animo... condizionata, dato che non ammazza Saul semplicemente perché Saul era consacrato del signore. Se fosse stato uno straniero qualsiasi non avrebbe avuto remore.

La cosa ci dimostra che i credenti non necessariamente sono più buoni dei non credenti, dato che loro, se non fanno il male è solo per paura della punizione divina e non per intima convinzione.

Samuele 1 Cap. 24 vv. 17-23 (La Bibbia spiegata a Giovanardi)

¹⁷Quando Davide ebbe finito di rivolgere a Saul queste parole, Saul disse: "È questa la tua voce, Davide, figlio mio?". Saul alzò la voce e pianse. ¹⁸Poi continuò rivolto a Davide: "Tu sei più giusto di me, perché mi hai reso il bene, mentre io ti ho reso il male. ¹⁹Oggi mi hai dimostrato che agisci bene con me e che il Signore mi aveva abbandonato nelle tue mani e tu non mi hai ucciso. ²⁰Quando mai uno trova il suo nemico e lo lascia andare sulla buona strada? Il Signore ti ricompensi per quanto hai fatto a me oggi. ²¹Ora, ecco, sono persuaso che certamente regnerai e che sarà saldo nelle tue mani il regno d'Israele. ²²Ma tu giurami ora per il Signore che non eliminerai dopo di me la mia discendenza e non cancellerai il mio nome dalla casa di mio padre". ²³Davide giurò a Saul. Saul tornò a casa, mentre Davide con i suoi uomini salì al rifugio.

Continua il dialogo rappacificatorio fra il re Saul ed il futuro re Davide, due importanti personaggi, entrambi religiosissimi, entrambi certi di agire secondo i voleri di dio, ma in questo capitolo manca, per la prima volta, un terzo personaggio, che aveva dominato la scena per tutti i libri biblici che finora abbiamo letto: Il sacerdote. E, guarda caso, non appena il fomentatore delle guerre, quelle che pretende di parlare con dio è assente, due uomini dotati di ragione, si siedono e, discutendo, capiscono le ragioni e le colpe di ciascuno.

Per me questo capitolo 24 è la metafora di come chi prende decisioni per una nazione deve evitare come la peste l'influenza di sacerdoti e stregoni e fare le sue scelte sulla base della ragione e del massimo di benessere e di felicità possibile per il suo popolo.

Samuele 1 Cap. 25 vv. 9-13
(La Bibbia della carità pretesa con le armi)

⁹I domestici di Davide andarono e fecero a Nabal tutto quel discorso a nome di Davide e attesero. ¹⁰Ma Nabal rispose ai servi di Davide: "Chi è Davide e chi è il figlio di Iesse? Oggi sono troppi i servi che vanno via dai loro padroni. ¹¹Devo prendere il pane, l'acqua e la carne che ho preparato per i tosatori e darli a gente che non so da dove venga?". ¹²I domestici di Davide rifecero la strada, tornarono indietro e gli riferirono tutto questo discorso. ¹³Allora Davide disse ai suoi uomini:

"Cingete tutti la spada!". Tutti cinsero la spada e Davide cinse la sua e partirono dietro a Davide circa quattrocento uomini. Duecento rimasero a guardia dei bagagli.

Lo spirito pacifista del Cap. 24 è già dimenticato e si torna alla solita solfa: Certo Nabal è un pessimo personaggio, ricco ed avido, ma ho sempre saputo che la carità non si può pretendere e che la mancanza di gratitudine è cosa ignobile, ma non certo reato da condannare con lo sterminio, Invece il "giusto" Davide la pensa diversamente e la carità se la prende con la spada.

Samuele 1 Cap. 25 vv. 20-25 (La Bibbia delle donne che ragionano)

20Ora, mentre ella sul dorso di un asino scendeva lungo un sentiero nascosto della montagna, Davide e i suoi uomini scendevano di fronte a lei ed essa s'incontrò con loro. 21Davide andava dicendo: "Dunque ho custodito invano tutto ciò che appartiene a costui nel deserto; niente fu sottratto di ciò che gli appartiene ed egli mi rende male per bene. 22Tanto faccia Dio a Davide e ancora peggio, se di tutti i suoi lascerò sopravvivere fino al mattino un solo maschio!". 23Appena Abigàil vide Davide, smontò in fretta dall'asino, cadde con la faccia davanti a Davide e si prostrò a terra. 24Caduta ai suoi piedi disse: "Ti prego, mio signore, sono io colpevole! Lascia che parli la tua schiava al tuo orecchio e tu ascolta le parole della tua schiava. 25Non faccia caso il mio signore a quell'uomo perverso che è Nabal, perché egli è come il suo nome: stolto si chiama e stoltezza è in lui; io, tua schiava, non avevo visto, o mio signore, i tuoi domestici che avevi mandato.

Certo Abigail è un po' troppo ossequiosa con Davide, ma così facendo ha evitato una strage e vedremo... acquisisce un marito migliore. Si ripete inoltre la scena del Cap. 24: in questo caso un uomo ed una donna, in assenza di sacerdoti e stregoni, s'incontrano e decidono per il meglio, la donna riesce a far capire al maschio che compiere una strage per un poco di pane e qualche fico non è cosa intelligente.

Samuele 1 Cap. 25 vv. 37-39 (La Bibbia spiegata agli infartuati)

[37]Il mattino dopo, quando Nabal ebbe smaltito il vino, la moglie gli narrò la faccenda. Allora il cuore gli si tramortì nel petto ed egli rimase come una pietra. [38]Dieci giorni dopo il Signore colpì Nabal ed egli morì. [39]Quando Davide sentì che Nabal era morto, esclamò: "Benedetto il Signore che ha difeso la mia causa per l'ingiuria fattami da Nabal e ha trattenuto il suo servo dal male e ha rivolto sul capo di Nabal la sua cattiveria".

Nabal si fa venire un coccolone appena saputo che la moglie aveva fatto di testa sua (e salvato il popolo). Ma questo dio che condanna a morte un uomo per scarsa generosità, non esagera un poco troppo?

Samuele 1 Cap. 25 vv. 40-44 (La Bibbia del balletto di mogli)

[40]I servi di Davide andarono a Carmel e le dissero: "Davide ci ha mandato a prenderti, perché tu sia sua moglie". [41]Ella si alzò, si prostrò con la faccia a terra e disse: "Ecco, la tua schiava diventerà una serva per lavare i piedi ai servi del mio signore". [42]Abigàil si preparò in fretta, poi salì su un asino e, seguita dalle sue cinque ancelle, tenne dietro ai messaggeri di Davide e divenne sua moglie. [43]Davide aveva preso anche Achinòam di Izreèl e furono tutte e due sue mogli. [44]Saul aveva dato sua figlia Mical, già moglie di Davide, a Paltì figlio di Lais, che era di Gallìm.

Nella Bibbia è davvero facile prendere moglie ed ancora più semplice è separarsi. Davide prende in moglie la servile Abigail, ma aveva già una moglie di nome Achinòam, in più era già separato da Mical, figlia di Saul, che si riconsolò subito con Paltì, figlio di Lais...
Insomma un bel balletto che la dice lunga sulla libertà di costumi, almeno dei maschi di allora. Ma allora da che scaturisce tutta la sessuofobia ed il dogma del matrimonio monogamico ed indissolubile che ci inculcano questa religione assurda?

Samuele 1 Cap. 26 vv. 2-3 (La Bibbia delle promesse di re)

²Saul si mosse e scese nel deserto di Zif, conducendo con sé tremila uomini scelti d'Israele, per ricercare Davide nel deserto di Zif. ³Saul si accampò sulla collina di Achilà di fronte alla steppa, presso la strada, mentre Davide si trovava nel deserto.

Lo so che si dice "promesse di marinaio", ma anche le promesse dei re non valgono di più: dopo la pacificazione del Cap. 24 Saul continua a perseguitare Davide e devo dirvi che questo libro diventa davvero monocorde, con questo schema ripetuto all'infinito. E sempre in modo monocorde Davide perdona ancora una volta il re, evitando di ucciderlo, ma sempre perché portava male, essendo consacrato a dio… Non faccio altri commenti a questo capitolo, essendo, per l'appunto una fotocopia dei precedenti episodi.

Samuele 1 Cap. 27 vv. 8-12 (La Bibbia dei santi razziatori)

⁸Davide e i suoi uomini partivano a fare razzie contro i Ghesuriti, i Ghirziti e gli Amaleciti: questi abitano da sempre il territorio che si estende in direzione di Sur fino alla terra d'Egitto. ⁹Davide batteva quel territorio e non lasciava in vita né uomo né donna; prendeva greggi e armenti, asini e cammelli e vesti, poi tornava indietro e andava da Achis. ¹⁰Quando Achis chiedeva: "Dove avete fatto razzie oggi?", Davide rispondeva: "Contro il Negheb di Giuda, contro il Negheb degli Ieracmeeliti, contro il Negheb dei Keniti". ¹¹Davide non lasciava in vita né uomo né donna da portare a Gat, pensando: "Non vorrei che riferissero contro di noi: "Così ha fatto Davide"". Tale fu la sua norma finché dimorò nella campagna dei Filistei. ¹²Achis si fidò di Davide, pensando: "Si è proprio reso odioso al suo popolo, Israele, e così sarà per sempre mio servo".

Davide, l'uomo "santo" che per ben due volte si fa scrupoli di ammazzare il re che lo perseguitava da sempre, in realtà è uno spietato predone, che ruba ed ammazza senza lasciare nessuno in vita, per sé e per il suo padrone Filisteo. Non solo, fa credere ai filistei che quelle razzie lui le faceva contro le tribù d'Israele! Sono questi gli uomini da cui sarebbe (putativamente) disceso Cristo!

Samuele 1 Cap. 28 v. 3 (La Bibbia del re iscritto al C.I.C.A.P.)

³Samuele era morto e tutto Israele aveva fatto il lamento su di lui; poi l'avevano seppellito a Rama, sua città. Saul aveva bandito dalla terra i negromanti e gli indovini.

La frase, messa così a me fa pensare che Saul avesse bandito dalla sua terra negromanti ed indovini non solo d'altre religioni, ma anche della religione ebraica, in quei tempi la distinzione fra indovini "laici" ed indovini per conto del signore biblico era quanto mai aleatoria e chiunque dichiarasse di conoscere il futuro e di parlare con gli dei era bene accetto.

Bene quindi aveva fatto Saul a farne piazza pulita, ma vedremo fra poco che la via verso la laicizzazione dello stato e delle menti degli uomini è quanto mai difficoltosa e contorta.

Samuele 1 Cap. 28 vv. 15-20
(La Bibbia dei sacerdoti che purtroppo ritornano anche da morti)

¹⁵Allora Samuele disse a Saul: "Perché mi hai disturbato evocandomi?". Saul rispose: "Sono in grande angustia. I Filistei mi muovono guerra e Dio si è allontanato da me: non mi ha più risposto, né attraverso i profeti né attraverso i sogni; perciò ti ho chiamato, perché tu mi manifesti quello che devo fare". ¹⁶Samuele rispose: "Perché mi vuoi consultare, quando il Signore si è allontanato da te ed è divenuto tuo nemico? ¹⁷Il Signore ha fatto quello che ha detto per mezzo mio. Il Signore ha strappato da te il regno e l'ha dato a un altro, a Davide. ¹⁸Poiché non hai ascoltato la voce del Signore e non hai dato corso all'ardore della sua ira contro Amalèk, per questo il Signore ti ha trattato oggi in questo modo. ¹⁹Il Signore metterà Israele insieme con te nelle mani dei Filistei. Domani tu e i tuoi figli sarete con me; il Signore metterà anche le schiere d'Israele in mano ai Filistei". ²⁰All'istante Saul cadde a terra lungo disteso, pieno di terrore per le parole di Samuele; inoltre era già senza forze perché non aveva mangiato nulla tutto quel giorno e tutta quella notte.

Saul nella perenne lotta fra potere religioso e potere politico aveva fatto la cosa giusta: spazzare in un colpo sacerdoti, indovini, fattucchieri, negromanti, ma purtroppo la superstizione ha la meglio ed alla prima

difficoltà il re corre dalla fattucchiera come il bambino dalla mamma e
si fa evocare il fantasma di Samuele che gli predice grandi disgrazie ed il
re, terrorizzato, cade a terra senza forza. A volte le profezie si avverano
solo perché chi ci crede davvero poi fa di tutto perché si avverino,
comportandosi docilmente di conseguenza.

Samuele 1 Cap. 30 vv. 1-5(La Bibbia dei predoni predati)

*¹Quando Davide e i suoi uomini arrivarono a Siklag il terzo giorno, gli Amaleciti
avevano fatto una razzia nel Negheb e a Siklag. Avevano distrutto Siklag
appiccandole il fuoco. ²Avevano fatto prigioniere le donne e quanti vi erano, piccoli e
grandi; non avevano ucciso nessuno, ma li avevano presi e portati via. ³Tornò
dunque Davide e gli uomini che erano con lui alla città che era in preda alle
fiamme; le loro donne, i loro figli e le loro figlie erano stati condotti via prigionieri.
⁴Davide e la sua gente alzarono la voce e piansero finché ne ebbero forza. ⁵Le due
mogli di Davide, Achinòam di Izreèl e Abigàil, già moglie di Nabal di Carmel,
erano state condotte via prigioniere.*

E' destino che chi vive di razzie può essere razziato, ed è quello che
successe, gli Amaleciti si vendicarono dei torti subiti, ma loro non
avevano l'arma letale, l'efod e… furono sconfitti da Davide. Storie
d'ordinaria violenza, di una guerra totale dove non esistono buoni o
cattivi, solo feroci criminali, ma la storia fu raccontata dai vincitori, il
popolo d'Israele, che l'ha cucinata a proprio uso e consumo.

Samuele 1 Cap. 31 vv. 1-4 (La Bibbia spiegata ai re suicidi)

*¹I Filistei attaccarono Israele, ma gli uomini d'Israele fuggirono davanti ai Filistei e
caddero trafitti sul monte Gèlboe. ²I Filistei si strinsero attorno a Saul e ai suoi figli
e colpirono a morte Giònata, Abinadàb e Malchisùa, figli di Saul. ³La battaglia si
concentrò intorno a Saul: gli arcieri lo presero di mira con gli archi ed egli fu ferito
gravemente dagli arcieri. ⁴Allora Saul disse al suo scudiero: "Sfodera la spada e
trafiggimi, prima che vengano quegli incirconcisi a trafiggermi e a schernirmi". Ma
lo scudiero non volle, perché era troppo spaventato. Allora Saul prese la spada e vi
si gettò sopra.*

Questa è la fine del primo libro di Samuele, re Saul che si suicida insieme al suo scudiero, perché questa fine ingloriosa? La logica vorrebbe che se una tribù basa tutta la sua ricchezza sulle razzie contro i nemici, prima o poi i nemici si organizzano meglio e vincono. La logica biblica è diversa: Saul perse perché si era messo contro il sacerdote Samuele e quindi contro dio. Quando le guerre si vincono è perché abbiamo dio dalla nostra parte, quando si perdono è perché abbiamo commesso qualche peccato e dio è contro di noi, non si sfugge, la casta sacerdotale ha sempre ragione.

COMMENTO FINALE A SAMUELE 1

Il primo libro di Samuele è quasi interamente dedicato alla lotta fra il potere religioso, impersonato da Samuele ed il potere politico di cui è rappresentante il re Saul. Insomma per la prima volta c'è una minima laicizzazione del potere dentro la tribù d'Israele, con la casta sacerdotale che è costretta, suo malgrado, a cedere l'amministrazione dello stato ai re. Tale cambiamento non avviene in modo indolore ed i sacerdoti, allora come ora, brigano per cercare le alleanze giuste atte a mantenere il loro potere e le loro ricchezze. In Samuele la casta trovò l'alleanza giusta con Davide, combattuto da Saul, ma abbiamo già visto nei commenti come lo stesso Davide spesso assunse comportamenti autonomi non sempre ispirati dalla casta sacerdotale (e sono i momenti migliori, guarda caso, di tutto il libro).

La figura di questo importante protagonista del libro sacro, Davide, non appare di certo esaltante, è vero, perdona i ripetuti tentativi di Saul di farlo fuori, ma solo per timore di dio, per il resto è un feroce predone come tutti gli altri, che fa stragi di villaggi nemici solo per assicurarsi il bottino, è un mentitore, è uno che si è separato dalla prima moglie, figlia di Saul e che sposa due donne e che forse ha anche simpatie omosessuali per Gionata.

SAMUELE 2

Samuele 2 Cap. 1 vv. 4-10 (La Bibbia del pastore troppo errante)

⁴Davide gli domandò: "Come sono andate le cose? Su, dammi notizie!". Rispose: "È successo che il popolo è fuggito nel corso della battaglia, molti del popolo sono caduti e sono morti; anche Saul e suo figlio Giònata sono morti". ⁵Davide chiese ancora al giovane che gli portava le notizie: "Come sai che sono morti Saul e suo figlio Giònata?". ⁶Il giovane che recava la notizia rispose: "Ero capitato per caso sul monte Gèlboe e vidi Saul curvo sulla lancia: lo attaccavano carri e cavalieri. ⁷Egli si volse indietro, mi vide e mi chiamò vicino. Dissi: "Eccomi!". ⁸Mi chiese: "Chi sei tu?". Gli risposi: "Sono un Amalecita". ⁹Mi disse: "Gèttati sopra di me e uccidimi: io sento i brividi, ma la vita è ancora tutta in me". ¹⁰ Io gli fui sopra e lo uccisi, perché capivo che non sarebbe sopravvissuto alla sua caduta. Poi presi il diadema che era sul suo capo e la catenella che aveva al braccio e li ho portati qui al mio signore".

Il pastore errante smentisce se stesso, in Samuele 1 è Saul stesso che si dà la morte gettandosi su una spada, mentre in Samuele 2 è un suo soldato che gli dà la morte, segno evidente che i libri biblici sono rabberciati alla meglio da numerose e contraddittorie fonti precedenti, insomma un mito rielaborato e rimasticato a partire da precedenti altri miti.

Samuele 2 Cap. 1 vv. 13-16
(La Bibbia spiegata agli esecutori di ordini)

¹³Davide chiese poi al giovane che aveva portato la notizia: "Di dove sei tu?". Rispose: "Sono figlio di un forestiero amalecita". ¹⁴Davide gli disse allora: "Come non hai temuto di stendere la mano per uccidere il consacrato del Signore?".¹⁵Davide chiamò uno dei suoi giovani e gli disse: "Accòstati e aggrediscilo". Egli lo colpì subito e quegli morì. ¹⁶Davide gridò a lui: "Il tuo sangue ricada sul tuo capo. Attesta contro di te la tua bocca che ha detto: "Io ho ucciso il consacrato del Signore!"".

Un altro infame capitolo del libro "ispirato da dio": Il povero soldato che aveva obbedito all'ordine di Saul di ucciderlo, non avendo il re avuto il coraggio di suicidarsi (ovviamente nella versione 2 della storia), viene "giustiziato" dal giustissimo e santissimo Davide, perché comunque non si può mai uccidere il "consacrato dal signore". Della serie: se non ubbidisci finisci male, ma se ubbidisci finisci peggio...

Samuele 2 Cap. 1 vv. 21-24 (La Bibbia spiegata agli ipocriti)

²¹O monti di Gèlboe, non più rugiada né pioggia su di voi
né campi da primizie,
perché qui fu rigettato lo scudo degli eroi;
lo scudo di Saul non fu unto con olio,
²²ma col sangue dei trafitti, col grasso degli eroi.
O arco di Giònata! Non tornò mai indietro.
O spada di Saul! Non tornava mai a vuoto.
²³O Saul e Giònata, amabili e gentili,
né in vita né in morte furono divisi;
erano più veloci delle aquile,
più forti dei leoni.

Perché i monti di Gelboe dovessero essere ridotti a deserto ed i campi inariditi a causa della morte di un re, esula dalla mia logica e sensibilità d'ambientalista. Questo Cap. 1 di Samuele 2 è un'inesauribile fonte di amenità ed il canto funebre a Saul è un inno all'ipocrisia. Questo re è descritto per quasi tutto il libro precedente come un vigliacco ed ingrato, colui che ha perseguitato il giusto Davide e che da lui è stato più volte graziato, ebbene questo vigliacco ed ingrato, spregevole traditore e colpitore a tradimento, adesso è esaltato come un sommo eroe, e viene esaltata l'unione col figlio Gionata, mentre noi sappiamo che il padre tentò addirittura di ammazzare il figlio perché si era legato, con ambigua relazione, con Davide e che il figlio fuggì di casa!

Samuele 2 Cap. 1 v. 24
(La Bibbia spiegata alle ragazze dell'Olgettina)

²⁴Figlie d'Israele, piangete su Saul,
che con delizia vi rivestiva di porpora,
che appendeva gioielli d'oro sulle vostre vesti.

120

Altro motivo d'onore di Saul, secondo il pastore errante, sarebbe l'aver rivestito le donne d'Israele di porpora e l'aver appeso sulle loro vesti gioielli d'oro. Naturalmente appare piuttosto evidente per quale contropartita... Insomma Saul un corruttore di ragazze che dovevano mettersi a disposizione per il bunga-bunga.

Samuele 2 Cap. 1 v. 26 (La Bibbia degli amori negati)

26Una grande pena ho per te,
fratello mio, Giònata!
Tu mi eri molto caro;
la tua amicizia era per me preziosa,
più che amore di donna.

La relazione fra Gionata e Davide viene esplicitata ancora meglio: L'amicizia di Gionata era più preziosa, per Davide che l'amore di una donna, più chiaro di così... Nulla di male naturalmente, non fosse che secondo le leggi di dio l'omosessualità andava punita con la lapidazione e che Davide fosse l'uomo perfetto, precursore ideale dell'altro perfetto, Gesù.

Samuele 2 Cap. 2 vv. 14-16(La Bibbia dei dei soldati automatici)

14Abner disse a Ioab: "Si alzino i giovani e lottino davanti a noi". Ioab rispose: "Si alzino pure". 15Si alzarono e sfilarono in rassegna: dodici dalla parte di Beniamino e di Is-Baal, figlio di Saul, e dodici tra i servi di Davide. 16Ciascuno afferrò la testa dell'avversario e gli conficcò la spada nel fianco: così caddero tutti insieme e quel luogo fu chiamato Campo dei Fianchi, che si trova a Gàbaon.

Un'altra lotta fratricida, questa volta fra i sostenitori di Davide da una parte ed i seguaci di Is-Baal dall'altra. In questo primo incontro-scontro, peraltro confusamente raccontato sembra che i dodici giovani di uno schieramento e gli altri dodici dell'altro, per un totale di 24 uomini si siano ammazzati a vicenda, colpendosi reciprocamente al fianco, come tanti giocattoli meccanici. Ci fosse rimasto uno vivo, magari ferito grave, no, che strano...

Samuele 2 Cap. 2 vv. 19-23 (La Bibbia spiegata ai sadici)

[19]Asaèl si era messo a inseguire Abner e non deviava né a destra né a sinistra dietro ad Abner. [20]Abner si volse indietro e gli disse: "Tu sei Asaèl?". Rispose: "Sì". [21]Abner aggiunse: "Volgiti a destra o a sinistra, afferra qualcuno dei giovani e porta via le sue spoglie". Ma Asaèl non volle cessare d'inseguirlo. [22]Abner tornò a dirgli: "Tirati via. Perché vuoi che ti stenda a terra? Come potrò alzare lo sguardo verso Ioab, tuo fratello?". [23]Ma siccome quegli non voleva ritirarsi, lo colpì con l'estremità inferiore della lancia al ventre, così che la lancia gli uscì dall'altra parte ed egli cadde e morì sul posto. Allora quanti arrivarono al luogo dove Asaèl era caduto e morto, si fermarono.

Nulla di straordinario, in questi versetti, solo storie d'ordinaria violenza, vividamente descritte dal pastore errante. Questo racconto ci fa capire fino in fondo la ferocia della guerra in generale, e di quelle tribali di allora in particolare, con la gente fatta a pezzi dalle spade e trafitta dalle lance, possiamo immaginare le loro sofferenze, le agonie interminabili, perché quasi mai la morte era immediata, tutto normale, se non fosse che a combattersi in una guerra fratricida era il popolo eletto, evidentemente poco ispirato da dio.

Samuele 2 Cap. 3 vv. 2-5 (La Bibbia dei conti che non tornano)

[2]A Ebron nacquero a Davide dei figli e furono: il primogenito Amnon, nato da Achinòam di Izreèl; [3]il secondo Chilab, nato da Abigàil, già moglie di Nabal di Carmel; il terzo Assalonne, figlio di Maacà, figlia di Talmài, re di Ghesur; [4]il quarto Adonia, figlio di Agghìt; il quinto Sefatia, figlio di Abitàl; [5]il sesto Itreàm, nato da Egla, moglie di Davide. Questi nacquero a Davide a Ebron.

I conti non tornano, finora eravamo rimasti che Davide aveva due mogli, ma l'appetito viene mangiando... Un figlio da Achinòam, un altro da Abigàil, Un terzo da Maacà, che non conoscevamo, un quarto da Agghìt, che non è dato sapere da dove provenga, il quinto da Abitàl, anche questa moglie illustre sconosciuta, e per finire il sesto da Egla, altra new entry.

Così abbiamo saputo che l'incontentabile ed incontenibile Davide aveva sei mogli e che da ognuna aveva avuto un figlio, tanto per non scontentarle, e con tutto questo gran da fare aveva anche energie e tempo per pensare alla sua vecchia fiamma Mical, che Saul gli aveva tolto...

Samuele 2 Cap. 3 vv. 6-8 (La Bibbia spiegata alle teste di cane)

⁶Mentre c'era lotta tra la casa di Saul e quella di Davide, Abner era diventato potente nella casa di Saul. ⁷Saul aveva avuto una concubina chiamata Rispa, figlia di Aià. Ora Is-Baal disse ad Abner: "Perché ti sei unito alla concubina di mio padre?". ⁸Abner si adirò molto per le parole di Is-Baal e disse: "Sono dunque una testa di cane di Giuda? Fino ad oggi ho usato benevolenza verso la casa di Saul tuo padre, i suoi fratelli e i suoi amici, e non ti ho fatto cadere nelle mani di Davide. Oggi tu mi rimproveri una colpa di donna.

Come tutte le grandi guerre si comincia sempre per colpa di una donna, una concubina di nome Rispa. La colpa di Abner era di aver presa per sua concubina Rispa, che lo era già stata di Saul. Ma queste concubine bibliche non invecchiano mai?

In questi versetti Abner sciorina un linguaggio maschilista e razzista degno dei migliori seguaci del buon dio: Chiama quelli di Giuda (sempre del popolo d'Israele) teste di cane e fa presente a Is-Baal che la sua è una colpa di donna, intendendo colpa da nulla, colpa risibile.

Samuele 2 Cap. 3 vv. 13-16 (La Bibbia dei mariti remissivi)

¹³Rispose: "Bene! Io farò alleanza con te. Però ho una cosa da chiederti ed è questa: non vedrai il mio volto senza condurmi Mical, figlia di Saul, quando verrai a vedere il mio volto". ¹⁴Davide spedì messaggeri a Is-Baal, figlio di Saul, dicendogli: "Ridammi mia moglie Mical, che feci mia sposa al prezzo di cento prepuzi di Filistei". ¹⁵Is-Baal mandò a toglierla a suo marito, Paltièl, figlio di Lais. ¹⁶Suo marito partì con lei, camminando e piangendo dietro di lei fino a Bacurìm. Poi Abner gli disse: "Torna indietro!". E quegli tornò.

Davide sappiamo che era abbondantemente sposato, con ben sei mogli, con le quali aveva avuto un figlio ciascuno per non scontentare nessuna. Ma, insaziabile, impone ad Abner, per stipulare l'alleanza con lui, la restituzione dell'ex moglie Mical, che Saul gli aveva tolto.
Si dà il caso però che Mical non sia di Abner, ma del povero Lais, che decisamente scontento per l'operazione diplomatica continuava a camminare dietro sua moglie, piangendo e fu naturalmente scacciato da Abner. Insomma quando probabilmente emerge un amore vero, (forse anche Mical era felicemente sposata), la ragion di stato impone la fine di tutto questo, per fare di Mical una delle tante mogli di Berl... pardon Davide.

Samuele 2 Cap. 3 vv. 26-27
(La Bibbia delle vendette "a sua insaputa")

[26]Ioab si allontanò da Davide e mandò messaggeri dietro Abner e lo fece tornare indietro dalla cisterna di Sira, senza che Davide lo sapesse.[27]Abner tornò a Ebron e Ioab lo prese in disparte dentro la porta, come per parlargli pacificamente, e qui lo colpì a morte al ventre, per vendicare il sangue di Asaèl, suo fratello.

Io qualche sospetto su Davide in merito all'assassinio a tradimento di Abner l'avanzerei, dato che l'assassino Ioab è alleato e servitore di Davide, ma anche se avesse agito di testa sua, è strano che il re, chiaramente contrariato nelle sue scelte, non si sia vendicato di Ioab, ma gli abbia solo mandato colorite maledizioni, come vedremo... Evidentemente Davide coltivava da grande esperto l'arte della dissimulazione.

Samuele 2 Cap. 3 vv 28-30 (La Bibbia spiegata ai gonorroici)

²⁸Davide seppe più tardi la cosa e disse: "Sono innocente io e il mio regno per sempre davanti al Signore del sangue di Abner, figlio di Ner. ²⁹Ricada sulla testa di Ioab e su tutta la casa di suo padre. Nella casa di Ioab non manchi mai chi soffra di gonorrea o sia colpito da lebbra o si appoggi al bastone, chi cada di spada o chi sia senza pane". ³⁰Ioab e suo fratello Abisài avevano trucidato Abner, perché aveva ucciso Asaèl, loro fratello, a Gàbaon in battaglia.

Davide continua in quello che me pare astuta dissimulazione: Pronuncia un'"excusatio non petita" in merito all'assassinio di Abner, poi prosegue lanciando maledizioni sul casato di Ioab, augurando loro gonorrea, lebbra etc. punizione lievissima, a mio avviso, per chi avrebbe così chiaramente disubbidito al re e contrastato i suoi voleri, a meno che, ovviamente, Davide non fosse stato informato ed avesse acconsentito al delitto.

Samuele 2 Cap. 3 vv. 34-37
(La Bibbia spiegata ai grandi digiunatori)

³⁴Tutto il popolo riprese a piangere su di lui.³⁵Tutto il popolo venne ad invitare Davide a prendere cibo, mentre era ancora giorno; ma Davide giurò: "Così mi faccia Dio e anche di peggio, se io gusterò pane o qualsiasi altra cosa prima del tramonto del sole".³⁶Tutto il popolo notò la cosa e l'approvò; quanto fece il re ebbe l'approvazione del popolo intero.³⁷Tutto il popolo e tutto Israele fu convinto in quel giorno che non era stato il re a far uccidere Abner, figlio di Ner.

I miei dubbi sull'assassinio di Abner sono gli stessi che evidentemente assale anche il pastore errante e forse anche il popolo, se Davide, per evitare sospetti su di lui dovette digiunare un intero giorno... Che insostenibile sacrificio!
Solo dopo il terribile supplizio di qualche ora di digiuno da parte di Davide, il popolo fu convinto ed abbandonò i sui sospetti sul loro re.

Samuele 2 Cap. 4 vv. 1-2 (La Bibbia dei banditi)

[1]Quando il figlio di Saul seppe della morte di Abner a Ebron, gli caddero le braccia e tutto Israele rimase sconvolto.[2]Il figlio di Saul aveva due uomini, capi di bande, chiamati l'uno Baanà e il secondo Recab, figli di Rimmon il Beerotita, della tribù di Beniamino,

Come anche nel capitolo precedente la Bibbia ci fa capire chiaramente chi fossero gli Israeliti, la razza eletta da cui nacque (putativamente) Gesù:
Tribù di nomadi e predoni in perenne lotta con gli altri popoli ed in continua competizione fra loro. In questo periodo di totale anarchia il territorio era preda di bande armate spietate che razziavano e depredavano, e i figli di Rimmon erano solo due capi di queste bande.

Samuele 2 Cap. 4 vv. 9-12
(La Bibbia spiegata a chi credeva di fare un favore)

[9]Ma Davide rispose a Recab e a Baanà, suo fratello, figli di Rimmon il Beerotita: "Per la vita del Signore che mi ha liberato da ogni angustia! [10]Colui che mi annunciava: "Ecco, è morto Saul!", credendo di portarmi una lieta notizia, l'ho preso e ucciso a Siklag, e questa fu la ricompensa per la notizia. [11]Ora che uomini malvagi hanno ucciso un giusto in casa mentre dormiva, non dovrò a maggior ragione chiedere conto del suo sangue alle vostre mani ed eliminarvi dalla terra?".[12]Davide diede ordine ai suoi giovani; questi li uccisero, tagliarono loro le mani e i piedi e li appesero presso la piscina di Ebron. Presero poi la testa di Is-Baal e la seppellirono nel sepolcro di Abner a Ebron.

Davide continua con la sua criminale ipocrisia: a chi lo libera da gravi problemi, uccidendogli i suoi nemici (Saul prima ed Is-Baal dopo), lui dà la ricompensa... della morte, in ragione appunto di un falso concetto di rispetto cavalleresco del nemico.
Decisamente macabra è anche l'esposizione dei cadaveri dei due soldati, appesi in un luogo pubblico e con le mani ed i piedi mozzati.

Samuele 2 Cap. 5 vv. 13-15 (La Bibbia spiegata ad Arcore)

[13]Davide prese ancora concubine e mogli da Gerusalemme, dopo il suo arrivo da Ebron: queste generarono a Davide altri figli e figlie. [14]I nomi di quelli generati a Gerusalemme sono: Sammùa, Sobab, Natan, Salomone, [15]Ibcar, Elisùa, Nefeg, Iafìa,[16]Elisamà, Eliadà ed Elifèlet.

Ormai la fama di donne di Davide da Arcore è nota e leggendaria: eravamo rimaste a sette mogli, ma adesso si sbraca: Le mogli e concubine non si contano più, in un carnaio, un bunga bunga globale e parimenti non si contano i figli legittimi ed illegittimi. Per la chiesa, allora come ora, basta essere potenti e fare gli interessi del clero, il resto non conta.

Samuele 2 Cap. 6 vv. 1-2 (La Bibbia del dio senza Ikea)

[1]Davide reclutò di nuovo tutti gli uomini scelti d'Israele, in numero di trentamila. [2]Poi si alzò e partì con tutta la sua gente da Baalà di Giuda, per far salire di là l'arca di Dio, sulla quale si proclama il nome del Signore degli eserciti, che siede sui cherubini.

Da questi particolari sappiamo che il dio umano, troppo umano, nel suo paradiso sulle nuvole ha bisogno di far riposare a volte i suoi glutei, ma l'Ikea è arrivata dovunque, ma non in paradiso, ed allora il povero dio è privo di un divano, per quanto in svendita.
Alla fine la soluzione è trovata: lui siede sui cherubini, che non si sa quanto siano soddisfatti di dover sostenere i divini glutei.
Certo ignoriamo la massa di dio e quindi il suo peso in paradiso, dato che non ci è stata fornita neanche l'accelerazione di gravità del luogo, ma comunque mi dispiace per i poveri cherubini.

Samuele 2 Cap. 6 vv. 4-7 (La Bibbia dell'arca a 3000 volts)

[4]Mentre conducevano il carro con l'arca di Dio dalla casa di Abinadàb, che stava sul colle, Achio precedeva l'arca. [5]Davide e tutta la casa d'Israele danzavano

davanti al Signore con tutte le forze, con canti e con cetre, arpe, tamburelli, sistri e cimbali. [6]Giunti all'aia di Nacon, Uzzà stese la mano verso l'arca di Dio e la sostenne, perché i buoi vacillavano.[7]L'ira del Signore si accese contro Uzzà; Dio lo percosse per la sua negligenza ed egli morì sul posto, presso l'arca di Dio.

Pare che quest'arca sacra e santissima porti sfiga a tutti e tutti vogliano disfarsene, mandandola peregrina da una tribù all'altra. Ma ancor più porta disgrazia anche solo guardarla un attimo o sfiorarla. Mai toccarla neanche se i buoi che la trascinano stanno stramazzando al suolo e quindi l'arca sta per cadere. Bene avrebbe fatto Uzzà a lasciarla rotolare in un burrone insieme a quel dio ingrato che fulmina un uomo solo perché ha toccato un baule di legno!

Samuele 2 Cap. 6 vv. 9-12 (La Bibbia spiegata alle cavie)

[9]Davide in quel giorno ebbe timore del Signore e disse: "Come potrà venire da me l'arca del Signore?".[10]Davide non volle trasferire l'arca del Signore presso di sé nella Città di Davide, ma la fece dirottare in casa di Obed-Edom di Gat. [11]L'arca del Signore rimase tre mesi nella casa di Obed-Edom di Gat e il Signore benedisse Obed-Edom e tutta la sua casa.
[12]Ma poi fu detto al re Davide: "Il Signore ha benedetto la casa di Obed-Edom e quanto gli appartiene, a causa dell'arca di Dio". Allora Davide andò e fece salire l'arca di Dio dalla casa di Obed-Edom alla Città di Davide, con gioia.

Naturalmente Davide, dopo l'increscioso episodio in cui Uzzà viene fulminato per aver sfiorato l'arca, ci ripensa due volte a portarsi questo oggetto altamente radioattivo presso la sua città, ed allora dirotta il manufatto nucleare verso la casa di Obed-Edom, tanto per vedere se veniva polverizzata anche quella famiglia dal "fat-boy".
Visto però che invece aveva portato bene a Ober-Edom... si riprende l'arca, ormai bonificata, e se la porta a casa.

Samuele 2 Cap. 6 vv. 20-23
(La Bibbia spiegata agli ubriachi di fede)

²⁰Davide tornò per benedire la sua famiglia; gli uscì incontro Mical, figlia di Saul, e gli disse: "Bell'onore si è fatto oggi il re d'Israele scoprendosi davanti agli occhi delle serve dei suoi servi, come si scoprirebbe davvero un uomo da nulla!". ²¹Davide rispose a Mical: "L'ho fatto dinanzi al Signore, che mi ha scelto invece di tuo padre e di tutta la sua casa per stabilirmi capo sul popolo del Signore, su Israele; ho danzato davanti al Signore. ²²Anzi mi abbasserò anche più di così e mi renderò vile ai tuoi occhi, ma presso quelle serve di cui tu parli, proprio presso di loro, io sarò onorato!". ²³Mical, figlia di Saul, non ebbe figli fino al giorno della sua morte.

La logica rovesciata che vale solo per i credenti: é cosa disdicevole ballare e cantare seminudi di fronte alla gente, specie se si è un re, ma se lo si fa in onore del signore allora è cosa buona e giusta, anzi più ci si umilia e meglio è e la povera Mical che aveva fatto notare al re che il suo comportamento non fu regale, fu punita con la sterilità, ma forse semplicemente Davide era troppo impegnato con le infinite altre donne magari molto più giovani di Mical.
L'episodio è una palese dimostrazione che la vera fede **deve** rincretinire.

Samuele 2 Cap. 7 vv. 4-7 (La Bibbia del dio imborghesito)

⁴Ma quella stessa notte fu rivolta a Natan questa parola del Signore: ⁵"Va' e di' al mio servo Davide: Così dice il Signore: "Forse tu mi costruirai una casa, perché io vi abiti? ⁶Io infatti non ho abitato in una casa da quando ho fatto salire Israele dall'Egitto fino ad oggi; sono andato vagando sotto una tenda, in un padiglione. ⁷Durante tutto il tempo in cui ho camminato insieme con tutti gli Israeliti, ho forse mai detto ad alcuno dei giudici d'Israele, a cui avevo comandato di pascere il mio popolo Israele: Perché non mi avete edificato una casa di cedro?".

Altro ridicolo passaggio del libro: Un dio che parla come uno di noi, che come un soldato qualunque dell'esercito si adatta alla dura vita di pastore-predone e non pretende nulla di più di una tenda, ma che quando il popolo diventa stanziale è contento se gli costruiscono una casetta di legno perché possa finalmente riposare sul divano sotto la veranda, a guardare il tramonto.

Samuele 2 Cap. 7 vv. 12-16
(La Bibbia delle profezie sopravvalutate)

[12]Quando i tuoi giorni saranno compiuti e tu dormirai con i tuoi padri, io susciterò un tuo discendente dopo di te, uscito dalle tue viscere, e renderò stabile il suo regno. [13]Egli edificherà una casa al mio nome e io renderò stabile il trono del suo regno per sempre. [14]Io sarò per lui padre ed egli sarà per me figlio. Se farà il male, lo colpirò con verga d'uomo e con percosse di figli d'uomo, [15]ma non ritirerò da lui il mio amore, come l'ho ritirato da Saul, che ho rimosso di fronte a te. [16]La tua casa e il tuo regno saranno saldi per sempre davanti a te, il tuo trono sarà reso stabile per sempre"".

Questo brano ed altri del vecchio testamento vengono sfruttati dagli "esegeti" biblici, da quelli che pensano che questo libro possa essere letto e capito solo da loro, per affermare che la venuta di Gesù era stata prevista e voluta da dio e che, poiché le profezie si sono avverate, il libro è d'ispirazione divina.

A mio avviso nulla autorizza a tale interpretazione, per me lo scrittore di Samuele 2 quando scriveva "regno" intendeva semplicemente il regno terreno: Questo popolo era stanco di girovagare e di depredare ed essere depredato, era stanco delle lotte intestine e voleva un re che riunisse tutte le tribù e le traghettasse dal nomadismo alla vita stanziale, che edificasse città in pietra, che finalmente stabilisse un accordo fra potere politico e potere religioso.

Anche il clero quando parla di "regno che non avrà mai fine" nelle loro presuntuose preghiere, non pensano certo all'immaginario regno sulle nuvole dell'al di là, a cui sicuramente non credono, ma al ben più concreto e benefico, per loro, regno materiale e terreno, il regno del potere e delle infinite ricchezze di questa monarchia abusiva che ha come quartier generale lo stato del vaticano.

Infine ricordo ancora una volta che fare "profezie" postume è sport davvero facile e molto praticato dai sacerdoti d'ogni tempo, come ad esempio nel caso del terzo mistero di Fatima, "svelato" dopo che i fatti "profetizzati" sarebbero accaduti...

Samuele 2 Cap. 7 vv. 22-24 (La Bibbia del dio tribale)

²²Tu sei davvero grande, Signore Dio! Nessuno è come te e non vi è altro Dio fuori di te, proprio come abbiamo udito con i nostri orecchi. ²³E chi è come il tuo popolo, come Israele, unica nazione sulla terra che Dio è venuto a riscattare come popolo per sé e a dargli un nome operando cose grandi e stupende, per la tua terra, davanti al tuo popolo che ti sei riscattato dalla nazione d'Egitto e dai suoi dèi? ²⁴Hai stabilito il tuo popolo Israele come popolo tuo per sempre, e tu, Signore, sei diventato Dio per loro.

Nulla autorizza a pensare che in questi versetti ci sia la profezia della venuta di Gesù, ma c'è semplicemente l'auspicio di un regno terreno più stabile ed autorevole **per le tribù del popolo d'Israele.** Come abbiano fatto Paolo di Tarso e tutti gli altri "padri della chiesa" ad estrapolare la profezia come rivolta all'intero genere umano non si sa. Resta il fatto che sia in Samuele, che nei Vangeli, è scritto a chiare lettere che questo dio è il dio tribale d'Israele e che Cristo è venuto per salvare gli Ebrei, non l'intero genere umano.

Il fatto è che Paolo di Tarso e gli altri fanatici predicatori avevano una voglia di mondo impressa sul cranio, il desiderio di potere assoluto ed universale, un potere "cattolico"

Samuele 2 Cap. 8 v. 2 (La Bibbia delle punizioni al metro)

²Sconfisse anche i Moabiti e, fattili coricare per terra, li misurò con la corda; ne misurò due corde per farli mettere a morte e una corda intera per lasciarli in vita. I Moabiti divennero sudditi e tributari di Davide.

Sinceramente non capisco cosa misurasse Davide sui prigionieri, con la corda, per decidere se mantenerli in vita od ucciderli, comunque si sottolinea ancora la barbarie di questo re che vorrebbero far passare quasi per santo.

Samuele 2 Cap. 8 v. 4 (La Bibbia spiegata ai cavalli)

⁴Davide gli prese millesettecento cavalieri e ventimila fanti. Davide poi fece tagliare i garretti a tutti i cavalli, risparmiandone un centinaio.

Perché quest'inutile crudeltà contro animali che certo non avevano nessuna colpa riguardo le beghe fra le tribù. Tra l'altro per una tribù di predoni, i cavalli dovrebbero essere molto utili per vincere altre guerre, erano un poco come i carri armati d'oggi.

Samuele 2 cap. 8 vv. 9-12 (La Bibbia dell'oro sacro)

⁹Quando Tou, re di Camat, udì che Davide aveva sconfitto tutto l'esercito di Adadèzer, ¹⁰mandò al re Davide suo figlio Ioram per salutarlo e per benedirlo, perché aveva mosso guerra ad Adadèzer e l'aveva sconfitto; infatti Tou era sempre in guerra con Adadèzer. Ioram gli portò vasi d'argento, vasi d'oro e vasi di bronzo. ¹¹Il re Davide consacrò anche quelli al Signore, come già aveva consacrato l'argento e l'oro tolto alle nazioni che aveva soggiogato, ¹²agli Aramei, ai Moabiti, agli Ammoniti, ai Filistei, agli Amaleciti, e il bottino di Adadèzer, figlio di Recob, re di Soba.

Ormai l'abbiamo imparato: "consacrare al signore" significa portare tutti i beni preziosi al tempio, e quindi regalare tutti i gioielli alla vorace casta sacerdotale dei Leviti, in una scientifica spartizione del bottino.

Samuele 2 cap. 8 vv. 15-18 (La Bibbia della mappa del potere)

¹⁵Davide regnò su tutto Israele e rese giustizia con retti giudizi a tutto il suo popolo. ¹⁶Ioab, figlio di Seruià, comandava l'esercito; Giòsafat, figlio di Achilùd, era archivista; ¹⁷Sadoc, figlio di Achitùb, e Achimèlec, figlio di Ebiatàr, erano sacerdoti; Seraià era scriba; ¹⁸Benaià, figlio di Ioiadà, era capo dei Cretei e dei Peletei e i figli di Davide erano sacerdoti.

Molto precisa la spartizione del potere di questo "saggio" re, che sa che una grossa fetta la deve assegnare ai sacerdoti, e per fare in modo che tutto rientri in famiglia fa diventare sacerdoti tutti i suoi figli e, come sappiamo, ne erano un esercito.

Samuele 2 cap. 9 vv. 6-8 (La Bibbia spiegata ai cani morti-vivi)

⁶Merib-Baal, figlio di Giònata, figlio di Saul, venne da Davide, si gettò con la faccia a terra e si prostrò. Davide disse: "Merib-Baal!". Rispose: "Ecco il tuo servo!".⁷Davide gli disse: "Non temere, perché voglio trattarti con bontà per amore di Giònata, tuo padre; ti restituisco tutti i campi di Saul, tuo avo, e tu mangerai sempre alla mia tavola". ⁸Merib-Baal si prostrò e disse: "Che cos'è il tuo servo, perché tu ti volga a un cane morto come sono io?".

Davide, che finora si era distinto per atti di crudeltà efferata, finalmente compie un piccolo gesto di magnanimità (ma solo per ricordo del suo amore ambiguo verso Giònata): tratta con riguardo il figlio storpio dell'amico defunto. Ma questo brano è illuminante per capire quale assoluto potere di vita o di morte avevano questi odiosi re: il poveraccio si prostra a baciare la polvere, davanti al re e si considera, davanti a Davide, come un cane morto.
Che schifo la monarchia teocratica.

Samuele 2 cap. 11 v. 1 (La Bibbia della stagione delle guerre)

¹All'inizio dell'anno successivo, al tempo in cui i re sono soliti andare in guerra, Davide mandò Ioab con i suoi servitori e con tutto Israele a compiere devastazioni contro gli Ammoniti; posero l'assedio a Rabbà, mentre Davide rimaneva a Gerusalemme.

Dopo il Cap. 10 che è un ordinario rendiconto delle solite guerre, all'inizio del Cap. 11 il pastore errante precisa una cosa che ormai s'era capita: Ogni inizio di anno i re di queste tribù criminali andavano in guerra, come qualcosa di ineluttabile, come l'operaio che va al lavoro, come il fiume che scende al mare. Ma Davide aveva capito che per un re è meglio non partecipare direttamente alla guerra, ma appaltarla e che il principale passatempo dei re e dei despoti deve essere il bunga-bunga.

Samuele 2 cap. 11 vv. 2-4 (La Bibbia spiegata agli adulteri)

[2]Un tardo pomeriggio Davide, alzatosi dal letto, si mise a passeggiare sulla terrazza della reggia. Dalla terrazza vide una donna che faceva il bagno: la donna era molto bella d'aspetto. [3]Davide mandò a informarsi sulla donna. Gli fu detto: "È Betsabea, figlia di Eliàm, moglie di Uria l'Ittita". [4]Allora Davide mandò messaggeri a prenderla. Ella andò da lui ed egli giacque con lei, che si era appena purificata dalla sua impurità. Poi ella tornò a casa.

Mentre i suoi generali vanno facendo le solite guerricciole d'inizio anno, Davide, non contento delle sue infinite mogli, si mette a guardare dal balcone di casa e vede una donna che sta facendo il bagno. Se ne incapriccia, se la fa portare, ci fa sesso e la mette incinta, è Betsabea, non importa se è sposata, mica la Bibbia condanna l'adulterio!

Samuele 2 cap. 11 vv. 14-17
(La Bibbia spiegata ai cornuti ed ammazzati)

[14]La mattina dopo Davide scrisse una lettera a Ioab e gliela mandò per mano di Uria. [15]Nella lettera aveva scritto così: "Ponete Uria sul fronte della battaglia più dura; poi ritiratevi da lui perché resti colpito e muoia".[16]Allora Ioab, che assediava la città, pose Uria nel luogo dove sapeva che c'erano uomini valorosi.[17]Gli uomini della città fecero una sortita e attaccarono Ioab; caddero parecchi della truppa e dei servi di Davide e perì anche Uria l'Ittita.

Questo brano è uno dei peggiori dell'intera Bibbia: Davide, il quasi santo, non solo mette incinta una moglie non sua, ma fa consegnare al povero marito Uria la lettera che decreta la sua stessa morte, e, di fatto, fa uccidere il poveraccio mandandolo in guerra ad una missione suicida. No comment.

Samuele 2 cap. 11 vv. 26-27
(La Bibbia spiegata alle amanti-vedove)

²⁶La moglie di Uria, saputo che Uria, suo marito, era morto, fece il lamento per il suo signore. ²⁷Passati i giorni del lutto, Davide la mandò a prendere e l'aggregò alla sua casa. Ella diventò sua moglie e gli partorì un figlio. Ma ciò che Davide aveva fatto era male agli occhi del Signore.

Non sappiamo quanto Betsabea fosse consenziente al rapporto adulterino col re, visto che gli ordini del re non si discutono, ma di certo non era d'accordo sull'uccisione del marito, dato che pianse e si mise a lutto.

Meno male che il pastore errante chiosa il tutto con il commento che quanto fatto da Davide era male agli occhi del signore, quando è troppo è troppo, ma ricordiamo che questo pluriassassino, adultero, amorale è il celebratissimo Davide, l'uomo guidato da dio, dalla cui stirpe nascerà (putativamente) Gesù!

Samuele 2 cap. 12 vv. 10- 14
(La Bibbia spiegata ai vendicatori indecisi)

¹⁰Ebbene, la spada non si allontanerà mai dalla tua casa, poiché tu mi hai disprezzato e hai preso in moglie la moglie di Uria l'Ittita''. ¹¹Così dice il Signore: "Ecco, io sto per suscitare contro di te il male dalla tua stessa casa; prenderò le tue mogli sotto i tuoi occhi per darle a un altro, che giacerà con loro alla luce di questo sole. ¹²Poiché tu l'hai fatto in segreto, ma io farò questo davanti a tutto Israele e alla luce del sole''''.
¹³Allora Davide disse a Natan: "Ho peccato contro il Signore!''. Natan rispose a Davide: "Il Signore ha rimosso il tuo peccato: tu non morirai. ¹⁴Tuttavia, poiché con quest'azione tu hai insultato il Signore, il figlio che ti è nato dovrà morire''.

Dio ed il suo profeta Natan sono alquanto indecisi: Prima Natan profetizza a Davide che tutte le sue mogli, per vendetta a quanto fatto da lui, lo avrebbero pubblicamente tradito (e sarebbe stata una vendetta ben meritata), ma poi dio cambia subito opinione e decide di vendicarsi

su Davide punendo... chi non c'entra proprio nulla, un innocente, il figlio che sarebbe nato da Betsabea.
Questa è la logica e la giustizia divina, che volete farci!

Samuele 2 cap. 12 vv. 24-25 (La Bibbia del lutto leggero)

[24]Poi Davide consolò Betsabea sua moglie, andando da lei e giacendo con lei: così partorì un figlio, che egli chiamò Salomone. Il Signore lo amò [25]e mandò il profeta Natan perché lo chiamasse Iedidià per ordine del Signore.

In questo libro primitivo la perdita di un figlio, per una donna, è un lutto leggero: si giace col divino Davide, si rifà un altro figlio e si dimentica tutto. A maggior ragione se il nascituro sarà il grande Salomone, che questa volta è benedetto da dio, anche se nato da una donna rapinata al suo legittimo marito, poi fatto morire come già sappiamo!
Mai che la leggendaria stirpe d'Israele venga generata in modo normale.

Samuele 2 cap. 12 vv. 26-31 (La Bibbia spiegata ai gregari)

[26]Intanto Ioab assalì Rabbà degli Ammoniti, si impadronì della città regale [27]e inviò messaggeri a Davide per dirgli: "Ho assalito Rabbà e mi sono già impadronito della città delle acque. [28]Ora raduna il resto del popolo, accàmpati contro la città e prendila; altrimenti, se la prendessi io, porterebbe il mio nome". [29]Davide radunò tutto il popolo, si mosse verso Rabbà, le diede battaglia e la occupò. [30]Prese dalla testa di Milcom la corona, che pesava un talento d'oro e aveva una pietra preziosa; essa fu posta sulla testa di Davide. Egli ricavò dalla città un bottino molto grande. [31]Ne fece uscire gli abitanti e li impiegò alle seghe, ai picconi di ferro e alle asce di ferro e li trasferì alle fornaci da mattoni; allo stesso modo trattò tutte le città degli Ammoniti. Poi Davide tornò a Gerusalemme con tutta la sua gente.

Un altro quadretto esemplare che getta luce sulla personalità di questo vigliacco re Davide che, dopo aver scagliato il sasso che uccise Golia (a questo punto mi viene da pensare lo abbia fatto per puro caso), fa di tutto per rendersi odioso e per dimostrare tutta la sua miseranda piccolezza: Il suo generale Ioab assalì una città nemica, ma, quando stava per capitolare, il generale vittorioso **dovette** cedere il comando al re che era stato fino ad allora ad amoreggiare e gli **dovette** concedere l'onore di entrare vittorioso nella città conquistata.

Ah l'amaro destino dei gregari.

Questo re vanaglorioso si mise anche in testa la corona del re sconfitto e fece le solite cose che fa un re quando conquista un altro popolo: Fece razzie, si portò a casa il bottino e ridusse in schiavitù il popolo vinto, perché questo significa il versetto 31!

Samuele 2 cap. 13 vv. 1-2 (La Bibbia spiegata alle sorelle bone)

[1]Dopo questo, accadde che, avendo Assalonne, figlio di Davide, una sorella molto bella, chiamata Tamar, Amnon figlio di Davide si innamorò di lei.[2]Amnon ne ebbe una tale passione da cadere malato a causa di Tamar, sua sorella; poiché ella era vergine, pareva impossibile ad Amnon di poterle fare qualcosa.

Il capitolo 13 del secondo libro di Samuele è un concentrato d'incesto, pedofilia, violenza sessuale, omicidi, giustizia sommaria, un vero capolavoro.

Si comincia con la considerazione del pastore errante che Ammon era in difficoltà nelle sue mire per la sorella, perché lei era vergine.

La conclusione lasciata in sospeso del ragionamento è chiara: se non fosse stata vergine Ammon avrebbe potuto stuprarla a piacimento, senza violare la legge poiché la legge ebraica proteggeva le sole donne vergini, come già sappiamo.

Samuele 2 cap. 13 vv. 11-16
(La Bibbia spiegata alle donne usa e getta)

[11]Ma mentre gli porgeva il cibo, egli l'afferrò e le disse: "Vieni, giaci con me, sorella mia". [12]Ella gli rispose: "No, fratello mio, non farmi violenza. Questo non si fa in Israele: non commettere quest'infamia! [13]E io, dove andrei a finire col mio disonore? Quanto a te, tu diverresti uno dei più infami in Israele. Parlane piuttosto al re: egli

non mi rifiuterà a te".-[14]Ma egli non volle ascoltarla: fu più forte di lei e la violentò giacendo con lei. [15]Poi Amnon concepì verso di lei un odio grandissimo: l'odio verso di lei fu più grande dell'amore con cui l'aveva amata prima. Le disse: [16]"Àlzati, vattene!". Gli rispose: "O no! Questo male, che mi fai cacciandomi, è peggiore dell'altro che mi hai già fatto". Ma egli non volle ascoltarla.

L'episodio è assolutamente disumano: il violentatore Ammon, come quasi sempre succede, una volta ottenuto ciò che voleva dalla preda, non gli interessa altro che disfarsene, infatti quando si violenta una donna lo si fa non per amore, ma per desiderio di dominio.

Samuele2 cap. 13 vv. 17-20 (La Bibbia spiegata alle abusate)

[17]Anzi, chiamato il domestico che lo serviva, gli disse: "Caccia fuori di qui costei e sprangale dietro la porta". [18]Ella vestiva una tunica con le maniche lunghe, perché le figlie del re ancora vergini indossavano tali vesti. Il servo di Amnon dunque la mise fuori e le sprangò dietro la porta. [19]Tamar si sparse polvere sulla testa, si stracciò la tunica con le maniche lunghe che aveva indosso, si mise le mani sulla testa e se ne andava gridando. [20]Assalonne suo fratello le disse: "Forse Amnon tuo fratello è stato con te? Per ora taci, sorella mia: è tuo fratello. Non fissare il tuo cuore su questo fatto". Tamar desolata rimase in casa di Assalonne, suo fratello.

Anche Assalonne si comporta da vero uomo, dando alla sorella il consiglio "giusto", dopo aver subito la violenza: **tacere**. Per secoli questo è stato chiesto alle donne, per non mettere in discussione il potere maschile, per non provocare scandalo, perché comunque la donna è colpevole. Certo almeno Assalonne ebbe l'umanità di accogliere la sorella in casa, ma naturalmente la sua vita sarà per sempre rovinata, perché questo è il trattamento riservato alle donne vittime di violenza.

Samuele 2 cap. 13 vv. 21-22 (La Bibbia dei maschi omertosi)

²¹Il re Davide venne a sapere tutte queste cose e ne fu molto irritato, ma non volle urtare suo figlio Amnon, perché aveva per lui molto affetto: era infatti il suo primogenito. ²²Assalonne non disse una parola ad Amnon né in bene né in male, ma odiava Amnon perché aveva fatto violenza a Tamar, sua sorella.

Ecco come si trattano i casi di violenza sessuale (ed oggi di pedofilia nella chiesa): Tacere, nascondere, coprire. E Davide non smentisce la sua vigliaccheria: Dato che Ammon è il suo primogenito e gli vuole molto bene, accetta anche che violenti qualche sorella e poi la butti per la strada. Ed Assalonne tace, anche se medita la vendetta, la solita vendetta sommaria e crudele, ma un giusto processo mai, in questa terra di barbari?

Samuele 2 cap. 13 vv. 37-39 (La Bibbia spiegata a Beccaria)

³⁷Intanto Assalonne era fuggito ed era andato da Talmài, figlio di Ammiùd, re di Ghesur. Il re fece il lutto per suo figlio per lungo tempo. ³⁸Assalonne rimase tre anni a Ghesur, dove era andato dopo aver preso la fuga. ³⁹Poi il re Davide cessò di sfogarsi contro Assalonne, perché si era consolato per la morte di Amnon.

Certo che la giustizia sommaria praticata da Assalonne è discutibile, le nostre coscienze non ammettono che un violentatore sia ucciso senza neanche un processo, ma perché Davide se la prende tanto col figlio Assalonne, che è costretto a fuggire per evitare le persecuzioni del padre, se Davide sa che per la legge del taglione in vigore Assalonne ha fatto la cosa giusta?

Samuele 2 cap. 14 vv. 5-7 (La Bibbia spiegata alle attrici sagge)

⁵Il re le disse: "Che hai?". Rispose: "Ahimè! Io sono una vedova: mio marito è morto.⁶La tua schiava aveva due figli, ma i due vennero tra loro a contesa in campagna e nessuno li separava; così uno colpì l'altro e l'uccise. ⁷Ed ecco, tutta la famiglia è insorta contro la tua schiava dicendo: "Consegnaci il fratricida: dobbiamo farlo morire per la vita del fratello che egli ha ucciso". Elimineranno così anche l'erede e spegneranno l'ultima brace che mi è rimasta e non si lascerà a mio marito né nome né discendenza sulla terra".

Tekòa in realtà sta recitando, perché Ioab gli ha detto di recitare la parte della vedova, ma dalla sua bocca escono parole sagge: La legge del taglione, la vendetta del sangue è un abominio, che aggiunge sangue a sangue, dolore a dolore, disastri sociali a disastri sociali.

La vedova otterrà un'eccezione dal re, per sé (in realtà per Assalonne), ma si tratta appunto di un'eccezione che conferma la barbara legge che non viene minimamente messa in discussione.

Samuele 2 cap. 14 vv. 21-24 (La Bibbia del perdono a metà)

[21]Allora il re disse a Ioab: "Ecco, faccio come mi hai detto; va' dunque e fa' tornare il giovane Assalonne". [22]Ioab si gettò con la faccia a terra, si prostrò, benedisse il re e disse: "Oggi il tuo servo sa di aver trovato grazia ai tuoi occhi, o re, mio signore, poiché il re ha fatto quello che il suo servo gli ha detto". [23]Ioab dunque si alzò, andò a Ghesur e condusse Assalonne a Gerusalemme. [24]Ma il re disse: "Si ritiri in casa e non veda la mia faccia". Così Assalonne si ritirò in casa e non vide la faccia del re.

Ancora vigliacco e discutibile il comportamento di Davide: prima fa chiamare a sé Assalonne per perdonarlo, ma poi non lo vuole vedere per ben due anni e solo un'azione violenta di Assalonne gli farà cambiare idea.

Samuele 2 cap. 14 vv. 25-26 (La Bibbia delle capigliature di piombo)

[25]Ora in tutto Israele non vi era uomo bello che fosse tanto lodato quanto Assalonne; dalla pianta dei piedi alla cima del capo non era in lui difetto alcuno.[26]Quando si faceva tagliare i capelli - e se li faceva tagliare ogni anno, perché la capigliatura gli pesava troppo e perciò li tagliava -, egli pesava i suoi capelli e il peso era di duecento sicli al peso del re.

Questo inserto fumettistico non c'entra nulla col contesto, poco c'interessa se Assalonne fosse bello o brutto ed è decisamente fantasy l'indicazione che avesse una foltissima capigliatura, tanto che quando si tagliava i capelli questi pesavano circa due chili!

Samuele 2 cap. 14 vv. 28-32 (La Bibbia delle vendette trasversali)

[28]Assalonne abitò a Gerusalemme due anni, senza vedere la faccia del re. [29]Poi Assalonne fece chiamare Ioab per mandarlo dal re, ma egli non volle andare da lui. Lo fece chiamare una seconda volta, ma non volle andare. [30]Allora Assalonne disse ai suoi servi: "Vedete, il campo di Ioab è vicino al mio e vi è l'orzo: andate e appiccatevi il fuoco!". I servi di Assalonne appiccarono il fuoco al campo. [31]Allora Ioab si alzò, andò a casa di Assalonne e gli disse: "Perché i tuoi servi hanno dato fuoco al mio campo?". [32]Assalonne rispose a Ioab: "Io ti avevo mandato a dire: Vieni qui, voglio mandarti a dire al re: "Perché sono tornato da Ghesur? Era meglio per me stare ancora là". Ora voglio vedere la faccia del re e, se vi è colpa in me, mi faccia morire!".

Assalonne è alquanto scocciato di non essere ricevuto dal re per ben due anni e quindi... brucia i campi di Ioab, che era il fedele generale che aveva perorato la causa di Assalonne presso il re.
Quando si dice colpire l'obiettivo giusto...

Samuele 2 cap. 15 v. 16
(La Bibbia spiegata alle concubine-soldato)

[16]Il re, dunque, uscì a piedi con tutta la famiglia; lasciò dieci concubine a custodire la reggia.

Questo eroico re che fugge al minimo segno di pericolo, lascia indietro a "custodire la reggia" le sue concubine. Che senso ha?
Le concubine non hanno nessuna forza militare da opporre, forse Davide voleva solo disfarsene, ma molto più probabilmente lasciarle nella reggia significava esporle alla violenza sessuale di massa dei futuri

conquistatori e forse la speranza del re vigliacco è che i seguaci di
Assalonne, presi nei trastulli sessuali con le concubine, non pensassero
ad inseguire il re fuggiasco.

Insomma il solito oliato meccanismo che più volte è stato raccontato
nella Bibbia: si danno in pasto alle orde nemiche sorelle, mogli e
concubine per salvare la pellaccia del maschio, l'unica che conti.

Samuele 2 cap. 15 vv. 32-37 (La Bibbia dei santi spioni)

*[32]Quando Davide fu giunto in vetta al monte, al luogo dove ci si prostra a Dio, ecco
farglisi incontro Cusài, l'Archita, con la tunica stracciata e il capo coperto di
polvere. [33]Davide gli disse: "Se tu passi con me, mi sarai di peso; [34]ma se torni in
città e dici ad Assalonne: "Io sarò tuo servo, o re; come sono stato servo di tuo padre
prima, così sarò ora tuo servo", tu mi renderai nulli i consigli di Achitòfel. [35]E non
avrai forse là con te i sacerdoti Sadoc ed Ebiatàr? Quanto sentirai dire nella reggia,
lo riferirai ai sacerdoti Sadoc ed Ebiatàr. [36]Ecco, essi hanno con loro i due figli,
Achimàas, figlio di Sadoc, e Giònata, figlio di Ebiatàr; per mezzo di loro mi
manderete a dire quanto avrete sentito". [37]Cusài, amico di Davide, arrivò in città
quando Assalonne entrava in Gerusalemme.*

Davide ne sa una più del diavolo ed usa tutte le possibili tecniche anche
le più subdole per combattere suo figlio, l'ormai nemico Assalonne, e
quindi rimanda indietro Cusai, verso Gerusalemme minacciata, per fare
da spia e per passargli quindi preziose informazioni, direi sacre
informazioni visto che dio è sempre dalla sua parte. Ma dio in persona
non poteva fare il suggeritore a Davide?

Samuele 2 cap. 16 vv. 20-23 (La Bibbia spiegata ai sub-entranti)

*[20]Allora Assalonne disse ad Achitòfel: "Consultatevi su quello che dobbiamo fare".
[21]Achitòfel rispose ad Assalonne: "Entra dalle concubine che tuo padre ha lasciato
a custodia della casa; tutto Israele saprà che ti sei reso odioso a tuo padre e sarà
rafforzato il coraggio di tutti i tuoi". [22]Fu dunque tesa una tenda sulla terrazza per
Assalonne e Assalonne entrò dalle concubine del padre, alla vista di tutto Israele.
[23]In quei giorni un consiglio dato da Achitòfel era come se si fosse consultata la*

parola di Dio. Così era di tutti i consigli di Achitòfel, tanto per Davide che per Assalonne.

Non capisco la logica del consulente spirituale: se Assalonne si fosse reso odioso al padre, si sarebbe rafforzato agli occhi degli alleati, boh... Ma come rendersi odioso al padre?
Come il solito: violentando le sue concubine di fronte a tutto il popolo, in un bel bunga-bunga.
Il pastore errante fa bene a precisare che tali aberranti consigli di Achitòfel erano "come se si fosse consultata la parola di dio".
Amen.

Samuele 2 cap. 17 v. 14 (La Bibbia spiegata ai tifosi)

[14]Assalonne e tutti gli Israeliti dissero: "Il consiglio di Cusài, l'Archita, è migliore di quello di Achitòfel". Il Signore aveva stabilito di render nullo il buon consiglio di Achitòfel per far cadere la rovina su Assalonne.

Perché dio abbia tifato per l'ingiusto Davide e non per il perseguitato Assalonne è un vero mistero, pertanto è pura leggenda che questo dio tifi per gli umili, per gli afflitti, per gli ultimi.

Samuele 2 cap. 18 vv. 3-4
(La Bibbia spiegata a chi si fa convincere)

[3]Ma il popolo rispose: "Tu non devi uscire, perché se noi fossimo messi in fuga, non si farebbe alcun caso di noi; quand'anche perisse la metà di noi, non se ne farebbe alcun caso, ma tu conti per diecimila di noi. Quindi è meglio che tu sia per noi di aiuto dalla città". [4]Il re rispose loro: "Farò quello che vi sembra bene". Il re si fermò al fianco della porta, mentre tutto l'esercito usciva a schiere di cento e di mille uomini.

Non ci volle molto a convincere il vigliacco Davide a lasciar partire l'esercito senza di lui, con la scusa che la sua perdita sarebbe stata

143

molto più grave della perdita di diecimila soldati... Eppure tanti re hanno combattuto direttamente le loro guerre!

Samuele 2 cap. 19 vv. 1-3 (La Bibbia del coccodrillo che piange)

[1] Allora il re fu scosso da un tremito, salì al piano di sopra della porta e pianse; diceva andandosene: "Figlio mio Assalonne! Figlio mio, figlio mio Assalonne! Fossi morto io invece di te, Assalonne, figlio mio, figlio mio!" [2]Fu riferito a Ioab: "Ecco, il re piange e fa lutto per Assalonne". [3]La vittoria in quel giorno si cambiò in lutto per tutto il popolo, perché il popolo sentì dire in quel giorno: "Il re è desolato a causa del figlio".

Davvero ipocrita questo Davide, che fa cacciare il figlio dal paese, che poi lo richiama a Gerusalemme ma non lo rivuole a corte, e poi, quando Assalonne si organizza per combatterlo, si scontra con lui, ma poi piange la sua morte. Cosa si aspettava che succedesse in guerra? Fa bene il popolo ad adirarsi, come raccontato nei versetti successivi, dato che il popolo aveva salvato il re e non era stato neanche gratificato con i festeggiamenti.

Samuele 2 cap. 19 vv. 25-28
(La Bibbia dei farfugliamenti senza senso)

[25]Anche Merib-Baal, nipote di Saul, scese incontro al re. Non si era curato i piedi né la barba intorno alle labbra e non aveva lavato le vesti dal giorno in cui il re era partito a quello in cui tornava in pace. [26]Mentre andava a Gerusalemme incontro al re, il re gli disse: "Perché non sei venuto con me, Merib-Baal?". [27]Egli rispose: "O re, mio signore, il mio servo mi ha ingannato! Il tuo servo aveva detto: "Io mi farò sellare l'asino, monterò e andrò con il re, perché il tuo servo è zoppo".[28]Inoltre egli ha calunniato il tuo servo presso il re, mio signore. Però il re, mio signore, è come un angelo di Dio; fa' dunque ciò che sembrerà bene ai tuoi occhi.

La giustificazione di Merib-Baal del perché non si fosse alleato con Davide quando dovette fuggire fa acqua da tutte le parti. Per quanto mi sia sforzato di capire questo brano, non ci sono riuscito, esula da qualsiasi analisi logica.

Samuele 2 cap. 19 vv. 42-44 (La Bibbia inspiegabile)

[42]*Allora tutti gli Israeliti vennero dal re e gli dissero: "Perché i nostri fratelli, gli uomini di Giuda, ti hanno prelevato e hanno fatto passare il Giordano al re, alla sua famiglia e a tutta la gente di Davide?".[43]Tutti gli uomini di Giuda risposero agli Israeliti: "Il re è un nostro parente stretto; perché vi adirate per questo? Abbiamo forse mangiato a spese del re o ci fu portata qualche porzione?".[44]Gli Israeliti replicarono agli uomini di Giuda: "Io ho dieci parti sul re e anche su Davide ho la preminenza rispetto a te; perché mi hai disprezzato? Non sono forse stato il primo a proporre di far tornare il re?". Ma il parlare degli uomini di Giuda fu più ostinato di quello degli Israeliti.*

Anche la contesa fra la tribù di Giuda e gli Israeliti (Evidentemente questa è la prima frattura fra la tribù di Giuda e le restanti tribù) è totalmente inspiegabile, sembra si contendano il diritto alla primogenitura sulla scelta di far tornare il re, pensate un poco...

Samuele 2 cap. 20 vv. 2-3 (La Bibbia della giustizia al maschile)

[2]*Tutti gli Israeliti si allontanarono da Davide per seguire Seba, figlio di Bicrì; ma gli uomini di Giuda rimasero uniti al loro re e lo accompagnarono dal Giordano fino a Gerusalemme. [3]Davide entrò nella reggia a Gerusalemme. Il re prese le dieci concubine che aveva lasciato a custodia della reggia e le mise in una residenza sorvegliata; dava loro sostentamento, ma non si accostava a loro. Rimasero così recluse fino al giorno della loro morte, vivendo da vedove.*

Qualche versetto fa c'eravamo meravigliati che Davide, nell'abbandonare la reggia, avesse lasciato dieci concubine da sole e senza difesa. Evidentemente le aveva lasciate lì per farle violentare dal nemico, forse per ritardarne la marcia, cosa che, abbiamo visto, regolarmente avvenne.

145

Al suo ritorno il re avrebbe dovuto almeno chiedere scusa alle donne loro malgrado sacrificate, ma non s'usa così fra i divini re d'Israele: Davide le fece incarcerare e buttò via la chiave.

Lascio ai grandi biblisti l'esegesi del testo, a me non interessa.

Samuele 2 cap. 20 vv. 8-10 (La Bibbia degli assassini a tradimento)

[8]Si trovavano presso la grande pietra che è a Gàbaon, quando Amasà venne loro incontro. Ioab indossava la veste militare, sopra la quale portava il cinturone con la spada pendente dai fianchi nel fodero; venendo fuori, essa gli cadde.[9]Ioab disse ad Amasà: "Stai bene, fratello mio?" e con la destra prese Amasà per la barba per baciarlo. [10]Amasà non fece attenzione alla spada che Ioab aveva nell'altra mano, e Ioab lo colpì al ventre e ne sparse le viscere a terra; non lo colpì una seconda volta perché era già morto. Poi Ioab e Abisài, suo fratello, inseguirono Seba, figlio di Bicrì.

Ioab ed Amasà erano entrambi alleati e fedeli al re Davide, si erano incontrati per combattere entrambi il nemico scissionista Seba ma, per ragioni sconosciute anche al pastore errante, Ioab ammazza a tradimento Amasà. L'unica spiegazione che trovo a questo gesto degno della peggiore Bibbia è che Amasà, come scritto qualche versetto prima, avrebbe ritardato troppo nell'organizzarsi nella guerra contro Seba, ma francamente mi pare una motivazione fiacca per eliminare un fedele guerriero.

Samuele 2 cap. 20 vv. 23-25
(La Bibbia del ministero per la schiavitù)

[23]Ioab era a capo di tutto l'esercito d'Israele; Benaià, figlio di Ioiadà, era capo dei Cretei e dei Peletei; [24]Adoràm sovrintendeva al lavoro coatto; Giòsafat, figlio di Achilùd, era archivista; [25]Seva era scriba; Sadoc ed Ebiatàr erano sacerdoti [26]e anche Ira, lo Iairita, era sacerdote di Davide.

La Bibbia diligentemente c'informa che presso questo popolo barbaro, nella spartizione dei poteri, c'era Adoràm che sostanzialmente era il ministro per la schiavitù, a testimonianza di quanto fosse diffuso lo stato di schiavitù e quanto fosse istituzionalizzato.
Certo è lo spirito dei tempi, ma non c'è mai una parola nel libro sacro che faccia capire che dio non gradiva tale pratica, mai che qualche versetto ci faccia immaginare che il popolo d'Israele, eletto da dio, fosse un poco migliore rispetto agli altri popoli che l'elezione non l'avevano vinta...

Samuele 2 cap. 21 vv. 1-2
(La Bibbia delle spiegazioni a tutti i costi)

1Al tempo di Davide ci fu una carestia per tre anni; Davide cercò il volto del Signore e il Signore gli disse: "Su Saul e sulla sua casa c'è sangue, perché egli ha fatto morire i Gabaoniti". 2Allora il re chiamò i Gabaoniti e parlò loro. I Gabaoniti non erano Israeliti, ma un resto degli Amorrei, e gli Israeliti avevano fatto con loro un giuramento; Saul però, nel suo zelo per gli Israeliti e per quelli di Giuda, aveva cercato di colpirli.

Lungi dal pensare che le carestie siano eventi naturali, magari favoriti da una cattiva gestione del territorio, in tempi di crisi si cerca sempre la causa soprannaturale ed il vecchio dio suggerisce a Davide che la causa di quella carestia era stata un eccesso di zelo del defunto re Saul, che, fattosi prendere la mano, aveva sterminato insieme agli Amorrei anche i Gabaoniti. Eppure il signore, da quanto abbiamo letto, sembra abbia sempre benedetto queste pulizie etniche!
Ma guarda a cosa sono andati a pensare indovini maghi e fattucchiere!
E per riparare a quel vecchio torto, come vedremo se ne faranno di nuovi.

Samuele 2 cap. 21 vv. 5-9 (La Bibbia dei sacrifici umani)

5Quelli risposero al re: "Di quell'uomo che ci ha distrutti e aveva progettato di finirci, perché più non sopravvivessimo in tutto il territorio d'Israele, 6ci siano consegnati sette uomini tra i suoi figli e noi li impiccheremo davanti al Signore a Gàbaon, sul monte del Signore". Il re disse: "Ve li consegnerò". [7]Il re risparmiò Merib-Baal, figlio di Giònata, figlio di Saul, per il giuramento del Signore che c'era tra loro, tra Davide e Giònata, figlio di Saul. [8]Il re prese i due figli che Rispa, figlia di Aià, aveva partoriti a Saul, Armonì e Merib-Baal, e i cinque figli che Merab, figlia di Saul, aveva partoriti ad Adrièl di Mecolà, figlio di Barzillài. [9]Li consegnò nelle mani dei Gabaoniti, che li impiccarono sul monte, davanti al Signore. Tutti e sette caddero insieme. Furono messi a morte nei primi giorni della mietitura, quando si cominciava a mietere l'orzo.

La vicenda, anche se raccontata diversamente, appare come un vero e proprio sacrificio umano (un settuplo sacrificio!) La cosa è ancora più evidente per il fatto che quei poveracci furono messi a morte nei primi giorni della mietitura, mentre si cominciava a mietere l'orzo, in pratica spaventapasseri umani contro le avversità naturali.

Samuele 2 cap. 21 vv. 10-14 (La Bibbia degli spaventapasseri umani)

[10]Allora Rispa, figlia di Aià, prese il sacco e lo stese sulla roccia, dal principio della mietitura fino a quando dal cielo non cadde su di loro la pioggia. Essa non permise agli uccelli del cielo di posarsi su di loro di giorno e alle bestie selvatiche di accostarsi di notte.[11]Fu riferito a Davide quello che Rispa, figlia di Aià, concubina di Saul, aveva fatto.[12]Davide andò a prendere le ossa di Saul e quelle di Giònata, suo figlio, presso i signori di Iabes di Gàlaad, i quali le avevano sottratte furtivamente dalla piazza di Bet-Sean, dove i Filistei li avevano appesi quando avevano colpito Saul sul Gèlboe.[13]Egli riportò le ossa di Saul e quelle di Giònata, suo figlio; poi si raccolsero anche le ossa di quelli che erano stati impiccati. [14]Le ossa di Saul e di Giònata, suo figlio, furono sepolte nel territorio di Beniamino a Sela, nel sepolcro di Kis, padre di Saul. Fu fatto quanto il re aveva ordinato e, dopo questo, Dio si mostrò placato verso la terra.

Il comportamento della povera Rispa, i cui figli erano stati sacrificati, dimostra che i cadaveri furono lasciati come spaventapasseri umani a guardia del raccolto. E che di un macabro rito propiziatorio si sia trattato è confermato dal racconto che dio si placò a sacrificio concluso, quando tutti i poveri resti umani furono seppelliti.

Samuele 2 cap. 21 vv. 15-17 (La Bibbia spiegata ai riformati)

¹⁵I Filistei mossero di nuovo guerra a Israele e Davide scese con i suoi servi a combattere contro i Filistei. Davide era stanco ¹⁶e Isbi-Benòb, uno dei discendenti di Rafa, con una lancia del peso di trecento sicli di bronzo e portando una spada nuova, manifestò il proposito di uccidere Davide; ¹⁷ma Abisài, figlio di Seruià, venne in aiuto al re, colpì il Filisteo e lo uccise. Allora gli uomini di Davide gli giurarono: "Tu non uscirai più con noi a combattere e non spegnerai la lampada d'Israele".

Come confermato in un precedente episodio, Davide non brilla molto nel combattere, mentre dà il peggio di sé come re spietato e crudele. Anche questa volta i capi militari gli consigliano di restare nella reggia, per non combinare guai.

Ma allora da dove deriva la leggenda del piccolo Davide che uccide l'enorme Golia? La risposta al prossimo commento!

Samuele 2 cap. 21 vv. 19-21
(La Bibbia dei troppi eroi e dei troppi giganti)

¹⁹Ci fu un'altra battaglia con i Filistei, a Gob, ed Elcanàn, figlio di Iair, di Betlemme, uccise Golia di Gat: l'asta della sua lancia era come un cilindro da tessitori.
²⁰Ci fu un'altra battaglia a Gat, dove c'era un uomo di grande statura, che aveva sei dita per mano e per piede, in tutto ventiquattro, e anche lui discendeva da Rafa.
²¹Egli sfidò Israele, ma Giònata, figlio di Simeà, fratello di Davide, lo uccise.

Qui si scopre che in quei tempi c'erano almeno due giganti, di cui uno con ventiquattro dita, ucciso da un fratello qualsiasi di Davide.

L'altro era... Golia che doveva essere morto da un pezzo, non solo, ma in questo replay non fu ammazzato da Davide, ma da Elcanàn, lo dicevo io che Davide era un codardo...

Samuele 2 cap. 22 vv. 8-10 (La Bibbia del dio-toro)

⁸La terra tremò e si scosse;
vacillarono le fondamenta dei cieli,
si scossero perché egli era adirato.
⁹Dalle sue narici saliva fumo,
dalla sua bocca un fuoco divorante;
da lui sprizzavano carboni ardenti.
¹⁰Abbassò i cieli e discese,
una nube oscura sotto i suoi piedi.

Emerge una visione del tutto primitiva di questo dio, che come un idolo pagano emette fuoco e dalle narici e fiamme dalla bocca, drago orribile e malefico, che suscita terremoti ed eruzioni vulcaniche, temporali e grandine, davvero di una banalità e di una superficialità uniche la visione del dio biblico.

Samuele 2 cap. 262 vv. 21-28 (La Bibbia spiegata ai perdenti)

²¹Il Signore mi tratta secondo la mia giustizia,
mi ripaga secondo l'innocenza delle mie mani,
²²perché ho custodito le vie del Signore,
non ho abbandonato come un empio il mio Dio.
²³I suoi giudizi mi stanno tutti davanti,
non ho respinto da me la sua legge;
²⁴ma integro sono stato con lui
e mi sono guardato dalla colpa.
²⁵Il Signore mi ha ripagato secondo la mia giustizia,
secondo la mia innocenza davanti ai suoi occhi.
²⁶Con l'uomo buono tu sei buono,
con l'uomo integro tu sei integro,
²⁷con l'uomo puro tu sei puro
e dal perverso non ti fai ingannare.
²⁸Tu salvi il popolo dei poveri,
ma sui superbi abbassi i tuoi occhi.

Abbiamo abbondantemente visto che gran delinquente sia stato Davide, cinico mentitore, assassino del marito della sua amante, assassino del proprio figlio, ma quando un re vince vuol dire che dio è dalla sua parte e può rivolgergli quest'ipocrita preghiera di ringraziamento. Se dio è dalla sua parte, allora è evidente che lui è giusto e corretto, addirittura innocente, puro come un giglio. Gli sconfitti invece sono i malvagi, i disonesti, i perversi, dato che dio non li ha aiutati.

Sotto questa luce non ha senso il versetto 28, dio pare non sia mai dalla parte dei poveri e certo Davide non era povero; ed in quanto a superbia non se ne trovavano di peggiori, dato che non volle perdonare il figlio per troppi anni, suscitando in lui la ribellione.

Samuele 2 cap. 22 v. 35 (La Bibbia del miles gloriosus)

[35]ha addestrato le mie mani alla battaglia,
le mie braccia a tendere l'arco di bronzo.

Versetto del tutto auto-celebrativo, ma assolutamente falso: abbiamo saputo che Davide era totalmente inetto alla guerra e che alle battaglie con le spade preferiva le battaglie amorose con le concubine.

Samuele 2 cap. 22 vv. 39-43 (La Bibbia spiegata agli annientati)

[39]Li ho annientati e colpiti e non si sono rialzati,
sono caduti sotto i miei piedi.
[40]Tu mi hai cinto di forza per la guerra,
hai piegato sotto di me gli avversari.
[41]Dei nemici mi hai mostrato le spalle:
quelli che mi odiavano, li ho distrutti.
[42]Hanno gridato e nessuno li ha salvati,
hanno gridato al Signore, ma non ha risposto.
[43]Come polvere della terra li ho dispersi,
calpestati, schiacciati come fango delle strade.

Continua questo istruttivo cantico, che illustra meglio delle mie parole la concezione di dio che hanno i seguaci della Bibbia: Un dio che fa vincere le guerre e che approva lo sterminio dei nemici, anzi vi partecipa in prima persona, un dio che non vuole prigionieri, ma cadaveri, perché il nemico non è come noi, non è neanche un uomo, ma fango da schiacciare.

Lo so, mi ripeto, ma non è colpa mia, è il libro "sacro" che si ripete e delle perle di saggezza e d'amore come questo canto non possono cadere nel dimenticatoio, perché dio è amore...

Samuele 2 cap. 23 vv. 3-4 (La Bibbia delle auto-celebrazioni)

³il Dio di Giacobbe ha parlato,
la roccia d'Israele mi ha detto:
"Chi governa gli uomini con giustizia,
chi governa con timore di Dio,
⁴è come luce di un mattino
quando sorge il sole,
mattino senza nubi,
che fa scintillare dopo la pioggia
i germogli della terra".

Continua l'auto-incensamento di questo Berlusconcino dell'antichità, che ha la faccia tosta di affermare di aver governato con giustizia, dopo i tanti crimini che aveva commesso.

Criminale e bugiardo, questo celebratissimo re e precursore di Gesù.

Samuele 2 cap. 23 v. 8 (La Bibbia degli sparaballe)

⁸Questi sono i nomi dei prodi di Davide: Is-Baal, l'Acmonita, capo dei Tre. Egli,
impugnando la lancia contro ottocento uomini, li trafisse in un solo scontro.

Si sa come vanno le cose: uno racconta la storiella al figlio, il figlio al nipote e così via ed i morti ammazzati da un solo uomo crescono a dismisura. Ma per arrivare ad ottocento nemici uccisi da un solo uomo ed una sola battaglia, ce ne vuole. Forse il pastore errante poteva togliere qualche zero per rendere un poco più credibile il raccontino per bambini deficienti.

Samuele 2 cap. 23 vv. 14-17
(La Bibbia di chi gioca con le vite degli altri)

[14]Davide era allora nel rifugio e c'era una postazione di Filistei a Betlemme.[15]Davide ebbe un desiderio e disse: "Se qualcuno mi desse da bere l'acqua del pozzo che è vicino alla porta di Betlemme!".[16]I tre prodi irruppero nel campo filisteo, attinsero l'acqua dal pozzo di Betlemme, vicino alla porta, la presero e la presentarono a Davide, il quale però non ne volle bere, ma la sparse in onore del Signore, [17]dicendo: "Non sia mai, Signore, che io faccia una cosa simile! È il sangue di questi uomini, che sono andati là a rischio della loro vita!". Non la volle bere. Tali gesta compirono quei tre prodi.

Altro episodio in cui emerge con chiarezza la personalità vigliacca e criminale di Davide: Probabilmente per mettere alla prova i suoi uomini chiede di bere l'acqua del pozzo situato proprio davanti la porta difesa dai nemici. Non solo, quando i tre che il re assassino aveva mandato a questa missione suicida tornarono indenni indietro con la tanto desiderata acqua, il re stupido ed odioso la butta via "perché è il sangue di questi uomini che sono andati là a rischio della loro vita".
Morale della storia?
Per me una sola: i re sono tutti pazzi criminali.

Samuele 2 cap. 23 vv. 18-19 (La Bibbia degli eroi a metà)

[18]Abisài, fratello di Ioab, figlio di Seruià, fu il capo dei Trenta. Egli, impugnando la lancia contro trecento uomini, li trafisse; si fece un nome fra i Trenta. [19]Certo, fu glorioso fra i Trenta e divenne loro comandante, ma non giunse alla pari dei Tre.

Si in effetti Abisai non era un granché: con una lancia, in un unico combattimento ammazzò **solo** 300 nemici, roba da dilettanti al debutto.

153

Samuele 2 cap. 23 vv. 20-21 (La Bibbia degli ammazza leoni)

[20]Poi veniva Benaià, figlio di Ioiadà, uomo valoroso, di molte prodezze, originario di Kabseèl. Egli uccise i due figli di Arièl, di Moab; inoltre, sceso in una cisterna in un giorno di neve, vi abbatté un leone. [21]Uccise anche un Egiziano, uomo d'alta statura, il quale teneva in mano una lancia; gli andò incontro con un bastone, strappò di mano all'Egiziano la lancia e lo uccise con la sua stessa lancia.

Lo sport nazionale di questi supereroi (e del pagano Ercole in verità) era di uccidere leoni. In quel consesso non eri nessuno se non avevi una pelle di leone addosso, ucciso, naturalmente a mani nude, altrimenti tutti ne sono capaci...
Anche uccidere un soldato armato con un bastone è una grande prodezza di... gonfiaggio di balle, ma ciò nonostante Benaià resta un supereroe a metà.

Samuele 2 cap. 24 vv. 1-4
(La Bibbia spiegata a chi con dio non ci capisce nulla)

[1]L'ira del Signore si accese di nuovo contro Israele e incitò Davide contro il popolo in questo modo: "Su, fa' il censimento d'Israele e di Giuda". [2]Il re disse a Ioab, capo dell'esercito a lui affidato: "Percorri tutte le tribù d'Israele, da Dan fino a Bersabea, e fate il censimento del popolo, perché io conosca il numero della popolazione". [3]Ioab rispose al re: "Il Signore, tuo Dio, aumenti il popolo cento volte più di quello che è, e gli occhi del re, mio signore, possano vederlo! Ma perché il re, mio signore, vuole questa cosa?". [4]Ma l'ordine del re prevalse su Ioab e sui comandanti dell'esercito, e Ioab e i comandanti dell'esercito si allontanarono dal re per fare il censimento del popolo d'Israele.

Col capitolo 23, in cui si celebravano le "prodezze" del re vigliacco, e con la sua morte che aleggiava nell'aria, sembrava chiuso il libro di Samuele, invece il capitolo 24 sembra un'appendice, di cui in verità non se ne aveva bisogno. Si racconta di un episodio di peste, che il narratore ispirato da dio dovrebbe sapere che proviene da un microrganismo denominato yersinia pestins e non dai peccati degli uomini. Incomprensibile la giustificazione divina data per il flagello: Dio era adirato ed allora ordinò il censimento della popolazione, ma

poi dal contesto successivo si capisce che dio era adirato **proprio** perché Davide aveva ordinato di fare il censimento.
Eh si sa, contare la popolazione e fare un poco di demografia è un grande peccato...

Samuele 2 cap. 24 v. 9 (La Bibbia spiegata alla carne da lancia)

[9]Ioab consegnò al re il totale del censimento del popolo: c'erano in Israele ottocentomila uomini abili in grado di maneggiare la spada; in Giuda cinquecentomila.

Illuminante la circostanza che col censimento si contavano solo gli uomini abili per le armi, tutti gli altri, bambini, anziani, handicappati semplicemente non contavano e non si contavano.
Pensavate davvero che il censimento sarebbe servito per organizzare un servizio di assistenza sociale?

Samuele 2 cap. 24 vv. 10-15 (La bibbia spiegata all'ISTAT)

[10]Ma dopo che ebbe contato il popolo, il cuore di Davide gli fece sentire il rimorso ed egli disse al Signore: "Ho peccato molto per quanto ho fatto; ti prego, Signore, togli la colpa del tuo servo, poiché io ho commesso una grande stoltezza". [11]Al mattino, quando Davide si alzò, fu rivolta questa parola del Signore al profeta Gad, veggente di Davide: [12]"Va' a riferire a Davide: Così dice il Signore: "Io ti propongo tre cose: scegline una e quella ti farò"". [13]Gad venne dunque a Davide, gli riferì questo e disse: "Vuoi che vengano sette anni di carestia nella tua terra o tre mesi di fuga davanti al nemico che ti insegue o tre giorni di peste nella tua terra? Ora rifletti e vedi che cosa io debba riferire a chi mi ha mandato". [14]Davide rispose a Gad: "Sono in grande angustia! Ebbene, cadiamo nelle mani del Signore, perché la sua misericordia è grande, ma che io non cada nelle mani degli uomini!".[15]Così il Signore mandò la peste in Israele, da quella mattina fino al tempo fissato; da Dan a Bersabea morirono tra il popolo settantamila persone.

Eh si, come avevamo anticipato, fare censimenti è un gravissimo peccato e tutti gli impiegati dell'ISTAT sono destinati alla dannazione ed a bruciare al fuoco eterno dell'inferno.

Ma è davvero esilarante la scelta che il dio dell'amore dà a Davide:

1. 7 anni di carestia
2. 3 mesi di fuga davanti al nemico
3. 3 giorni di peste

(mettere la crocetta sulla scelta giusta, è sconsigliabile contrassegnare più di una risposta...)

Il saggio Davide fece naturalmente la scelta giusta (per sé): Non se ne parli nemmeno di essere inseguito in prima persona dal nemico, anche 7 anni di carestia avrebbero potuto provocare sommosse contro di lui, ma una bella peste di 3 giorni è l'ideale, specie se il re si salva. E per salvare la sua pellaccia Davide fa crepare 70.000 persone del popolo, tanto vale la vita di un solo re.

Samuele 2 cap. 24 vv. 16-17 (La Bibbia del dio bipolare)

[16]*E quando l'angelo ebbe stesa la mano su Gerusalemme per devastarla, il Signore si pentì di quel male e disse all'angelo devastatore del popolo: "Ora basta! Ritira la mano!".*

L'angelo del Signore si trovava presso l'aia di Araunà, il Gebuseo. [17]*Davide, vedendo l'angelo che colpiva il popolo, disse al Signore: "Io ho peccato, io ho agito male; ma queste pecore che hanno fatto? La tua mano venga contro di me e contro la casa di mio padre!".*

Continuo a non comprendere l'assurdo di un dio onnipotente ed onnisciente che però si pente o s'incazza (ma non aveva previsto tutto?). Ridicolo ed ipocrita anche il lamento di Davide: Lui stesso aveva deciso, contrassegnando la casella 3, che l'ira del signore non doveva rivolgersi su di lui e la sua famiglia ma sul popolo

COMMENTO FINALE A SAMUELE 2

Il secondo libro di Samuele è tutto incentrato sulla leggendaria figura di Davide, si proprio lui, il bellissimo ragazzo scolpito da Michelangelo, il simbolo del coraggio e della sfida ad un potere più grande di noi.

Come ne esce quest'eroe dalla lettura critica di questo libro?
A pezzi.

Ne viene fuori un personaggio squallido, circondato di concubine, che non esita ad abbandonare alle voglie del nemico, che manda a morte il legittimo marito di Betsabea, che si riprende la prima moglie Micàl rapinandola al legittimo marito, che allontana il proprio figlio per anni, che combatte una guerra contro di lui, che mette a rischio la vita dei suoi soldati per un bicchiere d'acqua che poi neanche si beve.

Ne viene fuori un condottiero inetto e pusillanime, che ebbe la fortuna di avere dalla sua ottimi e leali guerrieri, che combattevano per lui mentre lui concupiva Betsabea.

Persino il notissimo episodio del suo scontro giovanile con Golia è messo in dubbio dallo stesso libro di Samuele, nel capitolo 21, dove viene raccontato che Golia fu ucciso da Elcanàn.

RE 1

Re 1 Cap. 1 vv. 1-4
(La Bibbia spiegata a chi non ha il riscaldamento centralizzato)

¹Il re Davide era vecchio e avanzato negli anni e, sebbene lo coprissero, non riusciva a riscaldarsi. ²I suoi servi gli suggerirono: "Si cerchi per il re, nostro signore, una giovane vergine, che assista il re e lo curi e dorma sul suo seno; così il re, nostro signore, si riscalderà". ³Si cercò in tutto il territorio d'Israele una giovane bella e si trovò Abisàg, la Sunammita, e la condussero al re. ⁴La giovane era straordinariamente bella; ella curava il re e lo serviva, ma il re non si unì a lei.

Si sa, è normale che il bunga-bunghista Davide, quando ormai è vecchio decrepito muoia di freddo nel suo letto, nonostante le fascine di legna bruciate, se non gli si mette a fianco una giovane vergine, presumibilmente minorenne.
Ma purtroppo non siamo ai tempi del re di Arcore, allora la chimica era ancora agli albori e, nonostante l'avvenenza della povera ragazza, costretta ad andare a letto con un bisnonno, la cosa non funzionò...

Re 1 Cap. 1 vv. 11-14 (La Bibbia spiegata alle mogli-schiave)

¹¹Allora Natan disse a Betsabea, madre di Salomone: "Non hai sentito che Adonia, figlio di Agghìt, è diventato re e Davide, nostro signore, non lo sa neppure? ¹²Ebbene, ti do un consiglio, perché tu salvi la tua vita e quella di tuo figlio Salomone.¹³Va', presentati al re Davide e digli: "O re, mio signore, tu non hai forse giurato alla tua schiava dicendo: Salomone, tuo figlio, sarà re dopo di me, ed egli siederà sul mio trono? Perché allora è diventato re Adonia?". ¹⁴Ecco, mentre tu starai ancora lì a parlare al re, io ti seguirò e completerò le tue parole".

Questo brano spiega chiaramente che Betsabea, moglie di Davide, rapinata al legittimo marito, poi fatto uccidere, in realtà era una schiava, in quel periodo tra schiave e mogli non c'era differenza, ed ancora peggiore era lo status delle concubine, il tutto nel regno illuminato di Davide.

161

Re1 Cap. 2 vv. 5-9
(La Bibbia dei vecchi moribondi e vendicativi)

⁵Anche tu sai quel che ha fatto a me Ioab, figlio di Seruià, cioè come egli ha trattato i due capi dell'esercito d'Israele, Abner, figlio di Ner, e Amasà, figlio di Ieter, come li ha uccisi spargendo in tempo di pace il sangue di guerra, e mettendo sangue di guerra sulla sua cintura che era intorno ai suoi fianchi e sul suo sandalo che era ai suoi piedi. ⁶Agirai con la tua saggezza, e non permetterai che la sua vecchiaia scenda in pace agli inferi. ⁷Agirai con bontà verso i figli di Barzillài il Galaadita, e saranno tra coloro che mangiano alla tua tavola, perché mi hanno assistito mentre fuggivo da Assalonne, tuo fratello. ⁸Ed ecco accanto a te Simei, figlio di Ghera, Beniaminita, di Bacurìm; egli mi maledisse con una maledizione terribile nel giorno in cui andavo a Macanàim. Ma discese incontro a me al Giordano e gli giurai per il Signore: "Non ti farò morire di spada". ⁹Ora però non lasciarlo impunito. Infatti tu sei un uomo saggio e sai ciò che gli dovrai fare. Farai scendere la sua canizie agli inferi con morte violenta".

Di solito quando un vecchio re decrepito sta per tirare le cuoia parla con quelle frasi solenni e di circostanza, tipo raccomandazioni di amministrare con giudizio, di essere giusti, clementi, di cercare la pace. Invece Davide si dimostra indegno della sua fama fino all'ultimo respiro, raccomandando a suo figlio Salomone di portare a termine le ultime sue vendette: Uccidere il generale Ioab, per aver ucciso a tradimento altri due generali, e far fare la stessa fine a Simei, che si era macchiato della gravissima colpa di aver maledetto il re. Certo Davide aveva promesso che non lo avrebbe mai fatto ammazzare, ma suo figlio non è lui, e se è un uomo saggio **sa** quello che deve fare. Con questo pizzino mafioso si spegne la disgustosa esistenza di Davide.

Re 1 Cap. 2 vv. 22-25
(La Bibbia di chi si prende tutto, anche la vita)

²²Il re Salomone rispose a sua madre: "Perché tu mi chiedi Abisàg, la Sunammita, per Adonia? Chiedi pure il regno per lui, poiché egli è mio fratello maggiore e per lui parteggiano il sacerdote Ebiatàr e Ioab figlio di Seruià". ²³Il re Salomone giurò per il Signore: "Dio mi faccia questo e altro mi aggiunga, se non è vero che Adonia ha avanzato questa proposta a danno della sua vita. ²⁴Ebbene, per la vita del Signore che mi ha reso saldo, mi ha fatto sedere sul trono di Davide, mio padre, e mi ha fatto una casa come aveva promesso, oggi stesso Adonia verrà ucciso". ²⁵Il re Salomone ordinò l'esecuzione a Benaià, figlio di Ioiadà, il quale lo colpì e quegli morì.

Salomone ha chiaramente usurpato il trono d'Israele che naturalmente toccava al primogenito Adonia.
Adonia avanza la richiesta di sposare Abisàg, sponsorizzato da sua madre, ma Salomone, salomonicamente decide di tenersi Abisàg ed il trono e di prendersi la vita di Adonia, per aver tanto osato...
La carriera del saggio ed ultra celebrato Salomone comincia davvero bene.

Re 1 Cap. 2 vv. 26-27 (La Bibbia dei saggi vendicativi)

²⁶Il re disse al sacerdote Ebiatàr: "Vattene ad Anatòt, nella tua campagna. Certo, tu sei degno di morte, ma oggi non ti faccio morire, perché tu hai portato l'arca del Signore Dio davanti a Davide, mio padre, e perché ti sei occupato di tutto quello di cui mio padre si occupava". ²⁷Così Salomone espulse Ebiatàr, perché non fosse sacerdote del Signore, adempiendo la parola che il Signore aveva pronunciato a Silo riguardo alla casa di Eli.

Seconda decisione di Salomone, il re saggio: La cacciata del sacerdote Anatòt, anzi l'espulsione con cartellino rosso. Non ricordo sinceramente se e quando il signore avrebbe pronunciato qualcosa contro il casato di Eli, ma anche questa cacciata mi pare una faida della peggiore specie.
Va invece fatto notare che dai tempi dei Giudici in poi i re avevano conquistato sempre più potere e in questa lotta per le investiture, lo scettro è passato senz'altro al potere politico, che decide la nomina e la rimozione dei sacerdoti.
Questi ultimi erano esclusivamente consultati per questioni di grande importanza e sempre su decisione insindacabile del re.
Senz'altro una benefica laicizzazione della società, anche se adesso il popolo si trovava a dover sostenere due corti: quella regale con tutti gli sfarzi e le centinaia di concubine e quella della casta sacerdotale, perennemente affamata d'ori.

Un poco come l'Italia d'oggi.

Re 1 Cap. 2 vv. 31-35 (La Bibbia dei figli ubbidienti)

[31]Il re gli disse: "Fa' come egli ha detto: colpiscilo e seppelliscilo; così allontanerai da me e dalla casa di mio padre il sangue che Ioab ha sparso senza motivo.[32]Il Signore farà ricadere il suo sangue sulla sua testa, perché egli ha colpito due uomini giusti e migliori di lui e li ha trafitti con la sua spada, senza che Davide mio padre lo sapesse: Abner, figlio di Ner, capo dell'esercito d'Israele, e Amasà, figlio di Ieter, capo dell'esercito di Giuda. [33]Il loro sangue ricadrà sulla testa di Ioab e sulla testa della sua discendenza per sempre, mentre per Davide e la sua discendenza, la sua casa e il suo trono vi sarà pace per sempre da parte del Signore". [34]Benaià, figlio di Ioiadà, salì, lo colpì e lo uccise; Ioab fu sepolto nella sua casa, nel deserto. [35]Il re lo sostituì, nominando capo dell'esercito Benaià, figlio di Ioiadà, mentre mise il sacerdote Sadoc al posto di Ebiatàr.

Il "saggio" Salomone non perde tempo ad attuare diligentemente gli ordini di sangue del padre: adesso tocca a Ioàb, che sperava di salvarsi rifugiandosi nel tempio. Allora, come ora, si usava considerare le chiese luoghi franchi, dove non si poteva commettere un omicidio, tanto è vero che il sicario assoldato dal re, Benaià, è costretto a tornare indietro e chiedere istruzioni al re sul da farsi. Ma il re non ha dubbi, la ragion di stato prevale: Ammazzare Ioàb anche dentro al tempio.

Con tale gesto Salomone dimostra anche di non credere gran che al suo dio e di non temere affatto di profanare il luogo santissimo.

Re 1 Cap. 2 vv. 36-46 (La Bibbia spiegata ai confinati)

[36]Il re mandò a chiamare Simei per dirgli: "Costruisciti una casa a Gerusalemme; ivi sarà la tua dimora e non ne uscirai per andartene qua e là. [37]Quando ne uscirai, oltrepassando il torrente Cedron, sappi bene che morirai certamente: il tuo sangue ricadrà sulla tua testa".[38]Simei disse al re: "Va bene! Come ha detto il re, mio signore, così farà il tuo servo". Simei dimorò in Gerusalemme per molto tempo. [39]Dopo tre anni, due schiavi di Simei fuggirono presso Achis figlio di Maacà, re di Gat. Fu riferito a Simei: "I tuoi schiavi sono in Gat". [40]Simei si alzò, sellò il suo

asino e partì per Gat, andando da Achis in cerca dei suoi schiavi. Simei vi andò e ricondusse i suoi schiavi da Gat. ⁴¹Fu riferito a Salomone che Simei era andato da Gerusalemme a Gat e che era ritornato. ⁴²Il re fece chiamare Simei e gli disse: "Non ti avevo forse fatto giurare per il Signore e non ti avevo ammonito dicendo: "Nel giorno in cui uscirai per andartene qua e là, sappi bene che certamente dovrai morire"? Tu mi avevi risposto: "Va bene, ho capito". ⁴³Perché non hai rispettato il giuramento del Signore e il comando che ti avevo impartito?". ⁴⁴Il re aggiunse a Simei: "Tu conosci, poiché il tuo cuore ne è consapevole, tutto il male che hai fatto a Davide, mio padre. Il Signore farà ricadere la tua malvagità sulla tua testa. ⁴⁵Invece sarà benedetto il re Salomone e il trono di Davide sarà saldo per sempre davanti al Signore". ⁴⁶Il re diede ordine a Benaià, figlio di Ioiadà, il quale, uscito, lo colpì e quegli morì.
Il regno si consolidò nelle mani di Salomone.

A Simei, che aveva la gravissima colpa di aver un giorno maledetto Davide, Salomone comminò una pena abbastanza mite: Il confino entro la città di Gerusalemme, ma è evidente che stava aspettando la prima occasione per farlo fuori. E l'occasione si presentò quando Simei, imprudentemente, uscì dalla città per riprendersi due schiavi fuggiaschi.

L'assassinio, perché di questo si tratta, venne eseguito dal solito sicario Benaià.

Molto giustamente il pastore errante chiude il capitolo con la constatazione che il regno si rafforzò molto sotto Salomone: si, certo, si rafforzò con un regime di terrore, in cui si riceveva la morte anche per una sola parola pronunciata anni prima nei confronti di un re da tempo defunto!

Re 1 Cap. 3 vv. 6-9 (La Bibbia dei docili cuori assassini)

⁶Salomone disse: "Tu hai trattato il tuo servo Davide, mio padre, con grande amore, perché egli aveva camminato davanti a te con fedeltà, con giustizia e con cuore retto verso di te. Tu gli hai conservato questo grande amore e gli hai dato un figlio che siede sul suo trono, come avviene oggi. ⁷Ora, Signore, mio Dio, tu hai fatto regnare il tuo servo al posto di Davide, mio padre. Ebbene io sono solo un ragazzo; non so come regolarmi. ⁸Il tuo servo è in mezzo al tuo popolo che hai scelto, popolo numeroso che per quantità non si può calcolare né contare. ⁹Concedi al tuo servo un cuore docile, perché sappia rendere giustizia al tuo popolo e sappia distinguere il bene dal male; infatti chi può governare questo tuo popolo così numeroso?".

Salomone già nei suoi primi anni di regno aveva commesso una spaventosa serie di omicidi eppure chiede consigli a dio su come governare con "cuore docile", seguendo naturalmente l'esempio di quel sant'uomo di suo padre. Certo che se aspira ad essere giusto come suo padre andiamo bene...

Re 1 Cap. 3 vv. 12-15 (La Bibbia spiegata ai sognatori)

[12]ecco, faccio secondo le tue parole. Ti concedo un cuore saggio e intelligente: uno come te non ci fu prima di te né sorgerà dopo di te. [13]Ti concedo anche quanto non hai domandato, cioè ricchezza e gloria, come a nessun altro fra i re, per tutta la tua vita. [14]Se poi camminerai nelle mie vie osservando le mie leggi e i miei comandi, come ha fatto Davide, tuo padre, prolungherò anche la tua vita". [15]Salomone si svegliò; ecco, era stato un sogno. Andò a Gerusalemme; stette davanti all'arca dell'alleanza del Signore, offrì olocausti, compì sacrifici di comunione e diede un banchetto per tutti i suoi servi.

Salomone si svegliò:
Ecco cosa sono le visioni, ecco cosa sono i colloqui con dio: nient'altro che sogni di persone psicolabili che non sanno distinguere il sogno dalla realtà, e che purtroppo basano le loro azioni sui sogni e magari edificano anche santuari per perpetuare l'imbroglio

Re 1 Cap. 3 vv. 23-27
(La Bibbia dei raccontini che non reggono)

[23]Il re disse: "Costei dice: "Mio figlio è quello vivo, il tuo è quello morto", mentre quella dice: "Non è così! Tuo figlio è quello morto e il mio è quello vivo"". [24]Allora il re ordinò: "Andate a prendermi una spada!". Portarono una spada davanti al re. [25]Quindi il re aggiunse: "Tagliate in due il bambino vivo e datene una metà all'una e una metà all'altra". [26]La donna il cui figlio era vivo si rivolse al re, poiché le sue viscere si erano commosse per il suo figlio, e disse: "Perdona, mio signore! Date a lei

166

il bimbo vivo; non dovete farlo morire!". L'altra disse: "Non sia né mio né tuo; tagliate!". ²⁷Presa la parola, il re disse: "Date alla prima il bimbo vivo; non dovete farlo morire. Quella è sua madre".

Questa famosissima storia andrebbe bene come favoletta per bambini delle elementari ma nulla di più: Il racconto non sta in piedi, quale donna vorrebbe tagliare un bambino per avere solo metà di un cadavere, che tra l'altro aveva già intero, quello del suo vero figlio?
Invenzioni clericali senza senso, mentre è di certo assolutamente credibile che se le due donne non si fossero accordate, il re in persona avrebbe tagliato a metà il bambino, perché le menti perverse dei re biblici sono capaci anche di questo e l'abbiamo visto ripetutamente.

Re 1 Cap. 4 vv. 1-6 (La Bibbia della solita spartizione del potere)

¹Il re Salomone estese il suo dominio su tutto Israele. ²Questi erano i suoi dignitari: Azaria, figlio di Sadoc, fu sacerdote; ³Elicòref e Achia, figli di Sisa, scribi; Giòsafat, figlio di Achilùd, archivista; ⁴Benaià, figlio di Ioiadà, capo dell'esercito; Sadoc ed Ebiatàr, sacerdoti; ⁵Azaria, figlio di Natan, capo dei prefetti; Zabud, figlio di Natan, sacerdote, amico del re; ⁶Achisar maggiordomo; Adoniràm, figlio di Abda, sovrintendente al lavoro coatto.

Nulla di nuovo sotto il sole di questo "saggio" Salomone: il governo infarcito di sacerdoti ed il solito sovrintendente al lavoro coatto (leggasi ministero per la schiavitù). Cosa avrebbe fatto di buono questo sopravvalutato re Salomone, salvo emettere ridicole sentenze?

Re 1 Cap. 4 v. 7 (La Bibbia spiegata ai procacciatori di beni)

⁷Salomone aveva dodici prefetti su tutto Israele, i quali provvedevano al re e alla sua casa; ognuno aveva l'incarico di procurare il necessario per un mese all'anno.

Piuttosto chiaro è il compito dei prefetti: rapinare il territorio a loro assegnato per rifornire la corte d'ogni ben di dio. Mica s'interessavano di aumentare il benessere del popolo, questo mai!

Re 1 Cap. 5 vv. 2-8 (La Bibbia delle cavallette)

²I viveri di Salomone per un giorno erano trenta kor di fior di farina e sessanta kor di farina comune,³ dieci buoi grassi, venti buoi da pascolo e cento pecore, senza contare i cervi, le gazzelle, i caprioli e i volatili ingrassati. ⁴Egli, infatti, dominava su tutto l'Oltrefiume, da Tifsach a Gaza su tutti i re dell'Oltrefiume, e aveva pace dappertutto all'intorno. ⁵Giuda e Israele erano al sicuro; ognuno stava sotto la propria vite e sotto il proprio fico, da Dan fino a Bersabea, per tutti i giorni di Salomone.

⁶Salomone possedeva quarantamila stalle per i cavalli dei suoi carri e dodicimila cavalli da sella. ⁷Quei prefetti, ognuno per il suo mese, provvedevano quanto serviva al re Salomone e a quelli che erano ammessi alla sua tavola; non facevano mancare nulla. ⁸Portavano l'orzo e la paglia per i cavalli e i destrieri, nel luogo ove si trovava ognuno secondo il suo mandato.

E' piuttosto evidente la spaventosa voracità di Salomone e della sua corte di parassiti, e bene fa il pastore errante a precisare che lui **dominava** su un grande territorio, non governava, ma proprio dominava, col terrore, imponendo, come sempre, spaventosi sacrifici ai suoi sudditi.

Si tratta assolutamente di un'esagerazione che possedesse quarantamila stalle per cavalli da tiro e dodicimila cavalli da sella, ma questi numeri fanno capire quanta parte del popolo era schiavizzato per soddisfare i desideri del "sapiente": poi ne avremo un esempio. Anche il ruolo di rapinatori svolto dai prefetti è innegabile.

Re 1 Cap. 5 vv. 9-12 (La Bibbia spiegata agli scrittori seriali)

⁹Dio concesse a Salomone sapienza e intelligenza molto grandi e una mente vasta come la sabbia che è sulla spiaggia del mare. ¹⁰La sapienza di Salomone superava la sapienza di tutti gli orientali e tutta la sapienza dell'Egitto. ¹¹Egli era più saggio di tutti gli uomini, più di Etan l'Ezraita, di Eman, di Calcol e di Darda, figli di Macol; il suo nome era famoso fra tutte le genti limitrofe. ¹²Salomone pronunciò tremila proverbi; le sue odi furono millecinque.

Il pastore errante privilegia, nella letteratura, la quantità alla qualità, ed il fatto che il re "saggio" abbia scritto tremila proverbi e millecinque odi dimostrerebbe automaticamente la sua saggezza, indipendentemente dal contenuto. D'altra parte chi avrebbe osato a corte gridare "il re è nudo" intendendo che le sue opere non valevano nulla?
Un poco come oggi, quando un papa scrive un'enciclica tutti si affrettano a lodarla, esaltando la cultura dell'autore, naturalmente senza averne letto un rigo.

Re1 Cap. 5 vv. 27-32 (La Bibbia del popolo schiavizzato)

[27]*Il re Salomone arruolò da tutto Israele uomini per il lavoro coatto e gli uomini del lavoro coatto erano trentamila.* [28]*Li mandava a turno nel Libano, diecimila al mese: passavano un mese nel Libano e due mesi nelle loro case. Adoniràm sovrintendeva al lavoro coatto.* [29]*Salomone aveva settantamila operai addetti a portare i pesi e ottantamila scalpellini per lavorare sulle montagne,* [30]*senza contare gli incaricati dei prefetti di Salomone, che erano preposti ai lavori in numero di tremilatrecento e dirigevano il popolo che era occupato nei lavori.*
[31]*Il re diede ordine di estrarre pietre grandi, pietre scelte, per porre a fondamento del tempio pietre squadrate.* [32]*Gli operai di Salomone, gli operai di Chiram e di Biblo le sgrossavano; inoltre preparavano il legname e le pietre per costruire il tempio.*

Ogni re tronfio e borioso pensa a lasciare una grande opera a lui intitolata, al fine di tramandare il suo ricordo nei secoli. E quest'idea da megalomane prese anche il re "saggio", che schiavizzò per anni qualche centinaio di migliaia di sudditi e devastò i monti del Libano per la costruzione del tempio.
Quanti sono stati i poveracci deceduti per infortuni, nel corso della storia nell'edificazione di templi, altari, cattedrali etc.? Quante famiglie morirono d'inedia perché furono loro sottratte le braccia valide, intente a costruire opere inutili? Quanti furono uccisi sul posto perché si ribellarono?
La storia è scritta dai vincitori e queste cose non le riporta, ma se provate a guardare dietro queste pagine trovate un'altra verità, molto più scomoda.

Re 1 Cap. 6 vv. 11-13 (La Bibbia spiegata ai centralinisti)

[11]Fu rivolta a Salomone questa parola del Signore: [12]"Riguardo al tempio che stai edificando, se camminerai secondo le mie leggi, se eseguirai le mie norme e osserverai tutti i miei comandi, camminando in essi, io confermerò a tuo favore la mia parola, quella che ho annunciato a Davide tuo padre. [13]Io abiterò in mezzo agli Israeliti; non abbandonerò il mio popolo Israele".

- Risponde il centralino della Reggia di Salomone, chi è in linea?
- Qui è il padreterno, mi passa il re Salomone?
- il re Salomone è in riunione, chiede di non essere disturbato, può lasciar detto a me?
- Ma insomma non ha capito? sono il signore, il vostro unico dio!
- Per favore, non si arrabbi, ora provo a passarglielo
-Qui Salomone, chi è in linea?
- Sono dio, il tuo dio!
- ah ho capito, buon giorno dio, stavo guardando i progetti del tempio, che ne dici ti piace la tua nuova casa?
-Uhm speravo in qualcosa di meglio, ma vorrei i divani di pelle umana le piante di ficus e le tendine di seta alle finestre, altrimenti vado ad abitare dagli Egizi
-Non sia mai, mio signore, farò tutto quello che chiede, anzi se desidera un frigo-bar lo faccio inventare subito...
etc. etc.

Re 1 Cap. 6 vv. 19-22 (La Bibbia del dio tutto d'oro)

[19]Eresse il sacrario nel tempio, nella parte più interna, per collocarvi l'arca dell'alleanza del Signore. [20]Il sacrario era lungo venti cubiti, largo venti cubiti e alto venti cubiti. Lo rivestì d'oro purissimo e vi eresse un altare di cedro. [21]Salomone rivestì l'interno della sala con oro purissimo e fece passare catene dorate davanti al sacrario che aveva rivestito d'oro. [22]E d'oro fu rivestita tutta la sala in ogni parte, e rivestì d'oro anche l'intero altare che era nel sacrario.

Un immenso spreco d'oro e quindi di risorse sottratte al popolo, per l'edificazione di questa inutilità del tempio, che se ne fa dio delle pareti rivestite d'oro puro?

Dio niente, tanto non esiste, ma il potere si rafforza con queste cose, l'esibizione della grandezza, della ricchezza, dal tempio rivestito d'oro di Salomone allo sfarzo ed ai tesori di San Pietro.

Re1 Cap. 7 vv. 1-4
(La Bibbia spiegata a chi non ha da mangiare)

[1]Salomone costruì anche la sua reggia e la portò a compimento in tredici anni. [2]Costruì il palazzo detto Foresta del Libano. Di cento cubiti era la sua lunghezza, di cinquanta cubiti era la sua larghezza e di trenta cubiti era la sua altezza; era su quattro ordini di colonne di cedro e con travi di cedro sulle colonne, [3]e in alto era coperto con legno di cedro sulle traverse che poggiavano sulle colonne, in numero di quarantacinque, quindici per fila. [4]Vi erano finestre con cornici in tre file, che si corrispondevano faccia a faccia tre volte.

La formale separazione dei poteri fra politico e religioso, oltre ad indubbi vantaggi, comporta problemi per il popolo che ora deve edificare (il popolo, non il re!) non solo l'onerosissimo tempio ma anche la non meno dispendiosa reggia e l'altrettanto lussuosa dependance della regina.
Riporto solo una parte di questo noiosissimo capitolo in cui si descrive in modo maniacale ogni parte del tempio, ve lo risparmio.

Re 1 Cap. 8 v. 5 (La Bibbia nemica degli animali)

[5]Il re Salomone e tutta la comunità d'Israele, convenuta presso di lui, immolavano davanti all'arca pecore e giovenchi, che non si potevano contare né si potevano calcolare per la quantità.

Immaginate la scena degli animali che non si potevano contare, scannati, il sangue che scorre, l'odore delle viscere, le carcasse brucianti sulle are, il grasso che cola, solo la religione fa fare tali pazzie.

Re 1 Cap. 8, v. 9 (La Bibbia degli arca-ni svelati)

⁹Nell'arca non c'era nulla se non le due tavole di pietra, che vi aveva deposto Mosè sull'Oreb, dove il Signore aveva concluso l'alleanza con gli Israeliti quando uscirono dalla terra d'Egitto.

Fa bene il pastore errante a chiarirlo: nell'arca non c'era praticamente nulla se non due tavole di pietra con su scritti i comandamenti, scolpiti da Mosè, null'altro, che delusione...

Re 1 Cap. 8, vv 10-12 (La Bibbia del dio-nube tossica)

¹⁰Appena i sacerdoti furono usciti dal santuario, la nube riempì il tempio del Signore, ¹¹e i sacerdoti non poterono rimanervi per compiere il servizio a causa della nube, perché la gloria del Signore riempiva il tempio del Signore. ¹²Allora Salomone disse:
"Il Signore ha deciso di abitare nella nube oscura.

Insomma a volte dio è proprio come noi, mani, piedi, glutei, occhi etc., a volte invece diventa una nube, così tossica che tutti devono fuggire rapidamente per non morire. Naturalmente io che sono piuttosto sospettoso penso che la nube che fa scappare tutti la provochino proprio i sacerdoti bruciando qualcosa durante la cerimonia.
D'altra parte lo stesso pastore errante **non** dice che la nube era dio, ma che dio abitò nella nube oscura.

Re 1 Cap. 8, vv. 27-28 (La Bibbia spiegata agli scettici)

²⁷Ma è proprio vero che Dio abita sulla terra? Ecco, i cieli e i cieli dei cieli non possono contenerti, tanto meno questa casa che io ho costruito! ²⁸Volgiti alla preghiera del tuo servo e alla sua supplica, Signore, mio Dio, per ascoltare il grido e la preghiera che il tuo servo oggi innalza davanti a te!

Il popolino aveva appena finito di scappare dal tempio per il propagarsi del dio-nube tossica ed ecco che Salomone, che forse tanto fesso non era, mette in dubbio che dio abiti davvero sulla terra. Salomone capisce che se un dio esistesse dovrebbe essere infinitamente più grande dell'intero universo e rivolge una preghiera speranzosa a dio, con le mani verso il cielo e quindi lo colloca decisamente al di fuori delle umane capacità di percezione.

Re 1 Cap. 8, vv 35-36 (La Bibbia della danza della pioggia)

[35]Quando si chiuderà il cielo e non ci sarà pioggia perché hanno peccato contro di te, ma ti pregano in questo luogo, lodano il tuo nome e si convertono dal loro peccato perché tu li hai umiliati, [36]tu ascolta nel cielo, perdona il peccato dei tuoi servi e del tuo popolo Israele, ai quali indicherai la strada buona su cui camminare, e concedi la pioggia alla terra che hai dato in eredità al tuo popolo.

La preghiera di Salomone è lunghissima, a volte di discreta qualità, ma spesso ricade nell'idea del dio primitivo che quando non piove è perché è adirato per i peccati commessi dall'uomo e quando piove vuol dire che ha ascoltato le preghiere degli uomini.
Stesso ragionamento per tutte le altre calamità minuziosamente elencate nella preghiera.

Re 1 Cap. 8, vv 52- 53 (La Bibbia spiegata ai separatisti)

[52]Siano aperti i tuoi occhi alla preghiera del tuo servo e del tuo popolo Israele e ascoltali in tutto quello che ti chiedono,[53]perché te li sei separati da tutti i popoli della terra come tua proprietà, secondo quanto avevi dichiarato per mezzo di Mosè tuo servo, mentre facevi uscire i nostri padri dall'Egitto, o Signore Dio".

Ancora una volta mi viene da considerare che questa idea è il principio di tutte le tragedie, tutte le guerre, l'idea di un dio esclusivo, che ha eletto solo noi come suo popolo e badate che questa idea malsana non ce l'hanno solo gli ebrei. Purtroppo anche gli altri popoli erano convinti di avere un altro dio e di essere anche loro popolo eletto.

Re 1 Cap. 8, vv 62- 63 (La Bibbia degli allevamenti intensivi)

[62]Il re e tutto Israele con lui offrirono un sacrificio davanti al Signore. [63]Salomone immolò al Signore, in sacrificio di comunione, ventiduemila giovenchi e centoventimila pecore; così il re e tutti gli Israeliti dedicarono il tempio del Signore.

A parte l'assurdità del sacrificio di così tanti animali, a parte la barbarie di queste tribù, è credibile che il popolo di Israele si potesse permettere di sacrificare ventiduemila giovenchi e centoventimila pecore, per non parlare del precedente sacrificio in cui gli animali sacrificati non erano contabili? Ammesso che avessero così grossi allevamenti, di cosa si sarebbe nutrito il popolo, dopo aver distrutto la zootecnia per inaugurare il tempio?

Re 1 Cap. 9, vv 20- 22 (La Bibbia spiegata agli schiavi fortunati)

[20]Quanti rimanevano degli Amorrei, degli Ittiti, dei Perizziti, degli Evei e dei Gebusei, che non erano Israeliti, [21]e cioè i loro discendenti rimasti dopo di loro nella terra, coloro che gli Israeliti non avevano potuto votare allo sterminio, Salomone li arruolò per il lavoro coatto da schiavi, come è ancora oggi. [22]Ma degli Israeliti Salomone non fece schiavo nessuno, perché essi erano guerrieri, suoi ministri, suoi comandanti, suoi scudieri, comandanti dei suoi carri e dei suoi cavalieri.

Cero che quegli schiavi erano ben fortunati, perché ebbero la fortuna di diventare schiavi... i loro parenti furono sterminati dal popolo di dio, pensa che culo per i sopravvissuti...
Salomone, bontà sua, ribadisce la legge che potevano essere resi schiavi solo i non ebrei, legge che mi sa assai poco rispettata se ogni tanto veniva ribadita.

Re 1 Cap. 10, vv 4- 6 (La Bibbia spiegata a Raspelli)

4La regina di Saba, quando vide tutta la sapienza di Salomone, la reggia che egli aveva costruito, 5i cibi della sua tavola, il modo ordinato di sedere dei suoi servi, il servizio dei suoi domestici e le loro vesti, i suoi coppieri e gli olocausti che egli offriva nel tempio del Signore, rimase senza respiro. 6Quindi disse al re: "Era vero, dunque, quanto avevo sentito nel mio paese sul tuo conto e sulla tua sapienza!

Insomma, per la regina di Saba, gran parte della "sapienza" di Salomone consisterebbe nella qualità del servizio ai tavoli del suo ristorante personale e naturalmente dalla ricchezza e magnificenza delle portate.

Ottimo, ma vorrei sapere quanto di questa magnificenza, che ben poco ha a che fare con la sapienza, ricadesse sul popolo, o se per i poveracci nulla fosse cambiato sotto il potere di questo re presuntuoso, cosa molto probabile.

Re 1 Cap. 10, vv 10- 12 (La Bibbia spiegata ai sandali)

10Ella diede al re centoventi talenti d'oro, aromi in gran quantità e pietre preziose. Non arrivarono più tanti aromi quanti ne aveva dati la regina di Saba al re Salomone. 11Inoltre, la flotta di Chiram, che caricava oro da Ofir, recò da Ofir legname di sandalo in grande quantità e pietre preziose. 12Con il legname di sandalo il re fece ringhiere per il tempio del Signore e per la reggia, cetre e arpe per i cantori. Mai più arrivò, né mai più si vide fino ad oggi, tanto legno di sandalo.

Continua lo scambio di regali e complimenti fra la regina di Saba ed il re "sapiente". Arrivano carrettate di sandalo, e naturalmente il re "saggio" non ci pensa due volte ad usarlo per fare ringhiere del tempio e per costruire cetre ed arpe per i suoi cantori, mica per far mangiare il popolo!

Re 1 Cap. 10, vv. 14- 23(La Bibbia del saggio re Mida)

[14]Il peso dell'oro che giungeva a Salomone ogni anno era di seicentosessantasei talenti d'oro, [15]senza contare quanto ne proveniva dai mercanti e dal guadagno dei commercianti, da tutti i re dell'occidente e dai governatori del territorio.

[16]Il re Salomone fece duecento scudi grandi d'oro battuto, per ognuno dei quali adoperò seicento sicli d'oro, [17]e trecento scudi piccoli d'oro battuto, per ognuno dei quali adoperò tre mine d'oro. Il re li collocò nel palazzo della Foresta del Libano.

[18]Inoltre, il re fece un grande trono d'avorio, che rivestì d'oro fino. [19]Il trono aveva sei gradini; nella sua parte posteriore il trono aveva una sommità rotonda, vi erano braccioli da una parte e dall'altra del sedile e due leoni che stavano a fianco dei braccioli. [20]Dodici leoni si ergevano di qua e di là, sui sei gradini; una cosa simile non si era mai fatta in nessun regno.

[21]Tutti i vasi per le bevande del re Salomone erano d'oro, tutti gli arredi del palazzo della Foresta del Libano erano d'oro fino; nessuno era in argento, poiché ai giorni di Salomone non valeva nulla. [22]Difatti il re aveva in mare le navi di Tarsis, con le navi di Chiram; ogni tre anni le navi di Tarsis arrivavano portando oro, argento, zanne d'elefante, scimmie e pavoni.

[23]Il re Salomone fu più grande, per ricchezza e sapienza, di tutti i re della terra.

Si lo so che re Mida non era considerato un saggio e che non fu valutata una buona scelta quella di desiderare che ogni cosa che toccasse si trasformasse in oro, ma in cosa era diverso Salomone e cosa fece di differente? Come tutti gli stolti re che lo precedettero e che gli sarebbero succeduti, non fece altro che ammucchiare oro ed altri oggetti preziosi per farne arredi di dubbio gusto per adornarne i suoi palazzi del potere.

Stessa cosa fece per i prodotti della natura, dal legno, agli elefanti (avorio), alle scimmie: Da sempre l'uomo ha intrapreso la scellerata lotta per distruggere la natura, senza comprendere che distruggere la natura equivale a tagliare il ramo su cui siamo seduti. Ma ancora più scellerata è questa devastazione quando serve solo per soddisfare la vanagloria e la stupidità dei re "saggi".

Re 1 Cap. 11, vv. 1- 5 (La Bibbia del re saggio, o forse no)

¹Il re Salomone amò molte donne straniere, oltre la figlia del faraone: moabite, ammonite, edomite, sidònie e ittite, ²provenienti dai popoli di cui aveva detto il Signore agli Israeliti: "Non andate da loro ed essi non vengano da voi, perché certo faranno deviare i vostri cuori dietro i loro dèi". Salomone si legò a loro per amore. ³Aveva settecento principesse per mogli e trecento concubine; le sue donne gli fecero deviare il cuore. ⁴Quando Salomone fu vecchio, le sue donne gli fecero deviare il cuore per seguire altri dèi e il suo cuore non restò integro con il Signore, suo Dio, come il cuore di Davide, suo padre. ⁵Salomone seguì Astarte, dea di quelli di Sidone, e Milcom, obbrobrio degli Ammoniti.

Il pastore errante si è fatto prendere un poco la mano: neanche Gheddafi e neanche Berlusconi possono vantare questi numeri: Settecento principesse per mogli e trecento concubine, ma non scherziamo...

In realtà il libro sacro non contesta a Salomone di concedersi questi innocenti divertimenti, o di nuotare letteralmente nell'oro, più di Paperon dè Paperoni, ma di essersi allontanato da dio e di seguire altri dei, importati naturalmente da quelle tentatrici delle donne...

Ma vi pare credibile che un re "saggio" che ha fatto un patto con l'unico dio in cui dovrebbe credere e che, la Bibbia racconta, gli avrebbe dato ricchezze e sapienza infinite, decida di cambiare fede, magari consigliato da una concubina?

Delle due una: o Salomone non era affatto saggio, oppure neanche lui credeva alla storiella che la sua fortuna derivasse dalla benedizione del dio biblico, e, come tutti i potenti, **fingeva** la fede in pubblico, ma in realtà, in privato, per lui ogni dio valeva quanto un altro e se un rito era più interessante e soprattutto se la donna che lo proponeva era interessante, non c'era nessun problema a cambiare più volte fede, in un gioioso e sensuale ecumenismo.

Re 1 Cap. 11, vv. 9- 13 (La Bibbia dei figli puniti per i genitori)

⁹Il Signore, perciò, si sdegnò con Salomone, perché aveva deviato il suo cuore dal Signore, Dio d'Israele, che gli era apparso due volte ¹⁰e gli aveva comandato di non

177

seguire altri dèi, ma Salomone non osservò quanto gli aveva comandato il Signore.[11]*Allora disse a Salomone: "Poiché ti sei comportato così e non hai osservato la mia alleanza né le leggi che ti avevo dato, ti strapperò via il regno e lo consegnerò a un tuo servo.* [12]*Tuttavia non lo farò durante la tua vita, per amore di Davide, tuo padre; lo strapperò dalla mano di tuo figlio.* [13]*Ma non gli strapperò tutto il regno; una tribù la darò a tuo figlio, per amore di Davide, mio servo, e per amore di Gerusalemme, che ho scelto".*

In base alla solita giustizia divina, le colpe dei padri vengono pagati dai figli, il padre gozzoviglia con un migliaio di donne e ne segue le inclinazioni religiose ed il figlio ne paga la colpa.

Logica indiscutibile.

E tutto questo "per amore" del padre di Salomone, quel sant'uomo di Davide, che avevamo imparato a conoscere bene.

Ma vorrei far notare un altro assurdo:

Se a me un dio X mi avesse parlato, anche una sola volta, ma in modo chiaro ed inequivocabile, se fossi certo che non si fosse trattato di un sogno o di un'allucinazione, se avessi avuto oggettivi riscontri che era dio, sicuramente avrei abbandonato il mio ateismo e sarei stato per tutta la vita fervente e fedele seguace di quel dio, certo non avrei seguito un dio Y, che non aveva manifestato così chiaramente la sua esistenza.

Evidentemente queste chiacchierate fra dio e Salomone non ci furono mai!

Re 1 Cap. 11, vv. 14- 17 (La Bibbia degli stermini incompleti)

[14]*Il Signore suscitò contro Salomone un avversario, l'edomita Adad, che era della stirpe regale di Edom.* [15]*Dopo la disfatta inflitta da Davide a Edom, quando Ioab, capo dell'esercito, era andato a seppellire i cadaveri e aveva ucciso tutti i maschi di Edom -* [16]*Ioab, con tutto Israele, vi si era fermato sei mesi finché ebbe sterminato ogni maschio di Edom -* [17]*Adad, con alcuni Edomiti a servizio del padre, fuggì per andare in Egitto. Allora Adad era un ragazzo.*

Il macellaio Ioab, che avevamo già conosciuto, per ben sei mesi fu impegnato a sterminare il popolo degli Edomiti, ma quando si fa un lavoro va fatto davvero bene, invece Ioab si fece sfuggire Adad, che fuggì in Egitto. La storia successiva è banale e ricorda in fotocopia quella di Giuseppe, Anche Edom ottiene i favori del Faraone, che gli dà addirittura in sposa la cognata, davvero generosi e mal ripagati dagli Israeliti questi poveri Faraoni.

Re 1 Cap. 11, vv. 29-31
(La Bibbia degli affettatori di mantelli nuovi)

[29]In quel tempo Geroboamo, uscito da Gerusalemme, incontrò per strada il profeta Achia di Silo, che era coperto con un mantello nuovo; erano loro due soli, in campagna. [30]Achia afferrò il mantello nuovo che indossava e lo lacerò in dodici pezzi. [31]Quindi disse a Geroboamo: "Prenditi dieci pezzi, poiché dice il Signore, Dio d'Israele: "Ecco, strapperò il regno dalla mano di Salomone e ne darò a te dieci tribù.

Era costume di chi faceva profezie in Israele fare in dodici pezzi le cose, animali, persone, per la banalissima simbologia con le dodici tribù (e con i dodici segni zodiacali...) La "profezia" di questo pazzo intagliatore di mantelli ricalca in fotocopia la chiacchierata di Salomone con dio.

Re 1 Cap. 11, vv. 39- 41 (La Bibbia della saggezza inspiegata)

[39]umilierò la discendenza di Davide per questo motivo, ma non per sempre"".
[40]Salomone cercò di far morire Geroboamo, il quale però trovò rifugio in Egitto da Sisak, re d'Egitto. Geroboamo rimase in Egitto fino alla morte di Salomone.
[41]Le altre gesta di Salomone, tutte le sue azioni e la sua sapienza, non sono forse descritte nel libro delle gesta di Salomone?

In questo brano Geroboamo prende la solita strada dell'Egitto. Ma quanti Israeliti furono aiutati e salvati dai Faraoni nel corso delle vicende bibliche? E perché i Faraoni continuavano ad aiutare gli Israeliti, pur essendo stati ripagati da Mosè come sappiamo?

Riguardo la "saggezza" di Salomone, non ne ho trovata alcuna prova in questi scritti, si parla di ricchezza, di lusso, ma non trovo nient'altro in questo bunga-bunghista.

Re 1 Cap. 12, vv. 1-5 (La Bibbia dei nomi troppo uguali)

[1]Roboamo andò a Sichem, perché tutto Israele era convenuto a Sichem per proclamarlo re. [2]Quando lo seppe, Geroboamo, figlio di Nebat, che era ancora in Egitto, dove era fuggito per paura del re Salomone, tornò dall'Egitto. [3]Lo mandarono a chiamare e Geroboamo venne con tutta l'assemblea d'Israele e parlarono a Roboamo dicendo: [4]"Tuo padre ha reso duro il nostro giogo; ora tu alleggerisci la dura servitù di tuo padre e il giogo pesante che egli ci ha imposto, e noi ti serviremo". [5]Rispose loro: "Andate, e tornate da me fra tre giorni". Il popolo se ne andò.

Roboamo, Geroboamo... ma non potevano inventare nomi un tantino differente per differenziare i due contendenti in questo raccontino? Comunque dal contesto emerge piuttosto evidente quello che avevo già ipotizzato sulla magnificenza di Salomone e cioè che fu raggiunta a spese del popolo, che andò subito a reclamare dal figlio **"Tuo padre ha reso duro il nostro giogo; ora tu alleggerisci la dura servitù di tuo padre e il giogo pesante che egli ci ha imposto, e noi ti serviremo"** Ecco da dove vengono gli splendori delle reggie: dallo spolpamento del popolo.

Re 1 Cap. 12, vv. 13- 15 (La Bibbia delle giovani iene)

[13]Il re rispose duramente al popolo, respingendo il consiglio che gli anziani gli avevano dato; [14]egli disse loro, secondo il consiglio dei giovani:
"Mio padre ha reso pesante il vostro giogo,
io renderò ancora più grave il vostro giogo;
mio padre vi castigò con fruste,
io vi castigherò con flagelli".

15Il re non ascoltò il popolo, poiché era disposizione del Signore che si attuasse la parola che il Signore aveva rivolta a Geroboamo, figlio di Nebat, per mezzo di Achia di Silo.

Il re Roboamo, figlio di Salomone non ci pensa nemmeno a rinunciare a parte degli immensi privilegi del padre e si dimostra ancora più tiranno ed oppressivo, anche a costo di disgregare il regno, cosa che regolarmente accade.
E naturalmente tutto questo accade perché dio aveva voluto e previsto tutto, perché dio odia la pace e gode da matti in mezzo al sangue.

Re 1 Cap. 12, vv. 17-18 (La Bibbia dei rivoluzionari lapidatori)

17Sugli Israeliti che abitavano nelle città di Giuda regnò Roboamo. 18Il re Roboamo mandò Adoràm, che era sovrintendente al lavoro coatto, ma tutti gli Israeliti lo lapidarono ed egli morì. Allora il re Roboamo salì in fretta sul carro per fuggire a Gerusalemme.

Se quelli della casta di Davide, finora al potere, non brillavano certo per senso di giustizia, i ribelli cominciano subito con una bella lapidazione. Ma assisteremo mai ad una specie di processo in questa Bibbia?

Re 1 Cap. 12, vv. 26-30 (La Bibbia degli dei surrogati)

26Geroboamo pensò: "In questa situazione il regno potrà tornare alla casa di Davide. 27Se questo popolo continuerà a salire a Gerusalemme per compiervi sacrifici nel tempio del Signore, il cuore di questo popolo si rivolgerà verso il suo signore, verso Roboamo, re di Giuda; mi uccideranno e ritorneranno da Roboamo, re di Giuda". 28Consigliatosi, il re preparò due vitelli d'oro e disse al popolo: "Siete già saliti troppe volte a Gerusalemme! Ecco, Israele, i tuoi dèi che ti hanno fatto salire dalla terra d'Egitto". 29Ne collocò uno a Betel e l'altro lo mise a Dan. 30Questo fatto portò al peccato; il popolo, infatti, andava sino a Dan per prostrarsi davanti a uno di quelli.

C'è da impazzire a distinguere fra Roboamo e Geroboamo, quest'ultimo doveva essere quello che dio ha voluto come re di 10 tribù d'Israele su 12, ma Geroboamo era preoccupato che il popolo continuasse ad andare a Gerusalemme al tempio eretto da Salomone per fare sacrifici a dio ed allora erige altri due santuari a Betel ed a Dan, ma non intitolati al dio biblico (che evidentemente poteva abitare in una sola casa alla volta e non amava gli chalet in montagna), ma dedicati al vitello d'oro (si il vitello d'oro che portò un sacco di sfiga durante la traversata del deserto!).
Viene da chiedersi se Geroboamo ci facesse o ci fosse!

Re 1 Cap. 13, vv. 4-6 (La Bibbia spiegata agli emiplegici)

[4]*Appena sentì la parola che l'uomo di Dio aveva proferito contro l'altare di Betel, il re Geroboamo tese la mano ritirandola dall'altare dicendo: "Afferratelo!". Ma la sua mano, tesa contro quello, gli si inaridì e non la poté far tornare a sé. [5]L'altare si spezzò e fu sparsa la cenere dell'altare, secondo il segno dato dall'uomo di Dio per comando del Signore. [6]Presa la parola, il re disse all'uomo di Dio: "Placa il volto del Signore, tuo Dio, e prega per me, perché mi sia resa la mia mano". L'uomo di Dio placò il volto del Signore e la mano del re gli tornò com'era prima.*

Per chi è disposto a credere, è una bazzecola accettare per vero "l'inaridimento" di una mano, che poi torna perfetta su disposizione di un profeta, nonché gli altri miracoli di contorno come l'altare che si spacca.

Re 1 Cap. 13, vv. 8-10
(La Bibbia, il libro dei camminatori in circuito)

[8]*L'uomo di Dio rispose al re: "Anche se mi darai metà della tua casa, non verrò con te e non mangerò pane né berrò acqua in questo luogo, [9]perché così mi è stato ordinato per comando del Signore: "Non mangerai pane e non berrai acqua, né tornerai per la strada percorsa nell'andata"". [10]Se ne andò per un'altra strada e non tornò per quella che aveva percorso venendo a Betel.*

Perché al ritorno il profeta non poteva percorrere la stessa strada dell'andata? Forse per paura d'essere comunque assalito dai sicari di Geroboamo, fidarsi è bene, non fidarsi è meglio...

Re 1 Cap. 13, vv. 20-24 (La Bibbia spiegata a chi accetta inviti)

[20]Mentre essi stavano seduti a tavola, la parola del Signore fu rivolta al profeta che aveva fatto tornare indietro l'altro,[21]ed egli gridò all'uomo di Dio che era venuto da Giuda: "Così dice il Signore: "Poiché ti sei ribellato alla voce del Signore, non hai osservato il comando che ti ha dato il Signore, tuo Dio, [22]sei tornato indietro, hai mangiato pane e bevuto acqua nel luogo in cui il tuo Dio ti aveva ordinato di non mangiare pane e di non bere acqua, il tuo cadavere non entrerà nel sepolcro dei tuoi padri"". [23]Dopo che egli ebbe mangiato pane e bevuto, fu slegato per lui l'asino del profeta che lo aveva fatto ritornare. [24]Egli partì e un leone lo trovò per strada e l'uccise; il suo cadavere rimase steso sulla strada, mentre l'asino se ne stava là vicino e anche il leone stava vicino al cadavere.

Ecco cosa succede accettare un invito a pranzo, da un profeta sconosciuto, egli ti fa credere che il tuo padrone (pardon signore) era favorevole che tu accettassi l'invito e... zac vieni condannato a morte per quattro arrosticini ed un bicchiere di vino.

Ma il profeta B, quello dell'invito a pranzo, non aveva previsto che il profeta A sarebbe stato ammazzato, dato che anche il profeta B parlava con dio? E se lo sapeva, perché si era pentito che il profeta A era stato ucciso, dato che lui stesso l'aveva voluto?

E perché dio non ha condannato il tentatore culinario, invece del povero tentato?

Re 1 Cap. 13, vv. 33- 34
(La Bibbia spiegata agli ingannati da dio)

[33]Dopo questo fatto, Geroboamo non abbandonò la sua via cattiva. Egli continuò a prendere da tutto il popolo i sacerdoti delle alture e a chiunque lo desiderava conferiva l'incarico e quegli diveniva sacerdote delle alture. [34]Tale condotta costituì,

per la casa di Geroboamo, il peccato che ne provocò la distruzione e lo sterminio dalla faccia della terra.

Dunque, mentre Geroboamo stava sacrificando a divinità surrogate, accadono fatti straordinari (a dire il vero la cenere che si solleva sull'altare tanto straordinaria non pare, basta solo un poco di vento): l'altare si spaccò e soprattutto la Mano di Geroboamo si seccò e ritornò perfettamente funzionante e trofica a comando del profeta A.
Tutto questo avrebbe senz'altro riportato chiunque sulla retta strada e ricondotto alla fede più ortodossa, ma Geroboamo invece continuò nell'idolatria, ma soprattutto e questa è senz'altro la colpa più grave, prendere sacerdoti non provenienti dalla casta sacerdotale di Levi, questo era davvero grave per il potere clericale....

Re 1 Cap. 14, vv. 7-12 (La Bibbia del bambini-sterco)

[7]Su, riferisci a Geroboamo: Così dice il Signore, Dio d'Israele: "Io ti ho innalzato fra il popolo costituendoti capo del popolo d'Israele, [8]ho strappato il regno dalla casa di Davide e l'ho consegnato a te. Ma tu non sei stato come il mio servo Davide, che osservò i miei comandi e mi seguì con tutto il suo cuore, facendo solo ciò che è retto davanti ai miei occhi, [9]anzi hai agito peggio di tutti quelli che furono prima di te e sei andato a fabbricarti altri dèi e immagini fuse per provocarmi, mentre hai gettato me dietro alle tue spalle. [10]Per questo, ecco, manderò la sventura sulla casa di Geroboamo, distruggerò nella casa di Geroboamo ogni maschio, schiavo o libero in Israele, e spazzerò la casa di Geroboamo come si spazza lo sterco fino alla sua totale scomparsa. [11]I cani divoreranno quanti della casa di Geroboamo moriranno in città; quelli morti in campagna li divoreranno gli uccelli del cielo, perché il Signore ha parlato". [12]Ma tu àlzati, va' a casa tua; quando i tuoi piedi raggiungeranno la città, il bambino morirà.

Fa specie sentire il dio che propagandano dell'amore universale, parlare di bambini da uccidere in nome di presunte colpe dei padri e neonati paragonati a sterco.
Ma i credenti la leggono la bibbia?
Sottoscriverebbero queste parole indegne del più criminale degli uomini, pronunciate invece dal loro dio dell'amore?

Re 1 Cap. 14, vv. 21-24 (La Bibbia della coazione a ripetere)

²¹Roboamo, figlio di Salomone, regnò in Giuda. Aveva quarantun anni quando divenne re e regnò diciassette anni a Gerusalemme, città scelta dal Signore fra tutte le tribù d'Israele per collocarvi il suo nome. Sua madre, ammonita, si chiamava Naamà. ²²Giuda fece ciò che è male agli occhi del Signore; essi provocarono il Signore a gelosia più di quanto avevano fatto i loro padri, con i peccati da loro commessi. ²³Anch'essi si costruirono alture, stele e pali sacri su ogni alto colle e sotto ogni albero verde. ²⁴Inoltre nella terra c'erano prostituti sacri. Essi commisero tutti gli abomini dei popoli che il Signore aveva scacciato davanti agli Israeliti.

Insomma, se da una parte Geroboamo si faceva i suoi idoli e per questo il dio benevolo gli ammazzò il bambino, dalla parte dell'altro contendente non è che ci si comportasse bene in quanto ad idolatria e cosucce varie, addirittura c'erano i prostituti sacri!
Povero dio, ed adesso per chi poteva tifare?

Re 1 Cap. 15, vv. 25-30 (La Bibbia di dio che sbaglia le puntate)

²⁵Nadab, figlio di Geroboamo, divenne re su Israele nell'anno secondo di Asa, re di Giuda, e regnò su Israele due anni. ²⁶Egli fece ciò che è male agli occhi del Signore, seguendo la via di suo padre e il peccato che questi aveva fatto commettere a Israele. ²⁷Contro di lui congiurò Baasà, figlio di Achia, della casa di Ìssacar; Baasà lo colpì a Ghibbetòn, che apparteneva ai Filistei, mentre Nadab e tutto Israele assediavano Ghibbetòn. ²⁸Baasà lo fece morire nell'anno terzo di Asa, re di Giuda, e divenne re al suo posto. ²⁹Appena divenuto re, egli colpì tutta la casa di Geroboamo: non risparmiò nessuno della stirpe di Geroboamo, fino ad estinguerla, secondo la parola del Signore pronunciata per mezzo del suo servo Achia di Silo, ³⁰a causa dei peccati che Geroboamo commise e fece commettere a Israele, e a causa dello sdegno a cui aveva provocato il Signore, Dio d'Israele.

Decisamente illeggibile il Cap. 15 del libro, che vi risparmio quasi per intero, è una lunga serie di re e pretendenti che si susseguono sia nella tribù di Giuda che nel resto d'Israele e si combattono fra loro.
Logicamente quando vincono è perché hanno il favore di dio e sono stati corretti con la divinità, quando perdono è perché hanno peccato, sono diventati idolatri ed hanno favorito la prostituzione sacra.

La logica non fa una piega.

Re 1 Cap. 16, vv. 8-13 (La Bibbia delle stragi, come di consueto)

[8]Nell'anno ventiseiesimo di Asa, re di Giuda, Ela, figlio di Baasà, divenne re su Israele a Tirsa; regnò due anni. [9]Contro di lui congiurò il suo ufficiale Zimrì, comandante della metà dei carri. Mentre egli, a Tirsa, beveva e si ubriacava nella casa di Arsà, maggiordomo a Tirsa, [10]arrivò Zimrì, lo colpì e lo fece morire nell'anno ventisettesimo di Asa, re di Giuda, e divenne re al suo posto. [11]Divenuto re, appena seduto sul suo trono, colpì tutta la casa di Baasà; non gli lasciò sopravvivere alcun maschio fra i suoi parenti e amici. [12]Zimrì distrusse tutta la casa di Baasà, secondo la parola che il Signore aveva rivolto contro Baasà per mezzo del profeta Ieu,[13]a causa di tutti i peccati di Baasà e dei peccati di Ela, suo figlio, di quelli commessi da loro e di quelli fatti commettere a Israele, provocando a sdegno con le loro vanità il Signore, Dio d'Israele.

Se il capitolo 15 era illeggibile, figuratevi il sedicesimo, un lungo elenco di re ed aspiranti tali, che naturalmente quando soccombono è per punizione divina perché avevano peccato. Per tale ragione, ad esempio, è normale che un ufficiale dell'esercito congiuri contro il suo re e lo uccida insieme a tutti i suoi parenti ed amici, se tutto ciò è chiesto da dio.
Tralascio gli altri racconti, che sono di una monotonia mortale.

Re 1 Cap. 16, vv. 20- 22 (La Bibbia delle cronache fotocopiate)

[20]Le altre gesta di Zimrì e la congiura da lui organizzata non sono forse descritte nel libro delle Cronache dei re d'Israele?
[21]Allora il popolo d'Israele si divise in due parti. Una metà del popolo seguiva Tibnì, figlio di Ghinat, per farlo re, e una metà seguiva Omri. [22]Il popolo che seguiva Omri prevalse sul popolo che seguiva Tibnì, figlio di Ghinat. Tibnì morì e Omri divenne re.

In questi capitoli viene ripetuto continuamente **"... non sono forse descritte nel libro delle Cronache dei re d'Israele?"**

-si, pastore errante, presumo di si, ma allora perché ci tormenti con
queste fotocopie anche qui, nel libro dei re? A maggior ragione se
queste gesta non hanno nulla d'eroico, d'esemplare, e neanche di
dignitoso.

Re 1 Cap. 17, vv. 1- 6 (La Bibbia spiegata agli asociali)

*[1] Elia, il Tisbita, uno di quelli che si erano stabiliti in Gàlaad, disse ad Acab:
"Per la vita del Signore, Dio d'Israele, alla cui presenza io sto, in questi anni non
ci sarà né rugiada né pioggia, se non quando lo comanderò io".
[2]A lui fu rivolta questa parola del Signore: [3]"Vattene di qui, dirigiti verso oriente;
nasconditi presso il torrente Cherìt, che è a oriente del Giordano. [4]Berrai dal
torrente e i corvi per mio comando ti porteranno da mangiare". [5]Egli partì e fece
secondo la parola del Signore; andò a stabilirsi accanto al torrente Cherìt, che è a
oriente del Giordano. [6]I corvi gli portavano pane e carne al mattino, e pane e carne
alla sera; egli beveva dal torrente.*

Per me gli eremiti non hanno nulla di santo o di speciale, sono solo
asociali che non amano vivere in mezzo agli altri e preferiscono la vita
all'aria aperta. Poi la storia dei corvi la raccontassero ad un altro.

Re 1 Cap. 17, vv. 15-16 (La Bibbia delle coppie di fatto)

*[15]Quella andò e fece come aveva detto Elia; poi mangiarono lei, lui e la casa di lei
per diversi giorni. [16]La farina della giara non venne meno e l'orcio dell'olio non
diminuì, secondo la parola che il Signore aveva pronunciato per mezzo di Elia.*

Qui Elia non me la racconta giusta, che ci faceva l'eremita, ospitato per
giorni nella casa di una vedovella?
A pensar male si fa peccato ma...

Re 1 Cap. 17, vv. 19-22 (La Bibbia degli strani guaritori)

[19]Elia le disse: "Dammi tuo figlio". Glielo prese dal seno, lo portò nella stanza superiore, dove abitava, e lo stese sul letto.[20]Quindi invocò il Signore: "Signore, mio Dio, vuoi fare del male anche a questa vedova che mi ospita, tanto da farle morire il figlio?". [21]Si distese tre volte sul bambino e invocò il Signore: "Signore, mio Dio, la vita di questo bambino torni nel suo corpo". [22]Il Signore ascoltò la voce di Elia; la vita del bambino tornò nel suo corpo e quegli riprese a vivere. . [23]Elia prese il bambino, lo portò giù nella casa dalla stanza superiore e lo consegnò alla madre. Elia disse: "Guarda! Tuo figlio vive".

Davvero strano il modo di guarire il bambino adottato da Elia, sdraiandosi tre volte sopra ed a porte chiuse, lontano dagli occhi della madre.

E non dico altro.

Re 1 Cap. 18, vv. 10- 12 (La Bibbia dei troppi temuti signori)

[10]Per la vita del Signore, tuo Dio, non esiste nazione o regno in cui il mio signore non abbia mandato a cercarti. Se gli rispondevano: "Non c'è!", egli faceva giurare la nazione o il regno di non averti trovato. [11]Ora tu dici: "Va' a dire al tuo signore: C'è qui Elia!". [12]Appena sarò partito da te, lo spirito del Signore ti porterà in un luogo a me ignoto. Se io vado a riferirlo ad Acab, egli, non trovandoti, mi ucciderà; ora il tuo servo teme il Signore fin dalla sua giovinezza.

Abdia dà un chiaro spaccato di quale fosse la grama vita dei subalterni (anche se non proprio poveracci, dato che era il maggiordomo di Acab): Doveva temere il signore che di solito scrivono con l'iniziale grande, diciamo quell'invenzione nota come dio, ma doveva temere anche il signore con l'iniziale piccola, il suo padrone, minaccia ben più concreta. Ed il suo signore (piccolo) lo avrebbe ucciso, addirittura, se lui avesse detto che aveva incontrato il profeta Elia, ma poi non si fosse trovato.

E se provassimo a cancellare dalla faccia della terra tutti i signori, con l'iniziale maiuscola o minuscola non importa?

Re 1 Cap. 18, vv. 30-40 (La Bibbia spiegata ai petrolieri)

[30]*Elia disse a tutto il popolo: "Avvicinatevi a me!". Tutto il popolo si avvicinò a lui e riparò l'altare del Signore che era stato demolito.* [31]*Elia prese dodici pietre, secondo il numero delle tribù dei figli di Giacobbe, al quale era stata rivolta questa parola del Signore: "Israele sarà il tuo nome".* [32]*Con le pietre eresse un altare nel nome del Signore; scavò intorno all'altare un canaletto, della capacità di circa due sea di seme.* [33]*Dispose la legna, squartò il giovenco e lo pose sulla legna.* [34]*Quindi disse: "Riempite quattro anfore d'acqua e versatele sull'olocausto e sulla legna!". Ed essi lo fecero. Egli disse: "Fatelo di nuovo!". Ed essi ripeterono il gesto. Disse ancora: "Fatelo per la terza volta!". Lo fecero per la terza volta.* [35]*L'acqua scorreva intorno all'altare; anche il canaletto si riempì d'acqua.* [36]*Al momento dell'offerta del sacrificio si avvicinò il profeta Elia e disse: "Signore, Dio di Abramo, di Isacco e d'Israele, oggi si sappia che tu sei Dio in Israele e che io sono tuo servo e che ho fatto tutte queste cose sulla tua parola.* [37]*Rispondimi, Signore, rispondimi, e questo popolo sappia che tu, o Signore, sei Dio e che converti il loro cuore!".* [38]*Cadde il fuoco del Signore e consumò l'olocausto, la legna, le pietre e la cenere, prosciugando l'acqua del canaletto.* [39]*A tal vista, tutto il popolo cadde con la faccia a terra e disse: "Il Signore è Dio! Il Signore è Dio!".* [40]*Elia disse loro: "Afferrate i profeti di Baal; non ne scappi neppure uno!". Li afferrarono. Elia li fece scendere al torrente Kison, ove li ammazzò.*

Dato che il soprannaturale non esiste due sono le cose: od il pastore errante racconta storielle, oppure Elia era un grande prestigiatore, come Mosè. D'altra parte è noto che quel prodotto che poi fu chiamato petrolio era conosciuto fin dall'antichità, e che da quei paraggi allora ce n'era tanto e spesso affiorava spontaneamente in superficie. Con del petrolio ed una buona miccia si poteva anche far prendere fuoco ad un altare ripetutamente bagnato dall'acqua!

Comunque il brano lo riporto per l'esemplare esempio di tolleranza religiosa dato da Elia: I profeti di Baal, sprovvisti di taniche di benzina, furono uccisi tutti e quattrocentocinquanta.

E bravo Elia!

Re 1 Cap. 19, vv. 1-3 (La Bibbia della super arma alternata)

[1]Acab riferì a Gezabele tutto quello che Elia aveva fatto e che aveva ucciso di spada tutti i profeti. [2]Gezabele inviò un messaggero a Elia per dirgli: "Gli dèi mi facciano questo e anche di peggio, se domani a quest'ora non avrò reso la tua vita come la vita di uno di loro". [3]Elia, impaurito, si alzò e se ne andò per salvarsi. Giunse a Bersabea di Giuda. Lasciò là il suo servo.[4]E gli s'inoltrò nel deserto una giornata di cammino e andò a sedersi sotto una ginestra. Desideroso di morire, disse: "Ora basta, Signore! Prendi la mia vita, perché io non sono migliore dei miei padri".

Elia che fa miracoli in continuazione, Elia che fa moltiplicare il cibo dentro un orcio, Elia che accende gli altari senza fiammiferi, proprio lui, ha paura della vendetta di Gezabele, l'ammazza-profeti? Ma se sapeva che dio era con lui di cosa aveva paura?

Re 1 Cap. 19, vv. 6- 8 (La Bibbia delle focacce mac)

[6]Egli guardò e vide vicino alla sua testa una focaccia, cotta su pietre roventi, e un orcio d'acqua. Mangiò e bevve, quindi di nuovo si coricò. [7]Tornò per la seconda volta l'angelo del Signore, lo toccò e gli disse: "Àlzati, mangia, perché è troppo lungo per te il cammino". [8]Si alzò, mangiò e bevve. Con la forza di quel cibo camminò per quaranta giorni e quaranta notti fino al monte di Dio, l'Oreb.

Fantastiche quelle focacce che l'angelo del signore fece trovare ad Elia, Non solo avevano un sapore "divino", ma erano anche così ipercaloriche che un paio bastarono per una marcia di quaranta giorni e quaranta notti. Non so cosa contenessero, ma sono certo che cibo così ipercalorico solo alla Mac-Donald riescono a farlo.

Re 1 Cap. 19, vv. 11-13 (La Bibbia del dio-natura)

[11]Gli disse: "Esci e fèrmati sul monte alla presenza del Signore". Ed ecco che il Signore passò. Ci fu un vento impetuoso e gagliardo da spaccare i monti e spezzare le rocce davanti al Signore, ma il Signore non era nel vento. Dopo il vento, un terremoto, ma il Signore non era nel terremoto.[12]Dopo il terremoto, un fuoco, ma il

Signore non era nel fuoco. Dopo il fuoco, il sussurro di una brezza leggera. [13]Come l'udì, Elia si coprì il volto con il mantello, uscì e si fermò all'ingresso della caverna.

Siamo contenti di scoprire che dio non è il vento, né il terremoto, né il fuoco, quelle erano concezioni primitive sulle divinità, roba da trogloditi, in realtà dio è... la brezza, quel venticello piacevole che ti accarezza il viso a primavera.
Quando si dice progresso in teologia!

Re 1 Cap. 19, vv. 15- 18 (La Bibbia dei troppi unti)

[15]Il Signore gli disse: "Su, ritorna sui tuoi passi verso il deserto di Damasco; giunto là, ungerai Cazaèl come re su Aram.[16]Poi ungerai Ieu, figlio di Nimsì, come re su Israele e ungerai Eliseo, figlio di Safat, di Abel-Mecolà, come profeta al tuo posto, [17]Se uno scamperà alla spada di Cazaèl, lo farà morire Ieu; se uno scamperà alla spada di Ieu, lo farà morire Eliseo.[18]Io, poi, riserverò per me in Israele settemila persone, tutti i ginocchi che non si sono piegati a Baal e tutte le bocche che non l'hanno baciato".

Elia dovrà "ungere" tre persone, fra cui Eliseo, il suo successore, che avranno il solito monotono compito: sterminare chiunque abbia deciso di seguire un'altra religione e di lasciare in vita (per ordine di dio) solo 7.000 Israeliti.
Solo i veri credenti possono concepire simili aberrazioni.

Re 1 Cap. 20, vv. 2- 8 (La Bibbia delle trattative demenziali)

[2]Inviò messaggeri in città ad Acab, re d'Israele, [3]per dirgli: "Così dice Ben-Adàd: Il tuo argento e il tuo oro appartengono a me e le tue donne e i tuoi figli migliori sono per me". [4]Il re d'Israele rispose: "Avvenga secondo la tua parola, o re, mio signore; io e quanto possiedo siamo tuoi".[5]Ma i messaggeri tornarono di nuovo e dissero: "Così dice Ben-Adàd, che ci manda a te: "Mi consegnerai il tuo argento, il tuo oro, le tue donne e i tuoi figli.[6]Domani, a quest'ora, manderò da te i miei servi che perquisiranno la tua casa e le case dei tuoi servi; essi prenderanno tutto ciò che è prezioso agli occhi tuoi e lo porteranno via"".[7]Il re d'Israele convocò tutti gli anziani

191

del paese, ai quali disse: "Sappiate e vedete come costui ci voglia fare del male.
Difatti mi ha mandato a chiedere le mie donne e i miei figli, il mio argento e il mio
oro e io non gli ho opposto rifiuto".⁸Tutti gli anziani e tutto il popolo gli dissero:
"Non ascoltarlo e non consentire!".

Di solito se qualcuno acconsente ad una richiesta, ci si accorda e tutto
finisce così. Ben-Adàd aveva chiesto argento, oro, le donne ed i figli
migliori e Acab, re di Israele aveva acconsentito. A questo punto Ben-
Adad gli rifà la stessa richiesta ed Adad rifiuta. Sono pazzi questi
personaggi biblici.

Re 1 Cap. 20, vv. 32-34
(La Bibbia dei potenti che si accordano alla faccia dei morti)

³²Si legarono sacchi ai fianchi e corde sulla testa, quindi si presentarono al re
d'Israele e dissero: "Il tuo servo Ben-Adàd dice: "Possa io vivere!"". Quello
domandò: "È ancora vivo? Egli è mio fratello!".³³Gli uomini vi scorsero un buon
auspicio, si affrettarono a strappargli una decisione. Dissero: "Ben-Adàd è tuo
fratello!". Quello soggiunse: "Andate a prenderlo". Ben-Adàd si recò da lui, che lo
fece salire sul carro.³⁴Ben-Adàd gli disse: "Restituirò le città che mio padre ha preso
a tuo padre; tu potrai disporre di mercati in Damasco come mio padre ne aveva in
Samaria". Ed egli: "Io ti lascerò andare con questo patto". E concluse con lui il
patto e lo lasciò andare.

I potenti a volte riescono a ragionare, il re vincitore e lo sconfitto
fecero un brillante accordo commerciale, vantaggioso per entrambi e
Acab arrivò a dire che il re sconfitto "era suo fratello", bellissime
parole, ma perché non si accordarono prima di quell'orrenda strage?
Certo il pastore errante spesso esagera, ma a sua detta perirono circa
127.000 persone!

Re 1 Cap. 20, vv. 35-42
(La Bibbia spiegata agli uccelli del malaugurio)

[35]Allora uno dei figli dei profeti disse al compagno per ordine del Signore: "Colpiscimi!". L'uomo si rifiutò di colpirlo. [36]Quello disse: "Poiché non hai obbedito alla voce del Signore, appena sarai andato via da me, ti colpirà il leone". Se ne andò via da lui, il leone lo trovò e lo colpì. [37]Quello, trovato un altro uomo, gli disse: "Colpiscimi!". E quello lo colpì e lo ferì. [38]Il profeta andò ad attendere il re sulla strada, dopo essersi reso irriconoscibile con una benda agli occhi. [39]Quando passò il re, gli gridò: "Il tuo servo era nel cuore della battaglia, ed ecco un uomo fuggì; qualcuno lo condusse da me, dicendomi: "Fa' la guardia a quest'uomo: se per disgrazia verrà a mancare, la tua vita sostituirà la sua oppure dovrai pagare un talento d'argento". [40]Mentre il tuo servo era occupato qua e là, quello scomparve". Il re d'Israele disse a lui: "La tua condanna è giusta; hai deciso tu stesso!". [41]Ma egli immediatamente si tolse la benda dagli occhi e il re d'Israele riconobbe che era uno dei profeti. [42]Costui gli disse: "Così dice il Signore: "Poiché hai lasciato andare libero quell'uomo da me votato allo sterminio, la tua vita sostituirà la sua, il tuo popolo sostituirà il suo popolo"".

A volte i governati fanno la cosa giusta e riescono ad accordarsi evitando ulteriori bagni di sangue. Di solito la cosa funziona e la guerra sfocia nella pace e nella cooperazione, di solito... se qualche pazzo visionario pezzente sedicente profeta non ci si mette di mezzo. Questo sconosciuto allucinato prima cerca di farsi ferire da un passante, questi rifiuta di farlo, ed allora il profeta gli predice che il pacifista sarebbe strato ucciso da un leone, cosa che regolarmente avviene, (quando un profeta ti chiede di massacrarlo di botte fallo, non perdere l'occasione). Il secondo passante non ci pensa due volte e lo pesta per bene, (la cosa servirà al sedicente profeta per fare la recita al re).

In sostanza la finzione del fanatico è:

Mi è stato dato in custodia un prigioniero e l'ho lasciato fuggire, mi avevano detto che avrei dovuto pagare con la morte se fosse fuggito, quindi è gusto che io muoia?

Il re naturalmente conferma, deve morire, ma, una volta toltasi la maschera, il profeta dice al re che **il re** deve morire perché ha salvato Ben-Adàd dallo sterminio. Per tale ragione adesso dio condanna il re israelita e tutto il suo popolo allo sterminio.

Che meraviglia questo dio e quanto sono simpatici i suoi profeti.

Re 1 Cap. 21, vv. 8-16 (La Bibbia del re vignaiolo)

[8]Ella scrisse lettere con il nome di Acab, le sigillò con il suo sigillo, quindi le spedì agli anziani e ai notabili della città, che abitavano vicino a Nabot. [9]Nelle lettere scrisse: "Bandite un digiuno e fate sedere Nabot alla testa del popolo. [10]Di fronte a lui fate sedere due uomini perversi, i quali l'accusino: "Hai maledetto Dio e il re!". Quindi conducetelo fuori e lapidatelo ed egli muoia". [11]Gli uomini della città di Nabot, gli anziani e i notabili che abitavano nella sua città, fecero come aveva ordinato loro Gezabele, ossia come era scritto nelle lettere che aveva loro spedito. [12]Bandirono un digiuno e fecero sedere Nabot alla testa del popolo. [13]Giunsero i due uomini perversi, che si sedettero di fronte a lui. Costoro accusarono Nabot davanti al popolo affermando: "Nabot ha maledetto Dio e il re". Lo condussero fuori della città e lo lapidarono ed egli morì. [14]Quindi mandarono a dire a Gezabele: "Nabot è stato lapidato ed è morto". [15]Appena Gezabele sentì che Nabot era stato lapidato ed era morto, disse ad Acab: "Su, prendi possesso della vigna di Nabot di Izreèl, il quale ha rifiutato di dartela in cambio di denaro, perché Nabot non vive più, è morto". [16]Quando sentì che Nabot era morto, Acab si alzò per scendere nella vigna di Nabot di Izreèl a prenderne possesso.

La storia della vigna fa acqua da tutte le parti: Acab era re d'Israele, e quindi poteva prendersi tutte le vigne che voleva da chiunque, senza che nessuno potesse avere da ridire, e poi è ridicolo questo re che si deprime per una misera faccenda di confini. Ma la storia serve sempre a ribadire la perfidia delle donne ed a metterci in guardia da loro.
Gezabele fa addirittura lapidare il legittimo proprietario del terreno con la scusa che rifiutare qualcosa al re equivale a maledirlo e maledire il re equivale a bestemmiare dio!

Re 1 Cap. 21, vv. 21-24 (La Bibbia dei cani ipernutriti)

[21]Ecco, io farò venire su di te una sciagura e ti spazzerò via. Sterminerò ad Acab ogni maschio, schiavo o libero in Israele. [22]Renderò la tua casa come la casa di Geroboamo, figlio di Nebat, e come la casa di Baasà, figlio di Achia, perché tu mi hai irritato e hai fatto peccare Israele. [23]Anche riguardo a Gezabele parla il Signore, dicendo: "I cani divoreranno Gezabele nel campo di Izreèl". [24]Quanti della famiglia di Acab moriranno in città, li divoreranno i cani; quanti moriranno in campagna, li divoreranno gli uccelli del cielo".

Questi cani ai tempi del pastore errante avevano molto cibo per nutrirsi, sopratutto carne umana in abbondanza.

sempre...

Le solite orrende profezie, le solite minacce di vendette da parte di dio, che poi vedremo condonate, o meglio differite.

Re 1 Cap. 21, vv. 27-29 (La Bibbia dei condoni)

27Quando sentì tali parole, Acab si stracciò le vesti, indossò un sacco sul suo corpo e digiunò; si coricava con il sacco e camminava a testa bassa. 28La parola del Signore fu rivolta a Elia, il Tisbita: 29"Hai visto come Acab si è umiliato davanti a me? Poiché si è umiliato davanti a me, non farò venire la sciagura durante la sua vita; farò venire la sciagura sulla sua casa durante la vita di suo figlio".

Alla fine dopo qualche folcloristica umiliazione e qualche strepito il condono arriva, o meglio il differimento della pena... alle generazioni future, un poco come i condoni degli attuali governi, che scaricano lo sfascio delle finanze e dell'ambiente a chi verrà dopo di noi, ai nostri figli.

Re 1 Cap. 22, vv. 5-9 (La Bibbia degli indovini inflazionati)

5Giòsafat disse al re d'Israele: "Consulta, per favore, oggi stesso la parola del Signore". 6Il re d'Israele radunò i profeti, quattrocento persone, e domandò loro: "Devo andare in guerra contro Ramot di Gàlaad o devo rinunciare?". Risposero: "Attacca; il Signore la metterà in mano al re". 7Giòsafat disse: "Non c'è qui ancora un profeta del Signore da consultare?".8Il re d'Israele rispose a Giòsafat: "C'è ancora un uomo, per consultare tramite lui il Signore, ma io lo detesto perché non mi profetizza il bene, ma il male: è Michea, figlio di Imla". Giòsafat disse: "Il re non parli così!". 9Il re d'Israele, chiamato un cortigiano, gli ordinò: "Convoca subito Michea, figlio di Imla".

Decisamente inflazionata la casta degli indovini, addirittura 400 + il jolly Michea per un solo vaticinio paiono davvero troppi.

Evidentemente l'esclusiva non è più della casta di Levi e gli indovini non si appellano più al solo dio biblico, ma ognuno interroga ciò è chi gli pare per profetizzare, in un'epidemia di magia per niente ortodossa. Fra questi il menagramo Michea che non aveva capito una semplice cosa: gli oroscopi devono essere sempre benevoli per ottenere il consenso dei consumatori.

Ah naturalmente i 400 profeti consigliavano tutti di attaccare, quando si tratta di andare in guerra i profeti stanno in prima linea... ad incitare a combattere, per poi scappare ben lontani dalla battaglia.

Re 1 Cap. 22, vv. 11-12 (La Bibbia del profeta cornuto)

[11]Sedecìa, figlio di Chenaanà, che si era fatto corna di ferro, affermava: "Così dice il Signore: "Con queste cozzerai contro gli Aramei sino a finirli"".[12]Tutti i profeti profetizzavano allo stesso modo: "Assali Ramot di Gàlaad, avrai successo. Il Signore la metterà in mano al re".

Fra i 400 profeti guerrafondai si distingue questo folkloristico personaggio, stregone primitivo, che indossava corna sulla testa per fare una similitudine scontata: con queste corna cozzerai contro i nemici. Che gran profeta!

Re 1 Cap. 22, vv. 18-23
(La Bibbia del regno celeste specchio di quello terrestre)

[18]Il re d'Israele disse a Giòsafat: "Non te l'avevo detto che costui non mi profetizza il bene, ma solo il male?". [19]Michea disse: "Perciò, ascolta la parola del Signore. Io ho visto il Signore seduto sul trono; tutto l'esercito del cielo gli stava intorno, a destra e a sinistra. [20]Il Signore domandò: "Chi ingannerà Acab perché salga contro Ramot di Gàlaad e vi perisca?". Chi rispose in un modo e chi in un altro. [21]Si fece avanti uno spirito che, presentatosi al Signore, disse: "Lo ingannerò io". "Come?", gli domandò il Signore. [22]Rispose: "Andrò e diventerò spirito di menzogna sulla bocca di tutti i suoi profeti". Gli disse: "Lo ingannerai; certo riuscirai: va' e fa' così". [23]Ecco, dunque, il Signore ha messo uno spirito di menzogna sulla bocca di tutti questi tuoi profeti, ma il Signore a tuo riguardo parla di sciagura".

Michea le spara grosse, ma non per questo usa molta fantasia: Immagina un dio-fotocopia dei re terrestri, diciamo un Salomone, con intorno un esercito, come quello terrestre, ma fatto naturalmente di spiriti e questi spiriti sono più o meno coraggiosi e dialogano con dio come capitani che dialogano con il re-comandante in campo. E cosa si inventa il millantatore Michea? Che uno di questi spiriti è planato dal cielo sulla terra per entrare nel corpo di tutti e quattrocento i profeti per far loro dire il falso sulla guerra che dovevano fare, insomma dio voleva portare il suo popolo eletto al disastro. Ma se questo era il volere di dio, perché permetteva al suo vero profeta Michea di svelare l'arcano e quindi far fallire i piani di dio?

Chiedetelo al vostro parroco.

Re 1 Cap. 22, vv. 36- (La Bibbia delle profezie di massima)

[36]Al tramonto questo grido si diffuse per l'accampamento: "Ognuno alla sua città e ognuno alla sua terra!". [37]Il re dunque morì. Giunsero a Samaria e seppellirono il re a Samaria. [38]Il carro fu lavato nella piscina di Samaria; i cani leccarono il suo sangue e le prostitute vi si bagnarono, secondo la parola pronunciata dal Signore.

Profezia totalmente inventata, in realtà fu profetizzato contro Acab e sua moglie che entrambi sarebbero stati fatti a pezzi e **mangiati** dai cani, se morti in città e dagli uccelli se morti in campagna. Precisamente:

Quanti della famiglia di Acab moriranno in città, li divoreranno i cani; quanti moriranno in campagna, li divoreranno gli uccelli del cielo".

Profezia **non** avveratasi affatto.

Re 1 Cap. 22, vv. 46-50 (La Bibbia spiegata agli spazzini)

[46]Le altre gesta di Giòsafat e la potenza con cui agì e combatté, non sono forse descritte nel libro delle Cronache dei re di Giuda? [47]Egli spazzò via dalla terra il resto dei prostituti sacri, che era rimasto al tempo di suo padre Asa.

[48]Allora non c'era re in Edom; lo sostituiva un governatore. [49]Giòsafat costruì navi di Tarsis per andare a cercare l'oro in Ofir; ma non ci andò, perché le navi si sfasciarono a Esion-Ghèber. [50]Allora Acazia, figlio di Acab, disse a Giòsafat: "I miei servi vadano con i tuoi servi sulle navi". Ma Giòsafat non volle.

Tremiamo nel pensare ai metodi usati da Giosafat per spazzare via i prostituti sacri. Ma questo "grande" re che fece guerra ai poveri prostituti sacri e le cui gesta furono narrate nelle cronache, non riuscì nemmeno a trovare dei validi nostromi per le sue navi fra questo popolo di pastori e non volle l'aiuto di Acàzia, nel cui popolo c'era gente capace di navigare.

COMMENTO FINALE AL LIBRO DEI RE 1

Questo libro, davvero noiosissimo, comincia dal regno del morente Davide, per passare all'usurpatore assassino e sedicente "saggio" Salomone, interessato solo ad accrescere la ricchezza della reggia. La storia continua con la disgregazione dell'impero e la nascita di due regni con due re diversi e con una lunga e monotona lotta per il potere sia fra i due regni di Giuda e d'Israele, sia al loro interno, una guerra per bande che si ripercuote anche sulla fede: una guerra fra dei ed una guerra di profeti in gran parte interessati ad aizzare i re-predoni gli uni contro gli altri.

RE 2

Re 2 Cap. 1, vv. 9-15
(La Bibbia dei soldati inutilmente arrostiti)

⁹Allora gli mandò un comandante di cinquanta con i suoi cinquanta uomini. Questi salì da lui, che era seduto sulla cima del monte, e gli disse: "Uomo di Dio, il re ha detto: "Scendi!"". ¹⁰Elia rispose al comandante dei cinquanta uomini: "Se sono uomo di Dio, scenda un fuoco dal cielo e divori te e i tuoi cinquanta". Scese un fuoco dal cielo e divorò quello con i suoi cinquanta.¹¹Il re mandò da lui ancora un altro comandante di cinquanta con i suoi cinquanta uomini. Questi gli disse: "Uomo di Dio, ha detto il re: "Scendi subito"". ¹²Elia rispose loro: "Se sono uomo di Dio, scenda un fuoco dal cielo e divori te e i tuoi cinquanta". Scese il fuoco di Dio dal cielo e divorò lui e i suoi cinquanta. ¹³Il re mandò ancora un terzo comandante di cinquanta con i suoi cinquanta uomini. Questo terzo comandante di cinquanta salì e, giunto, cadde in ginocchio davanti a Elia e lo supplicò: "Uomo di Dio, sia preziosa ai tuoi occhi la mia vita e la vita di questi tuoi cinquanta servi. ¹⁴Ecco, è sceso un fuoco dal cielo e ha divorato i due primi comandanti di cinquanta con i loro uomini. Ora la mia vita sia preziosa ai tuoi occhi". ¹⁵L'angelo del Signore disse a Elia: "Scendi con lui e non aver paura di lui". Si alzò e scese con lui dal re

Elia brucia col suo lanciafiamme (di cui era evidentemente dotato) ben 102 soldati che erano andati a chiamarlo, ma, come specifica l'angelo del signore, i soldati non avevano intenzioni cattive, ma solo portarlo dal re per parlare della profezia.

Ma l'angelo del signore non poteva parlare prima, risparmiando 102 poveracci?

Re 2 Cap. 1, vv. 16-17
(La Bibbia, spiegata a chi sbaglia medico)

¹⁶e gli disse: "Così dice il Signore: "Poiché hai mandato messaggeri a consultare Baal-Zebùb, dio di Ekron - non c'è forse un Dio in Israele per consultare la sua parola? -, per questo, dal letto, su cui sei salito, non scenderai, ma certamente morirai"". ¹⁷Difatti morì, secondo la parola del Signore pronunciata da Elia. Al suo posto divenne re suo fratello Ioram, nell'anno secondo di Ioram figlio di Giòsafat, re di Giuda, perché egli non aveva un figlio.

Consultare l'indovino sbagliato, del dio sbagliato comporta la morte, i profeti ed il dio biblico non perdonano dubbi e tentennamenti (o forse più semplicemente Acazia era troppo malato per le capacità taumaturgiche di Elia?

Re 2 Cap. 2, vv. 7-8 (La Bibbia del mantello fatato)

⁷Cinquanta uomini, tra i figli dei profeti, li seguirono e si fermarono di fronte, a distanza; loro due si fermarono al Giordano. ⁸Elia prese il suo mantello, l'arrotolò e percosse le acque, che si divisero di qua e di là; loro due passarono sull'asciutto.

Il solito trucco che abbiamo visto più volte, si toccano le acque ed esse si aprono, e che ci vuole, diamine! Tanti profeti e maghetti d'ogni sorta anche il giorno d'oggi fanno queste cose.
-Dove?
-Al cinema, naturalmente.

Re 2 Cap. 2, vv. 11-12 (La Bibbia del carro di fuoco, cioè del turbine)

¹¹Mentre continuavano a camminare conversando, ecco un carro di fuoco e cavalli di fuoco si interposero fra loro due. Elia salì nel turbine verso il cielo. ¹²Eliseo guardava e gridava: "Padre mio, padre mio, carro d'Israele e suoi destrieri!". E non lo vide più. Allora afferrò le proprie vesti e le lacerò in due pezzi.

Come sparì Elia?
Salì su un carro di fuoco trainato da cavalli di fuoco o sparì in un turbine?
Perché a me pare ci sia una bella differenza fra il carro di fuoco ed il turbine non meglio precisato. Quando si hanno delle allucinazioni sarebbe bene annotarle subito su qualche foglio, perché altrimenti non sono ricordate bene.

Re 2 Cap. 2, v. 14 (La Bibbia dei ponti inutili)

[14]Prese il mantello, che era caduto a Elia, e percosse le acque, dicendo: "Dov'è il Signore, Dio di Elia?". Quando anch'egli ebbe percosso le acque, queste si divisero di qua e di là, ed Eliseo le attraversò.

In quei tempi, a quanto pare tutti potevano fare il giochino: tocchi le acque con un mantello e le acque ti fanno passare all'asciutto. Che grande risparmio evitare di costruire costosi ponti sui fiumi!

**Re 2 Cap. 2, vv. 19–22
(La Bibbia spiegata agli addetti alla clorazione)**

[19]Gli uomini della città dissero a Eliseo: "Ecco, è bello soggiornare in questa città, come il mio signore può constatare, ma le acque sono cattive e la terra provoca aborti". [20]Ed egli disse: "Prendetemi una scodella nuova e mettetevi del sale". Gliela portarono. [21]Eliseo si recò alla sorgente delle acque e vi versò il sale, dicendo: "Così dice il Signore: "Rendo sane queste acque; da esse non verranno più né morte né aborti"". [22]Le acque rimasero sane fino ad oggi, secondo la parola pronunciata da Eliseo.

Eliseo forse aveva scoperto la clorazione delle acque...

Re 2 Cap. 2, vv. 23–2418 (La Bibbia che ama i bambini)

[23]Di lì Eliseo salì a Betel. Mentre egli andava per strada, uscirono dalla città alcuni ragazzetti che si burlarono di lui dicendo: "Sali, calvo! Sali, calvo!". [24]Egli si voltò, li guardò e li maledisse nel nome del Signore. Allora uscirono dalla foresta due orse, che sbranarono quarantadue di quei bambini.

Un altro bellissimo passo del libro sacro:
E' giusto che Eliseo maledica dei bambini e ne faccia divorare quarantadue, solo per aver scherzato sull'aspetto di quell'uomo odioso e pelato?

Re 2 Cap. 3, vv. 13–17 (La Bibbia della musica new-age)

[13]Eliseo disse al re d'Israele: "Che cosa c'è tra me e te? Va' dai profeti di tuo padre e dai profeti di tua madre!". Il re d'Israele gli disse: "No, perché il Signore ha chiamato questi tre re per consegnarli nelle mani di Moab". [14]Eliseo disse: "Per la vita del Signore degli eserciti, alla cui presenza io sto, se non fosse per il rispetto che provo verso Giòsafat, re di Giuda, a te non avrei neppure badato, né ti avrei guardato. [15]Ora andate a prendermi un suonatore di cetra". Mentre il suonatore suonava il suo strumento, la mano del Signore fu sopra Eliseo. [16]Egli annunciò: "Così dice il Signore: "Scavate molte fosse in questo alveo". [17]Infatti così dice il Signore: "Voi non vedrete vento, non vedrete pioggia, eppure quest'alveo si riempirà d'acqua; berrete voi, il vostro bestiame minuto e i vostri giumenti".

Eliseo per concentrarsi aveva bisogno di ascoltare un poco di musica new-age da una cetra, come non dargli ragione, anche io ho questi gusti musicali.

Eliseo però dimostra di avere ereditato davvero qualcosa dal suo maestro Elia: l'antipatia e la capacità di odiare il prossimo. Ma il rancore e l'odio sono sentimenti da uomo di dio?

Re 2 Cap. 3, vv. 24-25 (La Bibbia che odia gli alberi buoni)

[24]Andarono dunque nell'accampamento d'Israele. Ma gli Israeliti insorsero e sconfissero i Moabiti, che fuggirono davanti a loro. Li inseguirono e sconfissero i Moabiti. [25]Demolirono le città, in ogni campo buono ognuno gettò la sua pietra fino a riempirlo, ostruirono tutte le sorgenti d'acqua e abbatterono ogni albero buono, fino a lasciare a Kir-Carèset solo le sue pietre: i frombolieri l'aggirarono e l'assalirono.

La guerra è guerra, si sa e spesso si infierisce contro i nemici perdenti e si razziano anche i loro beni, ormai siamo abituati, Ma perché commettere anche un ecocidio, ostruire le sorgenti, rendere non coltivabili i campi, abbattere gli alberi utili? In fondo quella terra poteva essere utilizzata anche dai conquistatori, in questo modo invece diventava deserto per tutti, specie in aree semi-desertiche abbattere gli alberi ha conseguenze disastrose sull'ambiente e sulle possibilità di sopravvivenza dei popoli.

Solo persone accecate da dio possono fare questo.

Re 2 Cap. 4, vv. 1–6 (La Bibbia spiegata ai frantoiani)

¹Una donna, una delle mogli dei figli dei profeti, gridò a Eliseo: "Mio marito, tuo servo, è morto; tu sai che il tuo servo temeva il Signore. Ora è venuto il creditore per prendersi come schiavi i miei due bambini". ²Eliseo le disse: "Che cosa posso fare io per te? Dimmi che cosa hai in casa". Quella rispose: "In casa la tua serva non ha altro che un orcio d'olio". ³Le disse: "Va' fuori a chiedere vasi da tutti i tuoi vicini: vasi vuoti, e non pochi! ⁴Poi entra in casa e chiudi la porta dietro a te e ai tuoi figli. Versa olio in tutti quei vasi e i pieni mettili da parte". ⁵Si allontanò da lui e chiuse la porta dietro a sé e ai suoi figli; questi le porgevano e lei versava. ⁶Quando i vasi furono pieni, disse a suo figlio: "Porgimi ancora un vaso". Le rispose: "Non ce ne sono più". L'olio cessò.

Che bel sogno, l'olio infinito, i contadini ci devono lavorare tanto per raccogliere le olive, molirle etc... Il "miracolo" di Eliseo somiglia molto a tanti altri, alla moltiplicazione dei pani e dei pesci, alle nozze di Cana, ma il giorno d'oggi non si è ma visto l'olio centuplicare il suo volume. Chissà perché "miracoli" così eclatanti avvenivano solo ai tempi del pastore errante.

Re 2 Cap. 4, vv. 31-36 (La Bibbia degli strani guaritori)

³¹Giezi li aveva preceduti; aveva posto il bastone sulla faccia del ragazzo, ma non c'era stata voce né reazione. Egli tornò incontro a Eliseo e gli riferì: "Il ragazzo non si è svegliato". ³²Eliseo entrò in casa. Il ragazzo era morto, coricato sul letto. ³³Egli entrò, chiuse la porta dietro a loro due e pregò il Signore. ³⁴Quindi salì e si coricò sul bambino; pose la bocca sulla bocca di lui, gli occhi sugli occhi di lui, le mani sulle mani di lui, si curvò su di lui e il corpo del bambino riprese calore. ³⁵Quindi desistette e si mise a camminare qua e là per la casa; poi salì e si curvò su di lui. Il ragazzo starnutì sette volte, poi aprì gli occhi. ³⁶Eliseo chiamò Giezi e gli disse: "Chiama questa Sunammita!". La chiamò e, quando lei gli giunse vicino, le disse: "Prendi tuo figlio!".

Ditemi quello che vi pare, ma a me questo metodo di guarire i bambini (imparato dal suo maestro Elia) non mi pare molto ortodosso. Certo, direte voi, quello che conta è il risultato, ma resto perplesso.

Re 2 Cap. 4, vv. 39–41 (La Bibbia dei pessimi cuochi)

39Uno di essi andò in campagna per cogliere erbe selvatiche e trovò una specie di vite selvatica: da essa colse zucche agresti e se ne riempì il mantello. Ritornò e gettò i frutti a pezzi nella pentola della minestra, non sapendo che cosa fossero. 40Si versò da mangiare agli uomini, che appena assaggiata la minestra gridarono: "Nella pentola c'è la morte, uomo di Dio!". Non ne potevano mangiare. 41Allora Eliseo ordinò: "Andate a prendere della farina". Versatala nella pentola, disse: "Danne da mangiare a questa gente". Non c'era più nulla di cattivo nella pentola.

Un buon profeta deve saper cucinare e sapere che insieme alle zucchine selvatiche ci va la farina, **sempre**. Ma l'Artusi questi giovani profeti non l'avevano studiato?

Re 2 Cap. 4, vv. 42–44 (La Bibbia dei miracoli di ~~Gesù~~ Eliseo)

42Da Baal-Salisà venne un uomo, che portò pane di primizie all'uomo di Dio: venti pani d'orzo e grano novello che aveva nella bisaccia. Eliseo disse: "Dallo da mangiare alla gente". 43Ma il suo servitore disse: "Come posso mettere questo davanti a cento persone?". Egli replicò: "Dallo da mangiare alla gente. Poiché così dice il Signore: "Ne mangeranno e ne faranno avanzare"". 44Lo pose davanti a quelli, che mangiarono e ne fecero avanzare, secondo la parola del Signore.

Questo miracolo me ne ricorda un altro molto più recente, diciamo risalente a 2000 anni fa circa, che ne pensate?

Re 2 Cap. 5, vv. 13-14 (La Bibbia dei bagni termali)

¹³Gli si avvicinarono i suoi servi e gli dissero: "Padre mio, se il profeta ti avesse ordinato una gran cosa, non l'avresti forse eseguita? Tanto più ora che ti ha detto: "Bàgnati e sarai purificato"". ¹⁴Egli allora scese e si immerse nel Giordano sette volte, secondo la parola dell'uomo di Dio, e il suo corpo ridivenne come il corpo di un ragazzo; egli era purificato.

Continua la lunga serie di miracoli impossibili di Eliseo, addirittura meglio di Gesù, ma allora perché questa religione non è eliseiana invece che cristiana?

Re 2 Cap. 5, vv. 25-27 (La Bibbia delle prestazioni gratuite)

²⁵Poi egli andò a presentarsi al suo signore. Eliseo gli domandò: "Giezi, da dove vieni?". Rispose: "Il tuo servo non è andato da nessuna parte". ²⁶Egli disse: "Non ero forse presente in spirito quando quell'uomo si voltò dal suo carro per venirti incontro? Era forse il tempo di accettare denaro e di accettare abiti, oliveti, vigne, bestiame minuto e grosso, schiavi e schiave? ²⁷Ma la lebbra di Naamàn si attaccherà a te e alla tua discendenza per sempre". Uscì da lui lebbroso, bianco come la neve.

Continuo a pensare che Eliseo, come Elia, fosse un pazzo fanatico. Certo in linea di principio aveva ragione, il servo aveva approfittato del miracolato, prendendo da lui un'offerta che Eliseo non aveva voluto, ma mandargli per punizione addirittura la lebbra mi pare troppo. Inoltre si esagera, il servo aveva ottenuto due talenti e qualche vestito, mentre Eliseo parla di denaro, abiti, oliveti, vigne, bestiame, schiavi e schiave, cose che Giezi non aveva né chiesto né ottenuto.

Re 2 Cap. 6, vv. 4-7 (La Bibbia della scure di gomma)

⁴E andò con loro. Giunti al Giordano, cominciarono a tagliare gli alberi. ⁵Ora, mentre uno abbatteva un tronco, il ferro della scure gli cadde nell'acqua. Egli gridò: "Oh, mio signore! Era stato preso in prestito!".⁶L'uomo di Dio domandò: "Dov'è caduto?". *Gli mostrò il posto. Eliseo allora tagliò un legno e lo gettò in quel punto e il ferro venne a galla. ⁷Disse: "Tiratelo su!". Quello stese la mano e lo prese.*

Chi ha poteri straordinari potrebbe impegnarsi ad eliminare la fame dal mondo, a fermare la mano degli assassini, a far andare in galera Berlusconi, invece si mette a fare inutili miracoli come ad esempio far galleggiare una scure caduta nell'acqua.

Re 2 Cap. 6, vv. 11–12 (La Bibbia dell'invenzione di Echelon)

¹¹Molto turbato in cuor suo per questo fatto, il re di Aram convocò i suoi ufficiali e disse loro: "Non mi potete indicare chi dei nostri è a favore del re d'Israele?". ¹²Uno degli ufficiali rispose: "No, o re, mio signore, ma Eliseo, profeta d'Israele, riferisce al re d'Israele le parole che tu dici nella tua camera da letto".

Eliseo riusciva a sapere cosa diceva il re di Aram, anche nella sua camera da letto. Anche i preti ci riescono, con la più grande rete globale di spionaggio mai inventata, al cui confronto Echelon è roba da dilettanti: la **confessione.**

Re 2 Cap. 6, vv. 18-20 (La Bibbia dei ciechi poco intelligenti)

¹⁸Poi scesero verso di lui, ed Eliseo pregò il Signore dicendo: "Colpisci questa gente di cecità!". E il Signore li colpì di cecità secondo la parola di Eliseo. ¹⁹Disse loro Eliseo: "Non è questa la strada e non è questa la città. Seguitemi e io vi condurrò dall'uomo che cercate". Egli li condusse a Samaria. ²⁰Quando entrarono in Samaria, Eliseo disse: "Signore, apri gli occhi di costoro perché vedano!". Il Signore aprì i loro occhi ed essi videro. Erano in mezzo a Samaria!

Un intero esercito è accecato ed a nessuno dei soldati o dei comandanti viene il sospetto che ci sia qualcosa di strano sotto, ma nonostante la cecità si lasciano condurre per chilometri da uno sconosciuto, in bocca al nemico.
-Roba da bibbia!
-Ma era un'allegoria!

- E di cosa, di grazia?

Re 2 Cap. 6, vv. 23 – 24
(La Bibbia del "mai più" che diventa "quasi subito")

²³Si preparò per loro un grande pranzo. Dopo che ebbero mangiato e bevuto, li congedò ed essi se ne andarono dal loro signore. Le bande aramee non penetrarono più nella terra d'Israele.
²⁴Dopo tali cose Ben-Adàd, re di Aram, radunò tutto il suo esercito e venne ad assediare Samaria.

Il pastore errante aveva appena finito di scrivere che gli aramei non penetrarono più nelle terre di Israele e proprio nei versetti successivi descrive uno spaventoso assedio di Samaria da parte proprio degli Aramei, come dire che nella Bibbia il "mai più" significa "quasi subito"

Re 2 Cap. 6, v. 25 (La Bibbia dei mangiatori di guano)

²⁵Ci fu una grande carestia a Samaria; la strinsero d'assedio fino al punto che una testa d'asino si vendeva a ottanta sicli d'argento e un quarto di qab di guano di colomba a cinque sicli.

Il passo è abbastanza oscuro, ma sembrerebbe che gli abitanti di Samaria, assediati dal nemico, fossero ridotti allo stremo e quindi mangiassero qualsiasi cosa, comprandola ad un prezzo esorbitante. Passi per la testa di un asino, ma addirittura la cacca dei piccioni... poi vedremo che si arrivò anche a peggio. Ma in casi come questi ci chiediamo: dov'è il dio protettore di questo popolo, è andato in vacanza in un altro universo parallelo?

Re 2 Cap. 6, vv. 29 – 31 (La Bibbia dei mangiatori di bambini)

[29]Abbiamo cotto mio figlio e lo abbiamo mangiato. Il giorno dopo io le ho detto: "Dammi tuo figlio perché lo mangiamo", ma essa ha nascosto suo figlio". [30]Quando udì le parole della donna, il re si stracciò le vesti e mentre egli passava sulle mura il popolo vide che di sotto, aderente al corpo, portava il sacco. [31]Egli disse: "Dio mi faccia questo e anche di peggio, se oggi la testa di Eliseo, figlio di Safat, resterà su di lui".

Questo brano fa capire quanto crudeli fossero gli assedi delle città, allora come anche in tempi moderni, come non ricordare l'assedio di Stalingrado?

La gente costretta a cibarsi di cadaveri umani, qui addirittura anche di bambini da uccidere per sfamarsi.

E' questo il vero volto delle guerre, che trasforma gli uomini in orchi senza pari, eppure quel dio di cui la Bibbia vaneggia sta lì a guardare che le madri uccidano i propri figli e li cucinino per sopravvivere.

Il re se la prende giustamente con Eliseo, quello che faceva galleggiare le asce di ferro, poteva benissimo evitare tutto questo, se lo avesse voluto.

Re 2 Cap. 7, vv. 5–7 (La Bibbia dei guerrieri fifoni)

[5]Si alzarono al crepuscolo per andare all'accampamento degli Aramei e giunsero fino al limite del loro accampamento. Ebbene, là non c'era nessuno. [6]Il Signore aveva fatto udire nell'accampamento degli Aramei rumore di carri, rumore di cavalli e rumore di un grande esercito. Essi si erano detti l'un l'altro: "Ecco, il re d'Israele ha assoldato contro di noi i re degli Ittiti e i re dell'Egitto, per mandarli contro di noi". [7]Alzatisi, erano fuggiti al crepuscolo, lasciando le loro tende, i loro cavalli e i loro asini e l'accampamento com'era; erano fuggiti per salvarsi la vita

E' credibile che un grande esercito di feroci guerrieri si spaventi solo sentendo dei rumori? Io non ci credo.

Re 2 Cap. 7, vv. 13 – 14 (La Bibbia dei cavalli e dei bambini)

¹³Uno dei suoi ufficiali rispose: "Si prendano cinque dei cavalli superstiti che sono rimasti in questa città - avverrà di loro come di tutta la moltitudine d'Israele rimasta in città, come di tutta la moltitudine d'Israele che è perita - e mandiamo a vedere". ¹⁴Presero allora due carri con i cavalli; il re li mandò sulle tracce dell'esercito degli Aramei, dicendo: "Andate a vedere".

Strano, molto strano che in questa città assediata e ridotta allo stremo, tanto che la gente era costretta a mangiare guano ed a cucinare i propri bambini, siano sopravvissuti ben cinque cavalli, addirittura in grado di trainare i carri. Ma che racconta il pastore errante?

Re 2 Cap. 7, vv. 19 – 20 (La Bibbia delle battute mortali)

¹⁹Lo scudiero aveva risposto all'uomo di Dio: "Già, il Signore apre le cateratte in cielo! Avverrà mai una cosa simile?". E quegli aveva replicato: "Ecco, tu lo vedrai con i tuoi occhi, ma non ne mangerai". ²⁰A lui capitò proprio questo: lo calpestò la folla alla porta ed egli morì.

Mai dimostrarsi scettici col sacro, mai mettere in dubbio, mai ironizzare perché poi va a finire che una folla affamata ci travolge.
Ed ancora una volta Eliseo si dimostra un profeta odioso e crudele, che prima di liberare una città ridotta a mangiare i suoi bambini deve essere pregato e che fa morire travolto dalla folla lo spiritoso scudiero del re.

Re 2 Cap. 8, vv. 11-13 (La Bibbia delle visioni spaventose)

¹¹Poi immobilizzò il suo volto e irrigidì il suo sguardo fino all'estremo, e alla fine l'uomo di Dio si mise a piangere. ¹²Cazaèl disse: "Per quale motivo il mio signore piange?". Egli rispose: "Perché so quanto male farai agli Israeliti: brucerai le loro fortezze, ucciderai di spada i loro giovani, sfracellerai i loro bambini, sventrerai le loro donne incinte".¹³Cazaèl disse: "Che cos'è il tuo servo, questo cane, per poter fare una cosa così enorme?". Eliseo rispose: "Il Signore mi ha mostrato che tu sarai re di Aram".

Per una volta qui non si istiga alla violenza, Eliseo ha la visione spaventosa dei crimini che avrebbe commesso Cazaél che gli stava di fronte, vede le donne incinte sventrate, i bambini sfracellati. Queste sono le guerre, ma Eliseo non era pacifista e la Bibbia non è il libro dell'amore, Eliseo piange solo perché il suo popolo sarebbe stato sterminato, se la visione fosse riferita ai nemici avrebbe fatto salti di gioia.

Re 2 Cap. 9, vv. 6–10 (La Bibbia spiegata agli untori)

[6]Si alzò ed entrò in casa, e quello gli versò l'olio sulla testa dicendogli: "Così dice il Signore, Dio d'Israele: "Ti ungo re sul popolo del Signore, su Israele. [7]Tu colpirai la casa di Acab, tuo signore; io vendicherò il sangue dei miei servi, i profeti, e il sangue di tutti i servi del Signore, sparso dalla mano di Gezabele.[8]Tutta la casa di Acab perirà; io eliminerò ad Acab ogni maschio, schiavo o libero in Israele. [9]Renderò la casa di Acab come la casa di Geroboamo, figlio di Nebat, e come la casa di Baasà, figlio di Achia. [10]I cani divoreranno Gezabele nel campo di Izreèl; nessuno la seppellirà"'. Quindi aprì la porta e fuggì.

Immaginate un pazzo che irrompe fra i soldati, versa dell'olio in testa al comandante e poi fugge via, non prima però di aver istigato l'eletto a fare le solite cose: vendicarsi di vecchi torti, eliminare un intero popolo, fare la pulizia etnica.
Attenti a loro, sono uomini di dio.

Re 2 Cap. 9, vv. 19 – 20 (La Bibbia dei fast and furious)

[19]Il re mandò un altro cavaliere che, giunto da quelli, disse: "Il re domanda: "Tutto bene?"'. Ma Ieu disse: "Che importa a te come vada? Passa dietro e seguimi". [20]La sentinella riferì: "È arrivato da quelli, ma non torna indietro. Il modo di guidare è come quello di Ieu, figlio di Nimsì: difatti guida all'impazzata".

214

Ma chi aveva data la patente di carrista a Ieu?
Scommetto che risultò anche positivo all'alcol test.

Re 2 Cap. 9, vv. 24–26 (La Bibbia di chi colpisce alle spalle)

²⁴Ieu, impugnato l'arco, colpì Ioram tra le spalle. La freccia gli attraversò il cuore ed egli si accasciò sul carro. ²⁵Ieu disse a Bidkar, suo scudiero: "Sollevalo, gettalo nel campo di Nabot di Izreèl. Ricòrdatelo: io e te eravamo con coloro che cavalcavano appaiati dietro Acab, suo padre, e il Signore proferì su di lui questo oracolo: ²⁶"Non ho forse visto ieri il sangue di Nabot e il sangue dei suoi figli? Oracolo del Signore. Ti ripagherò in questo stesso campo. Oracolo del Signore". Sollevalo e gettalo nel campo secondo la parola del Signore".

Se davvero la fai grossa, come Ieu, che in realtà fece un colpo di stato militare, basta pronunciare le rune magiche "Oracolo del signore" e tutto va a posto, i peggiori crimini, come colpire alle spalle un fuggitivo e non dargli una sepoltura, diventano meriti, degni d'ogni lode.

Re 2 Cap. 9, vv. 31–37 (La Bibbia spiegata alle defenestrate)

³¹Mentre Ieu arrivava alla porta, gli domandò: "Tutto bene, Zimrì, assassino del suo signore?". ³²Ieu alzò lo sguardo verso la finestra e disse: "Chi è con me? Chi?". Due o tre cortigiani si affacciarono a guardarlo. ³³Egli disse: "Gettàtela giù". La gettarono giù. Parte del suo sangue schizzò sul muro e sui cavalli, che la calpestarono. ³⁴Poi Ieu entrò, mangiò e bevve; alla fine ordinò: "Andate a vedere quella maledetta e seppellitela, perché era figlia di re". ³⁵Andati per seppellirla, non trovarono altro che il cranio, i piedi e le palme delle mani. ³⁶Tornati, riferirono il fatto a Ieu, che disse: "È la parola del Signore, che aveva detto per mezzo del suo servo Elia, il Tisbìta: "Nel campo di Izreèl i cani divoreranno la carne di Gezabele.³⁷E il cadavere di Gezabele sarà come letame sulla superficie della campagna nel campo di Izreèl, così che non si potrà più dire: Questa è Gezabele"".

La descrizione dell'uccisione di Gezabele raggiunge i livelli di un film dell'orrore, il pastore errante si accanisce sulla fine di questa donna appunto perché donna e quindi doppiamente colpevole. Ma che aveva fatto Gezabele? Ricordate, aveva fatto uccidere a tradimento un uomo per una banale faccenda di una vigna che non voleva vendere e pertanto era stata maledetta da Elia. Colpa grave, di certo, ma se fosse stato un uomo a commettere tale crimine il pastore errante non l'avrebbe trattato in questo modo.

Re 2 Cap. 10, vv. 7–11 (La Bibbia senza parole)

[7]*Ricevuta la lettera, quelli presero i figli del re e li ammazzarono tutti e settanta; quindi posero le loro teste in ceste e le mandarono da lui a Izreèl.* [8]*Si presentò un messaggero che riferì a Ieu: "Hanno portato le teste dei figli del re". Egli disse: "Ponetele in due mucchi alla soglia della porta fino al mattino".* [9]*Il mattino dopo uscì e stando in piedi disse a tutto il popolo: "Voi siete giusti; ecco, io ho congiurato contro il mio signore e l'ho ucciso. Ma chi ha colpito tutti questi?* [10]*Riconoscete dunque che non è caduta in terra nessuna delle parole del Signore, annunciate per mezzo del suo servo Elia riguardo alla casa di Acab; il Signore ha attuato quanto aveva predetto per mezzo di Elia, suo servo".* [11]*Ieu colpì poi tutti i superstiti della casa di Acab a Izreèl, tutti i suoi grandi, i suoi amici e i suoi sacerdoti, fino a non lasciargli alcun superstite.*

Difficile trovare una battuta di spirito per questi passaggi biblici: Ieu, il golpista, che già aveva ucciso alcuni capi delle varie tribù d'Israele, adesso se la prende con la casa di Acab, naturalmente attuando la profezia (o istigazione?)di Elia, pertanto tutti questi crimini sono voluti da dio, come chiaramente indicato negli ultimi versetti del capitolo.
Ieu agisce con schifosa crudeltà, dato che prima promette di salvare il popolo di Acab se gli avessero consegnato le teste dei settanta figli di re (numero assurdo). Ma quando gli consegnarono i trofei sanguinolenti Ieu attuò quanto aveva già programmato da tempo: sterminare tutta la tribù.
Non schifatevi: Ieu è un uomo di dio!

Re 2 Cap. 10, vv. 12–14 (La Bibbia dei presi vivi e morti)

¹²Poi si alzò, partì e si avviò verso Samaria. Mentre si trovava per la strada, nella località di Bet-Eked-dei-Pastori, ¹³Ieu trovò i fratelli di Acazia, re di Giuda. Egli domandò: "Voi, chi siete?". Risposero: "Siamo fratelli di Acazia; siamo scesi per salutare i figli del re e i figli della regina madre". ¹⁴Egli ordinò: "Prendeteli vivi". Li presero vivi, li ammazzarono presso la cisterna di Bet-Eked; erano quarantadue e non ne risparmiò neppure uno.

Un altro assurdo crimine commesso per strada, tanto per tenersi in allenamento: altri 42 superstiti della famiglia di Acazia furono catturati vivi per ordine di questo criminale per poi... ucciderli, naturalmente.

Re 2 Cap. 10, vv. 15-17 (La Bibbia del posto in prima fila)

¹⁵Partito di lì, trovò Ionadàb, figlio di Recab, che gli veniva incontro; Ieu lo salutò e gli disse: "Il tuo cuore è retto come lo è il mio verso di te?". Ionadàb rispose: "Lo è". "Se lo è, dammi la mano". Ionadàb gliela diede. Ieu allora lo fece salire sul carro vicino a sé ¹⁶e gli disse: "Vieni con me per vedere il mio zelo per il Signore". Lo fece viaggiare con sé sul proprio carro. ¹⁷Entrò in Samaria e colpì tutti i superstiti della casa di Acab fino ad annientarli, secondo la parola che il Signore aveva comunicato a Elia.

Lo spettacolo dei massacri seriali era così bello che il buon Ieu diede un passaggio sul suo carro da guerra a Ionadàb che potè assistere in prima fila ed in diretta al massacro dei superstiti della casa di Acab e cioè vedere lo zelo per il signore con la lettera maiuscola, questo mostro mitologico che si nutre di carne e di sangue.

Re 2 Cap. 10, vv. 18– 23
(La Bibbia spiegata a chi non sa a che dio votarsi)

¹⁸Ieu radunò tutto il popolo e disse loro: "Acab ha servito Baal un poco; Ieu lo servirà molto. ¹⁹Ora convocatemi tutti i profeti di Baal, tutti i suoi servitori e tutti i suoi sacerdoti: non ne manchi neppure uno, perché intendo offrire un grande sacrificio a Baal. Chi mancherà non sarà lasciato in vita". Ieu agiva con astuzia, per distruggere tutti i servitori di Baal. [20]Ieu disse: "Convocate una festa solenne a Baal". La convocarono. [21]Ieu inviò messaggeri per tutto Israele; si presentarono tutti i servitori di Baal e non mancò nessuno. Entrarono nel tempio di Baal, che si riempì da un'estremità all'altra. [22]Ieu disse al guardarobiere: "Tira fuori le vesti per tutti i servitori di Baal", ed egli le tirò fuori. [23]Ieu, accompagnato da Ionadàb figlio di Recab, entrò nel tempio di Baal e disse ai servitori di Baal: "Verificate bene che non ci sia qui fra voi nessuno dei servitori del Signore, ma che ci siano solo servitori di Baal".

Immaginatevi di essere uno del popolo, uno qualsiasi, un ciabattino, un contadino. Vi fanno sapere che il pazzo Ieu ha emesso un bando in cui si obbliga ad andare ad una cerimonia in nome di baal perché Ieu dichiara di essere seguace di baal e chi non avesse partecipato sarebbe stato messo a morte.

Cosa può fare il povero ciabattino o contadino?

Adeguarsi e partecipare, dato che per secoli la religione del potente di turno doveva essere la religione del popolo.

Ma appena ammassati nel luogo delle celebrazioni il poveraccio capisce che era un trucco e che, per una volta, avrebbe fatto bene a disubbidire e dichiararsi seguace di quell'altro dio sanguinario che chiamano signore.

Spesso anche ubbidire al volere dei potenti è molto, molto pericoloso.

Re 2 Cap. 10, vv. 25–29 (La Bibbia dei santuari-latrina)

[25]Quando ebbe finito di compiere l'olocausto, Ieu disse alle guardie e agli scudieri: "Entrate, colpiteli. Nessuno scappi". Le guardie e gli scudieri li colpirono a fil di spada e li gettarono via. Poi le guardie e gli scudieri andarono fino alla cella del tempio di Baal. [26]Portarono fuori le stele del tempio di Baal e le bruciarono. [27]La stele di Baal la fecero a pezzi, poi demolirono il tempio di Baal e lo ridussero a latrina fino ad oggi.

[28]Ieu fece scomparire Baal da Israele. [29]Ma Ieu non si allontanò dai peccati che Geroboamo, figlio di Nebat, aveva fatto commettere a Israele e non abbandonò i vitelli d'oro che erano a Betel e a Dan.

Un bellissimo esempio di tolleranza religiosa, lo sterminio dei seguaci di un'altra religione, la trasformazione dei templi concorrenti in latrina. Non credete alle chiacchiere sulla tolleranza che ogni tanto fanno i capi cattolici, se hanno per libro sacro questo testo orrendo non possono essere tolleranti, finché non rifiutano e non aborriscono questi testi, finché non ripuliscono la Bibbia da questi scritti criminali (ma cosa ci resta?) non sono credibili: **loro** non sono tolleranti, stanno solo aspettando il momento buono per colpire gli "infedeli"

Re 2 Cap. 10, vv. 30-31 (La Bibbia di chi agisce bene)

[30]Il Signore disse a Ieu: "Poiché hai agito bene, facendo ciò che è giusto ai miei occhi, e hai compiuto per la casa di Acab quanto era nel mio cuore, i tuoi figli, fino alla quarta generazione, siederanno sul trono d'Israele". [31]Ma Ieu non si curò di seguire la legge del Signore, Dio d'Israele, con tutto il suo cuore; non si allontanò dai peccati che Geroboamo aveva fatto commettere a Israele.

Ieu lo abbiamo visto in azione, colpire alle spalle, far scaraventare giù dal balcone una donna, sterminare popoli interi, uccidere con l'inganno i seguaci di un'altra religione, ma per dio ha agito bene, avendo eliminato un culto da Israele. E poi che fa l'uomo "giusto"? Diventa seguace del vitello d'oro, pazzesco!

Re 2 Cap. 10, vv. 34 – 36 (La Bibbia di De Pedis)

[34]Le altre gesta di Ieu, tutte le sue azioni e la sua potenza, non sono forse descritte nel libro delle Cronache dei re d'Israele? [35]Ieu si addormentò con i suoi padri e lo seppellirono a Samaria. Al suo posto divenne re suo figlio Ioacàz. [36]La durata del regno di Ieu su Israele, a Samaria, fu di ventotto anni.

Per il clero non importa come, ma **se** fai del bene al potere politico ed economico della casta sacerdotale. Così Ieu, alla sua morte viene onorato come eroe della patria e le sue gesta raccontate anche nel libro delle Cronache e "si addormentò con i sui padri".
Onore agli eroi.

Allo stesso modo, in epoca più recente, De Pedis, capo di una spietata banda criminale di Roma, è stato seppellito in una chiesa, con tutti gli onori, perché benefattore del clero, per vie a noi ignote.

Re 2 Cap. 11, vv. 1–3 (La Bibbia spiegata ai nipoti)

[1]Atalia, madre di Acazia, visto che era morto suo figlio, si accinse a sterminare tutta la discendenza regale. [2]Ma Ioseba, figlia del re Ioram e sorella di Acazia, prese Ioas, figlio di Acazia, sottraendolo ai figli del re destinati alla morte, e lo portò assieme alla sua nutrice nella camera dei letti; lo nascose così ad Atalia ed egli non fu messo a morte. [3]Rimase nascosto presso di lei nel tempio del Signore per sei anni; intanto Atalia regnava sul paese.

In pratica Atalia, per mantenere il potere che si era ritrovato, sterminò tutti i suoi nipoti, perché avrebbero potuto contenderle il trono, tutti tranne Ioas, che, come Mosè, come Cristo, fu salvato dallo sterminio.

Re 2 Cap. 11, vv. 8 – 9 (La Bibbia del sesso dei re)

[8]Circonderete il re, ognuno con l'arma in pugno, e chi tenta di penetrare nello schieramento sia messo a morte. Sarete con il re in tutti i suoi movimenti". [9]I comandanti delle centinaia fecero quanto aveva disposto il sacerdote Ioiadà. Ognuno prese i suoi uomini, quelli che entravano in servizio il sabato e quelli che smontavano il sabato, e andarono dal sacerdote Ioiadà.

Io ero rimasto al fatto che non ci fosse un re ma una regina, Atalia, se ne era scordato il pastore errante?

Re 2 Cap. 11, vv. 14 – 16
(La Bibbia delle troppe congiure di palazzo)

[14]Guardò, ed ecco che il re stava presso la colonna secondo l'usanza, i comandanti e i trombettieri erano presso il re, mentre tutto il popolo della terra era in festa e

suonava le trombe. Atalia si stracciò le vesti e gridò: "Congiura, congiura!". [15]*Il sacerdote Ioiadà ordinò ai comandanti delle centinaia, preposti all'esercito: "Conducetela fuori in mezzo alle file e chiunque la segue venga ucciso di spada". Il sacerdote infatti aveva detto: "Non sia uccisa nel tempio del Signore".* [16]*Le misero addosso le mani ed essa raggiunse la reggia attraverso l'ingresso dei Cavalli e là fu uccisa.*

Un'altra congiura ed un'altra regina messa a morte senza tante storie, ma mai nel tempio del signore!
Perché che male c'è a farlo proprio nel tempio se è il signore a volere questi crimini?

Re 2 Cap. 11, vv. 17-20 (La Bibbia del Baal ridemolito)

[17]*Ioiadà concluse un'alleanza fra il Signore, il re e il popolo, affinché fosse il popolo del Signore, e così pure fra il re e il popolo.* [18]*Tutto il popolo della terra entrò nel tempio di Baal e lo demolì, ne fece a pezzi completamente gli altari e le immagini e ammazzò Mattàn, sacerdote di Baal, davanti agli altari.*
Il sacerdote Ioiadà mise sorveglianti al tempio del Signore. [19]*Egli prese i comandanti di centinaia, i Carii, le guardie e tutto il popolo della terra; costoro fecero scendere il re dal tempio del Signore e attraverso la porta delle Guardie lo condussero nella reggia, ove egli sedette sul trono regale.* [20]*Tutto il popolo della terra era in festa e la città rimase tranquilla: Atalia era stata uccisa con la spada nella reggia.*

Nel capitolo 10 ci avevano raccontato che il feroce Ieu aveva fatto scomparire il culto di Baal da Israele, ma adesso il popolo demolì di nuovo il tempio di Baal ed ammazzò il sacerdote. I conti non ritornano.
E la folla, assetata di sangue festeggiò la morte del sacerdote di baal e la morte di Atalia, la regina.

Re 2 Cap. 12, vv. 9 – 13 (La Bibbia del chi ruba per primo)

[9]*I sacerdoti acconsentirono a non ricevere più il denaro dal popolo e a non curare il restauro del tempio.*

[10]Il sacerdote Ioiadà prese una cassa, vi fece un buco nel coperchio e la pose a lato dell'altare, a destra di chi entra nel tempio del Signore. I sacerdoti custodi della soglia depositavano ivi tutto il denaro portato al tempio del Signore. [11]Quando vedevano che nella cassa c'era molto denaro, saliva lo scriba del re, insieme con il sommo sacerdote, ed essi raccoglievano e contavano il denaro trovato nel tempio del Signore. [12]Consegnavano il denaro controllato nelle mani degli esecutori dei lavori, sovrintendenti al tempio del Signore. Costoro lo distribuivano ai falegnami e ai costruttori che lavoravano nel tempio del Signore, [13]ai muratori, agli scalpellini, per l'acquisto di legname e pietre da taglio, per riparare le parti danneggiate del tempio del Signore e per tutto quanto era necessario per riparare il tempio.

Una piccola contesa fra clero e monarchia su chi debba gestire i soldi per la ricostruzione del tempio, probabilmente perché i sacerdoti si fregavano tutto ed il tempio cadeva in rovina. Certo lasciare una cassa con il denaro dentro in quel covo di ladri non mi pare garantisca la trasparenza dell'operazione.

Re 2 Cap. 12, vv. 18 – 21 (La Bibbia dell'eroico corruttore)

[18]In quel tempo Cazaèl, re di Aram, salì per combattere contro Gat e la conquistò. Poi Cazaèl si accinse a salire a Gerusalemme. [19]Ioas, re di Giuda, prese tutti gli oggetti consacrati da Giòsafat, da Ioram e da Acazia, suoi padri, re di Giuda, e quelli consacrati da lui stesso, insieme con tutto l'oro trovato nei tesori del tempio del Signore e della reggia; egli mandò tutto ciò a Cazaèl, re di Aram, che si allontanò da Gerusalemme.
[20]Le altre gesta di Ioas e tutte le sue azioni non sono forse descritte nel libro delle Cronache dei re di Giuda? [21]I suoi ufficiali si sollevarono organizzando una congiura; colpirono Ioas a Bet-Millo, nella discesa verso Silla.

Come tutti gli altri re, Ioas è descritto come un eroe, ma, oltre a morire per mano dei suoi ufficiali, di lui il pastore errante ricorda solo che svuotò il tempio di tutti gli ori ed oggetti preziosi, per consegnarli a Cazaèl che minacciava di conquistare Gerusalemme. Io la ritengo una decisione saggia, perché, quando non puoi difenderti è meglio rinunciare a qualcosa, ma certo parlare di gesta di Ioas, ce ne vuole!

Re 2 Cap. 13, vv. 1 – 8 (La Bibbia delle grandi gesta invisibili)

¹Nell'anno ventitreesimo di Ioas, figlio di Acazia, re di Giuda, Ioacàz, figlio di Ieu, divenne re su Israele a Samaria. Egli regnò diciassette anni. ²Fece ciò che è male agli occhi del Signore; imitò il peccato di Geroboamo, figlio di Nebat, che aveva fatto peccare Israele, né mai se ne allontanò. ³L'ira del Signore si accese contro Israele e li consegnò in mano a Cazaèl, re di Aram, e in mano a Ben-Adàd, figlio di Cazaèl, per tutto quel tempo. ⁴Ma Ioacàz placò il volto del Signore e il Signore lo ascoltò, perché aveva visto l'oppressione d'Israele: infatti il re di Aram lo opprimeva. ⁵Il Signore concesse un salvatore a Israele, che così riuscì a sfuggire al potere di Aram; gli Israeliti poterono abitare nelle loro tende come prima. ⁶Ma essi non si allontanarono dai peccati che la casa di Geroboamo aveva fatto commettere a Israele, ma li imitarono e anche il palo sacro rimase in piedi a Samaria. ⁷Pertanto non furono lasciati soldati a Ioacàz, se non cinquanta cavalli, dieci carri e diecimila fanti, perché li aveva distrutti il re di Aram, riducendoli come la polvere che si calpesta.
⁸Le altre gesta di Ioacàz, tutte le sue azioni e la sua potenza, non sono forse descritte nel libro delle Cronache dei re d'Israele?

In questo capitolo sono descritte le grandi gesta di Ioacàz, evidentemente parente del grande capo indiano Estiquaatsi.
-Quali sarebbero queste grandi azioni e quale la sua potenza?
-Mah.   Intanto peccò alla grande imitando i suoi predecessori ed adorando gli dei stranieri, a corrente alternata, e quindi una volta veniva punito dal signore (quello vero) ed una volta premiato.
In una di queste oscillazioni perse quasi tutto il suo esercito.
E queste sono tutte le sue grandi gesta!

Re 2 Cap. 13, vv. 16-19 (La Bibbia del woodoo)

¹⁶Disse ancora Eliseo al re d'Israele: "Metti la tua mano sull'arco". Dopo che egli ebbe messa la mano, Eliseo mise le sue mani sopra le mani del re, ¹⁷quindi disse: "Apri la finestra verso oriente". Dopo che egli ebbe aperta la finestra, Eliseo disse: "Tira!". Ioas tirò. Eliseo disse: "Freccia vittoriosa del Signore, freccia vittoriosa contro Aram. Tu colpirai Aram ad Afek, sino a finirlo". ¹⁸Eliseo disse: "Prendi le frecce". E quando quegli le ebbe prese, disse al re d'Israele: "Colpisci la terra", ed egli la percosse tre volte, poi si fermò. [19]*L'uomo di Dio s'indignò contro di lui e disse: "Colpendo cinque o sei volte, avresti colpito Aram sino a finirlo; ora, invece, sconfiggerai Aram solo tre volte".*

Qui la Bibbia sfocia nei riti di magia nera, nel woodoo, una freccia scagliata da una finestra o battuta più volte per terra provoca la sconfitta del nemico.

E poi il clero ci dice che non dobbiamo credere ai riti magici...

Re 2 Cap. 13, vv. 20-21 (La Bibbia delle ossa rivitalizzanti)

[20]*Eliseo morì e lo seppellirono. Nell'anno successivo alcune bande di Moab penetrarono nella terra.* [21]*Mentre seppellivano un uomo, alcuni, visto un gruppo di razziatori, gettarono quell'uomo sul sepolcro di Eliseo e se ne andarono. L'uomo, venuto a contatto con le ossa di Eliseo, riacquistò la vita e si alzò sui suoi piedi.*

Il libro dei re non la fa tanto lunga sulla morte di questo fanatico profeta, dice semplicemente che morì e fu seppellito, come tutti, ma i suoi miracoli naturalmente continuano anche dopo la morte, ed il solo contatto con le sue ossa fa tornato in vita un uomo... forse seppellito troppo presto.

Re 2 Cap. 14, vv. 5-6 (La Bibbia spiegata ai figli fortunati)

[5]*Quando il regno fu saldo nelle sue mani, uccise i suoi ufficiali che avevano ucciso il re, suo padre.* [6]*Ma non fece morire i figli degli uccisori, secondo quanto è scritto nel libro della legge di Mosè, ove il Signore prescrive: "Non si metteranno a morte i padri per una colpa dei figli, né si metteranno a morte i figli per una colpa dei padri. Ognuno sarà messo a morte per il proprio peccato"*

Anche se la legge di Mosè diceva questo, lui fu il primo a non rispettarla, sterminando intere famiglie per la presunta colpa di uno solo, inoltre nella lettura di questo assurdo libro abbiamo visto quante volte sia stata violata.

Re 2 Cap. 14, vv. 13-15 (La Bibbia della banda del buco)

[13]Ioas, re d'Israele, fece prigioniero Amasia, re di Giuda, figlio di Ioas, figlio di Acazia, a Bet-Semes. Quindi, andato a Gerusalemme, aprì una breccia nelle mura di Gerusalemme dalla porta di Èfraim fino alla porta dell'Angolo, per quattrocento cubiti. [14]Prese tutto l'oro e l'argento e tutti gli oggetti trovati nel tempio del Signore e nei tesori della reggia, e gli ostaggi, e tornò a Samaria. [15]Le altre gesta che compì Ioas, la sua potenza e la guerra che combatté contro Amasia, re di Giuda, non sono forse descritte nel libro delle Cronache dei re d'Israele?

Un'altra guerra fratricida combattuta per sfida, per vedere chi era il più forte.
Ioas si distingue per aver fatto un buco nelle mura di Gerusalemme per fregarsi il tesoro del tempio. Ma non sarebbe un tantino sacrilego fregarsi il tesoro del tempio? Come mai Lui che vede tutto e può tutto non fulminò il ladruncolo da quattro soldi che gli stava rubando i gioielli di famiglia?
E le gesta di questo ladro da strapazzo sono naturalmente descritte nel libro delle Cronache...

Re 2 Cap. 15, vv. 1-5 (La Bibbia senza caterpillar)

[1]Nell'anno ventisettesimo di Geroboamo, re d'Israele, divenne re Azaria, figlio di Amasia, re di Giuda. [2]Quando divenne re aveva sedici anni; regnò a Gerusalemme cinquantadue anni. Sua madre era di Gerusalemme e si chiamava Iecolia. [3]Egli fece ciò che è retto agli occhi del Signore, come aveva fatto Amasia, suo padre. [4]Ma non scomparvero le alture. Il popolo ancora sacrificava e offriva incenso sulle alture. [5]Il Signore colpì il re, che divenne lebbroso fino al giorno della sua morte e abitò in una casa d'isolamento. Iotam, figlio del re, era a capo della reggia e governava il popolo della terra.

Assurdi questi versetti, in cui si narra di Geroboamo (II) che *"fece ciò che era retto agli occhi del signore"*, ma fu comunque colpito dal supremo con la peste per vie di certe alture...
-E spianatele queste alture..
-Ma i Caterpillar non li avevano ancora inventati
-Ah già

Re 15 Cap. 15, vv. 13-15 (La Bibbia dei re per un mese)

[13]Sallum, figlio di Iabes, divenne re nell'anno trentanovesimo di Ozia, re di Giuda; regnò un mese a Samaria. [14]Da Tirsa salì Menachèm, figlio di Gadì, entrò a Samaria e colpì Sallum, figlio di Iabes, lo fece morire e divenne re al suo posto. [15]Le altre gesta di Sallum e la congiura da lui organizzata sono descritte nel libro delle Cronache dei re d'Israele.

Ormai diventare re in Israele (ed anche nel regno di Giuda) era diventato il mestiere più pericoloso del mondo ed i re duravano pochi mesi, di solito colpiti da congiure di palazzo o da rivolte di altre tribù. Questo sfortunatissimo Sallum durò solo un mese, ma, ci potete contare, anche le sue gesta sono descritte nel libro delle Cronache. Quali gesta oltre che crepare subito?

Re 2 Cap. 15, v. 16 (La Bibbia dei re sventratori)

[16]Allora Menachèm colpì Tifsach, tutto quello che era in essa e il suo territorio, a partire da Tirsa. Devastò tutto il suo territorio, perché non gli avevano aperto le porte, e sventrò tutte le donne incinte.

Penso non ci sia violenza criminale peggiore dell'uccidere, sventrandole, delle donne incinte, e questo criminale naturalmente divenne re e le sue gesta sono descritte nel libro delle Cronache, quali gesta?

Re 2 Cap. 15, vv. 19 – 21 (La Bibbia dei pagatori di pizzo)

[19]Pul, re d'Assiria, invase il paese. Menachèm diede a Pul mille talenti d'argento, perché l'aiutasse a consolidare nelle sue mani il potere regale. [20]Per quel denaro Menachèm impose una tassa su Israele, sulle persone facoltose, per poterlo dare al re d'Assiria; da ognuno richiese cinquanta sicli. Così il re d'Assiria se ne andò e non rimase là nel paese.
[21]Le altre gesta di Menachèm e tutte le sue azioni non sono forse descritte nel libro delle Cronache dei re d'Israele?

In effetti mi sbagliavo: Menachèm va ricordato non solo perché sventrava donne incinte, ma anche perché pagava il pizzo al re d'Assiria affinché proteggesse il suo regno.

Sia chiaro, io sono d'accordo, pagare un re straniero per avere la sua protezione va bene, se serve ad evitare inutili stragi, specie se il pizzo veniva pagato attraverso una tassa patrimoniale, ma parlare di grandi gesta mi pare un po' troppo.

Re 2 Cap. 15, vv. 29–31 (La Bibbia delle infinite litanie)

29Nei giorni di Pekach, re d'Israele, venne Tiglat-Pilèser, re d'Assiria, che occupò Iion, Abel-Bet-Maacà, Ianòach, Kedes, Asor, il Gàlaad e la Galilea, tutta la terra di Nèftali, deportandone la popolazione in Assiria. 30Contro Pekach, figlio di Romelia, ordì una congiura Osea, figlio di Ela, che lo colpì e lo fece morire, divenendo re al suo posto, nell'anno ventesimo di Iotam, figlio di Ozia.
31Le altre gesta di Pekach e tutte le sue azioni sono descritte nel libro delle Cronache dei re d'Israele.

Lo schema del secondo libro dei re è d'una monotonia asfissiante: Un re A viene attaccato dai nemici perché aveva fatto ciò che è male davanti al signore, allora c'è una congiura di palazzo ed un concorrente diventa re B al suo posto. Ma le grandi gesta di re A sono descritte nel libro delle Cronache dei re d'Israele.

Subito dopo ricomincia la storia: il re B fa ciò che è male davanti al signore etc. etc. all'infinito!

Re 2 Cap. 18, vv. 1– 4 (La Bibbia spiegata ai figli arrostiti vivi)

1Nell'anno diciassettesimo di Pekach, figlio di Romelia, divenne re Acaz, figlio di Iotam, re di Giuda. 2Quando Acaz divenne re, aveva vent'anni; regnò sedici anni a Gerusalemme. Non fece ciò che è retto agli occhi del Signore, suo Dio, come Davide, suo padre. 3Seguì la via dei re d'Israele; fece perfino passare per il fuoco suo figlio, secondo gli abomini delle nazioni che il Signore aveva scacciato davanti agli Israeliti. 4Sacrificava e bruciava incenso sulle alture, sui colli e sotto ogni albero verde.

Si è vero che la Bibbia condanna i sacrifici umani, ma se un re di Gerusalemme fa bruciare vivo suo figlio, per motivi religiosi, ci deve essere qualcosa di profondamente malato nella fede di questo popolo che oscillava fra monoteismo e politeismo, fra paganesimo ed ebraismo, e che continuava a credere che per propiziarsi vittorie e benessere bisognasse immolare un proprio figlio bruciandolo.

Da questo punto di vista non ci sono sostanziali differenze fra le vari religioni, in cosa credono i cattolici se non in un sacrificio umano, anzi sovrumano, quello del figlio di dio?

Re 2 Cap. 16, vv. 10 – 12 (La Bibbia degli altari fuori moda)

10Il re Acaz andò incontro a Tiglat-Pilèser, re d'Assiria, a Damasco e, visto l'altare che si trovava a Damasco, il re Acaz mandò al sacerdote Uria il disegno dell'altare e il suo modello con tutta la sua lavorazione. 11Il sacerdote Uria costruì l'altare, conformemente a tutte le indicazioni che il re aveva inviato da Damasco; il sacerdote Uria fece così, prima che tornasse Acaz da Damasco. 12Arrivato da Damasco, il re si avvicinò all'altare e vi salì, 13bruciò sull'altare il suo olocausto e la sua offerta, versò la sua libagione e sparse il sangue dei sacrifici di comunione a lui spettanti.

Il re Acaz riporta da Damasco l'idea per un nuovo modello di altare sacrificale. Dalla lettura del capitolo non si capisce se ciò sia significato solo un restyling dell'obsoleto santuario, o ciò significhi anche una contaminazione con le religioni siriane.

Re 2 Cap. 17, vv. 24-32 (La Bibbia del sincretismo)

24Il re d'Assiria mandò gente da Babilonia, da Cuta, da Avva, da Camat e da Sefarvàim e la stabilì nelle città della Samaria al posto degli Israeliti. E quelli presero possesso della Samaria e si stabilirono nelle sue città. 25All'inizio del loro insediamento non veneravano il Signore ed egli inviò contro di loro dei leoni, che ne facevano strage. 26Allora dissero al re d'Assiria: "Le popolazioni che tu hai trasferito e stabilito nelle città della Samaria non conoscono il culto del dio locale ed egli ha mandato contro di loro dei leoni, i quali seminano morte tra loro, perché esse non conoscono il culto del dio locale". [27]*Il re d'Assiria ordinò: "Mandate laggiù uno dei sacerdoti che avete deportato di là: vada, vi si stabilisca e insegni il culto del dio locale".* [28]*Venne uno dei sacerdoti deportati da Samaria, che si stabilì a Betel e insegnava loro come venerare il Signore.*

[29]*Ogni popolazione si fece i suoi dèi e li mise nei templi delle alture costruite dai Samaritani, ognuna nella città dove dimorava.* [30]*Gli uomini di Babilonia si fecero Succot-Benòt, gli uomini di Cuta si fecero Nergal, gli uomini di Camat si fecero Asimà.* [31]*Gli Avviti si fecero Nibcaz e Tartak; i Sefarvei bruciavano nel fuoco i propri figli in onore di Adrammèlec e di Anammèlec, divinità di Sefarvàim.* [32]*Veneravano anche il Signore; si fecero sacerdoti per le alture, scegliendoli tra di loro: prestavano servizio per loro nei templi delle alture.*

Nel Cap. 17 finalmente si racconta della caduta di questo popolo bellicoso e feroce quanto nessun altro. Il regno era già diviso in due, il regno di Giuda, con capitale Gerusalemme ed il regno d'Israele, con capitale Samaria. Quest'ultimo fu conquistato dagli Assiri, che deportarono gli Israeliti e s'insediarono al loro posto. Ora, vi pare credibile che un dio che non sia stato capace (o non abbia voluto) proteggere il suo popolo e lo abbia condannato alla schiavitù, che non sia stato capace (o non abbia voluto) mandare disgrazie direttamente nel territorio degli Assiri, poi mandi dei leoni per sbranare i coloni insediati nel territorio d'Israele e si plachi solo quando inviarono un sacerdote "ortodosso"?

Ovvio che si tratta solo di fandonie.

Come il solito in gran parte del capitolo c'è la lagnanza del pastore errante sul fatto che in quel periodo ci fosse una pazzesca confusione di culti e di dei, sia fra i nuovi coloni, sia fra gli Israeliti, che risentivano l'influsso dei conquistatori.

Una certa confusione di culti e soprattutto uno scetticismo di fondo a mio avviso sono una garanzia di tolleranza e di pace, ma non la pensa così il pastore errante e non la pensano così i profeti, quei pazzi fanatici assetati di sangue che impediscono la convivenza pacifica dei popoli.

Re 2 Cap. 18, vv. 1 – 8 (La Bibbia della fedeltà premiata)

¹Nell'anno terzo di Osea, figlio di Ela, re d'Israele, divenne re Ezechia, figlio di Acaz, re di Giuda. ²Quando egli divenne re, aveva venticinque anni; regnò ventinove anni a Gerusalemme. Sua madre si chiamava Abì, figlia di Zaccaria. ³Fece ciò che è retto agli occhi del Signore, come aveva fatto Davide, suo padre. ⁴Egli eliminò le alture e frantumò le stele, tagliò il palo sacro e fece a pezzi il serpente di bronzo, che aveva fatto Mosè; difatti fino a quel tempo gli Israeliti gli bruciavano incenso e lo chiamavano Necustàn. ⁵Egli confidò nel Signore, Dio d'Israele. Dopo non vi fu uno come lui tra tutti i re di Giuda, né tra quelli che ci furono prima. ⁶Aderì al Signore e non si staccò da lui; osservò i precetti che il Signore aveva dato a Mosè. ⁷Il Signore fu con lui ed egli riusciva in tutto quello che intraprendeva. Egli si ribellò al re d'Assiria e non lo servì. ⁸Sconfisse i Filistei fino a Gaza e ai suoi territori, dalla torre di guardia alla città fortificata.

Il pastore errante ci dice che Ezechia fu un ottimo re, e se lo dice lui dobbiamo crederci: Finalmente spianò le alture (ora avevano inventato il caterpillar), proibì insomma qualsiasi culto che non fosse del signore D.O.C., ma non ci è dato di sapere cose fece a quei pochi che magari vollero continuare con la loro fede!

Per ricompensa al prezioso lavoro fatto, il signore lo premiò... facendo conquistare il regno di Giuda dagli Assiri e riducendo alla fame Gerusalemme assediata.

Immaginate cosa gli sarebbe successo se si fosse comportato male...

Re 2 Cap. 18, vv. 14-16 (La Bibbia dei re amati da dio)

¹⁴Ezechia, re di Giuda, mandò a dire al re d'Assiria a Lachis: "Ho peccato; allontànati da me e io accetterò quanto mi imporrai". Il re d'Assiria impose a Ezechia, re di Giuda, trecento talenti d'argento e trenta talenti d'oro. ¹⁵Ezechia consegnò tutto il denaro che si trovava nel tempio del Signore e nei tesori della reggia. ¹⁶In quel tempo Ezechia fece a pezzi i battenti del tempio del Signore e gli stipiti che egli stesso, re di Giuda, aveva ricoperto con lamine, e li diede al re d'Assiria.

Ezechia fu tanto amato dal suo signore che dovette pagare un pesante tributo al conquistatore, addirittura distruggendo parte del tempio (la casa del signore) per ricavarne l'oro!

Re 2 Cap. 18, vv. 25 – 30 (La Bibbia del dio impotente)

²⁵Ora, non è forse secondo il volere del Signore che io sono salito contro questo luogo per mandarlo in rovina? Il Signore mi ha detto: Sali contro questa terra e mandala in rovina'''.

²⁶Eliakìm, figlio di Chelkia, Sebna e Ìoach risposero al gran coppiere: "Per favore, parla ai tuoi servi in aramaico, perché noi lo comprendiamo; ma non parlarci in giudaico: il popolo che è sulle mura ha orecchi per sentire". ²⁷Il gran coppiere replicò: "Forse il mio signore mi ha inviato per pronunciare tali parole al tuo signore e a te e non piuttosto agli uomini che stanno sulle mura, ridotti a mangiare i loro escrementi e a bere la propria urina con voi?".

²⁸Il gran coppiere allora si alzò in piedi e gridò a gran voce in giudaico; parlò e disse: "Udite la parola del grande re, del re d'Assiria. ²⁹Così dice il re: "Non vi inganni Ezechia, poiché non potrà liberarvi dalla mia mano. ³⁰Ezechia non vi induca a confidare nel Signore, dicendo: Certo, il Signore ci libererà, questa città non sarà consegnata in mano al re d'Assiria".

Il re Assiro, attraverso i suoi emissari, fece un discorso duro, ma realistico: è meglio finire in schiavitù che morire, e consiglia di arrendersi visto che questo cosiddetto signore è impotente di fronte all'assedio assira e nulla può spezzare l'accerchiamento. Il discorso, contrariamente alle richieste dei notabili giudei, gli emissari assiri lo fecero udire a tutto il popolo affinché capissero che non avevano speranza.

Re 2 Cap. 19, vv. 32 – 35 (La Bibbia delle divine epidemie)

³²Perciò così dice il Signore riguardo al re d'Assiria:
"Non entrerà in questa città
né vi lancerà una freccia,
non l'affronterà con scudi
e contro essa non costruirà terrapieno.
³³Ritornerà per la strada per cui è venuto;
non entrerà in questa città.
Oracolo del Signore.
³⁴Proteggerò questa città per salvarla,

per amore di me e di Davide mio servo"".
³⁵Ora in quella notte l'angelo del Signore uscì e colpì nell'accampamento degli Assiri centoottantacinquemila uomini. Quando i superstiti si alzarono al mattino, ecco, erano tutti cadaveri senza vita.

Evidentemente fra le fila degli assiri ci fu un'epidemia, cosa frequentissima in questi enormi assembramenti umani che erano gli eserciti, in cui si viveva in pessime condizioni igieniche e con un'alimentazione non ottimale nemmeno fra gli assedianti.

Re 2 Cap. 20, vv. 4-7 (La Bibbia del dio impiastratore)

⁴Prima che Isaia uscisse dal cortile centrale, la parola del Signore fu rivolta a lui, dicendo: ⁵"Torna indietro e riferisci a Ezechia, principe del mio popolo: "Così dice il Signore, Dio di Davide, tuo padre: Ho udito la tua preghiera e ho visto le tue lacrime; ecco, io ti guarirò: fra tre giorni salirai al tempio del Signore. ⁶Aggiungerò ai tuoi giorni quindici anni. Libererò te e questa città dalla mano del re d'Assiria; proteggerò questa città per amore di me e di Davide, mio servo"". ⁷Isaia disse: "Andate a prendere un impiastro di fichi". Andarono a prenderlo, lo posero sull'ulcera e il re guarì.

A far guarire il re dall'ulcera fu dio o l'impiastro di fichi?
Sappiamo che lo zucchero ad alta concentrazione è batteriostatico ed assorbe inoltre, per meccanismo osmotico, il pus delle ferite.
E forse quell'ulcera non era così grave come sembrava...

Re 2 Cap. 20, vv. 8-11
(La Bibbia degli orologi che restano indietro)

⁸Ezechia disse a Isaia: "Qual è il segno che il Signore mi guarirà e che fra tre giorni salirò al tempio del Signore?". ⁹Isaia rispose: "Da parte del Signore questo ti sia come segno che il Signore manterrà questa promessa che ti ha fatto: vuoi che l'ombra avanzi di dieci gradi oppure che retroceda di dieci gradi?". ¹⁰Ezechia disse: "È facile per l'ombra allungarsi di dieci gradi. Non così! L'ombra deve tornare indietro di dieci gradi". ¹¹Il profeta Isaia invocò il Signore che fece tornare indietro di dieci gradi l'ombra sulla meridiana, che era già scesa sull'orologio di Acaz.

Certo fermare l'ombra sulla meridiana equivale a fermare la rotazione del so... pardon della terra, ma io penso semplicemente che dieci gradi su trecentosessanta sono un angolo minimo e che quindi possa essere stata soltanto suggestione od un errore di parallasse dovuto allo spostamento del punto di visione. Se dio voleva davvero dare un segno poteva spostare l'ombra di almeno novanta gradi!

Re 2 Cap. 20, vv. 12 – 13 (La Bibbia spiegata ai re pasticcioni)

¹²In quel tempo Merodac-Baladàn, figlio di Baladàn, re di Babilonia, mandò lettere e un dono a Ezechia, perché aveva sentito che Ezechia era stato malato. ¹³Ezechia ne fu molto lieto e mostrò agli inviati tutto il tesoro, l'argento e l'oro, gli aromi e l'olio prezioso, il suo arsenale e quanto si trovava nei suoi magazzini; non ci fu nulla che Ezechia non mostrasse loro nella reggia e in tutto il suo regno.

I Babilonesi erano i nemici acerrimi di Giuda e che fa questo re stupidotto? Accetta doni dal re di Babilonia, non solo, ma gli mostra tutta la reggia, ma anche i magazzini, l'arsenale, insomma le opere di difesa?
Ci vuole poco per profetizzare cosa sarebbe successo poco dopo...

Re 2 Cap. 20, vv. 16– 20 (La Bibbia spiegata ai re cretinetti)

¹⁶Allora Isaia disse a Ezechia: "Ascolta la parola del Signore: ¹⁷"Ecco, verranno giorni nei quali tutto ciò che si trova nella tua reggia e ciò che hanno accumulato i tuoi padri fino ad oggi verrà portato a Babilonia; non resterà nulla, dice il Signore.¹⁸Prenderanno i figli che da te saranno usciti e che tu avrai generato, per farne eunuchi nella reggia di Babilonia"".¹⁹Ezechia disse a Isaia: "Buona è la parola del Signore, che mi hai riferita". Egli pensava: "Perché no? Almeno vi saranno pace e stabilità nei miei giorni". ²⁰Le altre gesta di Ezechia, tutta la sua potenza, la costruzione della piscina e del canale per introdurre l'acqua nella città, non sono forse descritte nel libro delle Cronache dei re di Giuda?

Isaia fa capire al povero Ezechia che, anche grazie alle sue informazioni Gerusalemme sarebbe stata conquistata ed il suo popolo deportato a Babilonia e questo genio di re cosa risponde?
-Meno male!
E naturalmente le sue grandi gesta e tutta la sua potenza sono descritte nel libro delle Cronache!

Re 2 Cap. 22 vv. 8-11 (La Bibbia dei libri maledetti)

[8]Il sommo sacerdote Chelkia disse allo scriba Safan: "Ho trovato nel tempio del Signore il libro della legge". Chelkia diede il libro a Safan, che lo lesse. [9]Lo scriba Safan quindi andò dal re e lo informò dicendo: "I tuoi servitori hanno versato il denaro trovato nel tempio e l'hanno consegnato in mano agli esecutori dei lavori, sovrintendenti al tempio del Signore". [10]Poi lo scriba Safan annunciò al re: "Il sacerdote Chelkia mi ha dato un libro". Safan lo lesse davanti al re.[11]Udite le parole del libro della legge, il re si stracciò le vesti.

Ho saltato per intero il Capitolo 21, tanto si tratta della solita solfa.
Nel Capitolo 22 si parla del re Giosia, uomo retto agli occhi del signore etc.etc.
Essendo retto il signore gli fa trovare una terribile profezia, questa volta scritta su un libro (scritto da chi?), in cui si parla della distruzione di Gerusalemme. (Non era difficile prevederlo visto lo stato di crisi del regno).

Re 2 Cap. 22 vv. 18-20 (La Bibbia della morte "grazie a dio")

[18]Al re di Giuda, che vi ha inviati a consultare il Signore, riferirete questo: "Così dice il Signore, Dio d'Israele: Quanto alle parole che hai udito, [19]poiché il tuo cuore si è intenerito e ti sei umiliato davanti al Signore, all'udire quanto ho proferito contro questo luogo e contro i suoi abitanti, per farne motivo di orrore e di maledizione, e ti sei stracciato le vesti e hai pianto davanti a me, anch'io ho ascoltato, oracolo del Signore! [20]Per questo, ecco, io ti riunirò ai tuoi padri e sarai

loro riunito nel tuo sepolcro in pace e i tuoi occhi non vedranno tutta la sciagura che io farò venire su questo luogo""". Quelli riferirono il messaggio al re.

Dato che il signore amava il retto Giosia... lo fece morire.
-Ma era per non farlo assistere all'orrore della devastazione di Gerusalemme!
-Ed allora? Se lo avesse amato davvero avrebbe evitato la distruzione di Gerusalemme, dato che lui può tutto ed avrebbe anche evitato che il popolo seguisse altri dei, Lui sa come farci avere la fede, se vuole!

Re 2 Cap. 23 vv. 4-8 (La Bibbia di noi talebani)

⁴Il re comandò al sommo sacerdote Chelkia, ai sacerdoti del secondo ordine e ai custodi della soglia di portare fuori dal tempio del Signore tutti gli oggetti fatti in onore di Baal, di Asera e di tutto l'esercito del cielo; li bruciò fuori di Gerusalemme, nei campi del Cedron, e ne portò la cenere a Betel. ⁵Destituì i sacerdoti creati dai re di Giuda per offrire incenso sulle alture delle città di Giuda e dei dintorni di Gerusalemme, e quanti offrivano incenso a Baal, al sole e alla luna, ai segni dello zodiaco e a tutto l'esercito del cielo. ⁶Fece portare il palo sacro dal tempio del Signore fuori di Gerusalemme, al torrente Cedron; lo bruciò nel torrente Cedron, lo ridusse in polvere e gettò la polvere sul sepolcro dei figli del popolo. ⁷Demolì le case dei prostituti sacri, che erano nel tempio del Signore, e nelle quali le donne tessevano tende per Asera. ⁸Fece venire tutti i sacerdoti dalle città di Giuda, rese impure le alture, dove i sacerdoti offrivano incenso, da Gheba a Bersabea; demolì l'altura dei satiri, che era all'ingresso della porta di Giosuè, governatore della città, a sinistra di chi entra per la porta della città.

Ci siamo giustamente indignati quando i talebani demolirono le statue di Buddha, ma leggete questa parziale (per non tediarvi) descrizione delle devastazioni operate da Giosia contro qualsiasi opera, costruzione, manufatto che potesse richiamare anche lontanamente un culto non ortodosso, ivi comprese le case dei prostituti sacri. Questa assurda ondata di fanatismo fondamentalista doveva servire a propiziare il favore di dio, ma questa volta dio o era proprio incazzato o non c'era, perché Giosia finì male ed opere probabilmente d'immenso valore storico ed artistico andarono in cenere.

Re 2 Cap. 23 vv. 19-20 (La Bibbia dei sacerdoti sacrificati)

[19]Giosia eliminò anche tutti i templi delle alture, costruiti dai re d'Israele nelle città della Samaria provocando a sdegno il Signore. Fece a loro riguardo quello che aveva fatto a Betel. [20]Immolò sugli altari tutti i sacerdoti delle alture del luogo; su di essi bruciò ossa umane. Quindi ritornò a Gerusalemme.

Confesso che immaginare tutti quei sacerdoti buttati nel forno di Betel un poco mi attizza, ma non mi sembra un bell'esempio di tolleranza religiosa e tutto questo nel libro che viene universalmente considerato il libro dell'amore.

Re 2 Cap. 23 vv. 24-29 (La Bibbia dei campioni di fanatismo)

[24]Giosia fece poi scomparire anche i negromanti, gli indovini, i terafìm, gli idoli e tutti gli obbrobri che erano comparsi nella terra di Giuda e a Gerusalemme, per mettere in pratica le parole della legge scritte nel libro trovato dal sacerdote Chelkia nel tempio del Signore. [25]Prima di lui non era esistito un re che come lui si fosse convertito al Signore con tutto il suo cuore e con tutta la sua anima e con tutta la sua forza, secondo tutta la legge di Mosè; dopo di lui non sorse uno come lui.
[26]Tuttavia il Signore non si ritirò dall'ardore della sua grande ira, che si era accesa contro Giuda a causa di tutte le prevaricazioni con cui Manasse l'aveva provocato. [27]Perciò il Signore disse: "Anche Giuda allontanerò dalla mia presenza, come ho allontanato Israele; respingerò questa città, Gerusalemme, che avevo scelto, e il tempio di cui avevo detto: "Lì sarà il mio nome"".
[28]Le altre gesta di Giosia e tutte le sue azioni non sono forse descritte nel libro delle Cronache dei re di Giuda? [29]Nei suoi giorni, il faraone Necao, re d'Egitto, marciò per raggiungere il re d'Assiria sul fiume Eufrate. Il re Giosia gli andò incontro, ma Necao lo uccise presso Meghiddo appena lo vide.

Decisamente le gesta di questo Giosia sono degne di un pazzo fanatico, intollerante, violento, superstizioso, pusillanime, insomma un sant'uomo.
Questo derelitto fu ucciso dal Faraone, non appena lo vide, un fanatico in meno sulla terra.

Re 2 Cap. 23 v. 35 (La Bibbia dei puri ma sottomessi)

35Ioiakìm consegnò l'argento e l'oro al faraone, in quanto aveva tassato la terra per consegnare il denaro secondo la disposizione del faraone. Con una tassa individuale, proporzionata ai beni, egli riscosse l'argento e l'oro dal popolo della terra per consegnarlo al faraone Necao.

Nonostante le purificazioni di Giosia, presumibilmente costate migliaia di morti e tante devastazioni, il regno di Giuda divenne protettorato del Faraone e gli Ebrei dovevano pagare una pesante tassa al Faraone, una bella nemesi storica per il popolo che era scappato dall'Egitto e sconfitto l'esercito del Faraone!

Re 2 Cap. 24 vv. 12-14 (La Bibbia del Nabucco)

12Ioiachìn, re di Giuda, uscì incontro al re di Babilonia, con sua madre, i suoi ministri, i suoi comandanti e i suoi cortigiani; il re di Babilonia lo fece prigioniero nell'anno ottavo del suo regno. 13Asportò di là tutti i tesori del tempio del Signore e i tesori della reggia; fece a pezzi tutti gli oggetti d'oro che Salomone, re d'Israele, aveva fatto nel tempio del Signore, come aveva detto il Signore.14Deportò tutta Gerusalemme, cioè tutti i comandanti, tutti i combattenti, in numero di diecimila esuli, tutti i falegnami e i fabbri; non rimase che la gente povera della terra.

Si tratta della famosa scena del Nabucco, con gli Ebrei deportati a Babilonia ed il tesoro del tempio saccheggiato (per l'ennesima volta). Ma se dio avesse considerato questo popolo come eletto e dopo le "purificazioni" di Giosia, è credibile che avrebbe accettato tutto questo?

Re 2 Cap. 25 vv. 5-7 (La Bibbia del potere cieco)

5I soldati dei Caldei inseguirono il re e lo raggiunsero nelle steppe di Gerico, mentre tutto il suo esercito si disperse, allontanandosi da lui.6Presero il re e lo condussero dal re di Babilonia a Ribla; si pronunciò la sentenza su di lui. 7I figli di Sedecìa furono ammazzati davanti ai suoi occhi; Nabucodònosor fece cavare gli occhi a Sedecìa, lo fece mettere in catene e lo condusse a Babilonia.

Adesso la distruzione del regno di Giuda sta per essere completata, l'ultimo re Sedecìa viene accecato e condotto schiavo, ed i suoi figli sono ammazzati davanti i suoi occhi, questo popolo sta per riavere indietro tutto il male, tutta la violenza che hanno sparso intorno loro per secoli, adesso sono loro ad essere sterminati e non serve a nulla invocare il loro dio.

Re 2 Cap. 25 vv. 8-15 (La Bibbia degli sterminatori sterminati)

[8]Il settimo giorno del quinto mese - era l'anno diciannovesimo del re Nabucodònosor, re di Babilonia - Nabuzaradàn, capo delle guardie, ufficiale del re di Babilonia, entrò in Gerusalemme. [9]Egli incendiò il tempio del Signore e la reggia e tutte le case di Gerusalemme; diede alle fiamme anche tutte le case dei nobili. [10]Tutto l'esercito dei Caldei, che era con il capo delle guardie, demolì le mura intorno a Gerusalemme. [11]Nabuzaradàn, capo delle guardie, deportò il resto del popolo che era rimasto in città, i disertori che erano passati al re di Babilonia e il resto della moltitudine. [12]Il capo delle guardie lasciò parte dei poveri della terra come vignaioli e come agricoltori. [13]I Caldei fecero a pezzi le colonne di bronzo che erano nel tempio del Signore, i carrelli e il Mare di bronzo che erano nel tempio del Signore, e ne portarono il bronzo a Babilonia. [14]Essi presero anche i recipienti, le palette, i coltelli, le coppe e tutti gli oggetti di bronzo che servivano al culto. [15]Il capo delle guardie prese anche i bracieri e i vasi per l'aspersione, quanto era d'oro e d'argento.

Gerusalemme è distrutta con il suo famoso tempio, il popolo in gran parte deportato, un popolo non illuminato da dio avrebbe a quel punto dovuto capire che chi pratica guerre di sterminio prima o poi viene sterminato ed è meglio cercare alleanze, ma purtroppo questo popolo era illuminato da dio ed allora non poteva capire, né allora né mai.

COMMENTO FINALE AL LIBRO DEI RE 2

Il racconto del secondo libro dei re si svolge con una monotonia abissale, in una lunga successione di re nella tribù di Giuda e nel resto d'Israele, re che duravano ben poco sul trono, vittime di congiure di palazzo, scontri con i popoli nemici o guerre fratricide.

Ogni volta il pastore errante precisa che le gesta (spesso misere) di questi re sono scritte nel libro delle Cronache (ne parleremo...) ed ogni volta precisa che la causa della sconfitta e della morte del re va attribuita al suo agire male di fronte a dio.

Di solito agire male significa sempre e solo la stessa cosa: favorire culti non ortodossi, invisi al dio geloso e vendicativo.

Morto un re... avanti un altro.

Ma alla fine il gioco non regge più: i due regni, sempre più deboli ed in lotta fra loro, alla fine crollano sotto la spinta degli assiro-babilonesi, e la Gerusalemme di Davide e Salomone, splendente di ori, rasa al suolo.

E' questo l'inevitabile destino di un popolo che aveva fatto ragion d'essere il non integrarsi e l'aggredire e sterminare chiunque si trovasse nelle vicinanze.

PICCOLA BIBLIOTECA DEL LIBERO PENSIERO

Di solito nei libri che si rispettino a questo punto c'è la bibliografia.
Nel mio caso ho premesso che avrei fatto una lettura della bibbia Non
mediata, e pertanto non riporto una vera e propria bibliografia, ma
alcuni libri che vorrei consigliare, scritti da autori che si sono cimentati
nel compito di leggere criticamente i "sacri" testi e di smontare i dogmi
della religione.

LA BIBBIA SPIEGATA DA UN ATEO VOL.1 (PENTATEUCO)
Pietro Micaroni, Lulu ed. 2010

PERCHE' NON POSSIAMO DIRCI CRISTIANI (E meno che mai
cattolici), Piergiorgio Odifreddi , Longanesi, 2007

PERCHE' NON SONO CRISTIANO, Bertrand Russell, Tea ed.,
2003

POVERO CRISTO , Mario Trevisan, Lulu ed. 2009

STORIA CRIMINALE DEL CRISTIANESIMO, Karlheinz
Deschner, Ariele , 2000-2010

TRATTATO DI ATEOLOGIA, Michel Onfray, Fazi, 2005

PICCOLA GUIDA AL LAICO WEB

Nonostante la chiesa di Roma (e praticamente tutte le confessioni religiose) abbiano lanciato un formidabile attacco per la conquista di tutti i media disponibili, la rete di per sé è refrattaria ai monopoli, a meno che non intervengano pesanti meccanismi di censura.

Per queste fortunate circostante Internet è diventata una stupenda agorà dove ciascuno espone **quasi** liberamente il proprio pensiero ed è un fiorire d'iniziative, pagine, siti, comunità il cui tema è la laicità delle istituzioni, la diffusione delle idee atee, la confutazione delle affermazioni del clero. E' impossibile riportare un elenco esaustivo ed aggiornato, dato che per la sua stessa natura la rete è anarchica e le pagine nascono e muoiono in una specie di selezione naturale.

Gli stessi social network crescono od entrano in crisi, e gli utenti si spostano da uno all'altro.

Il fenomeno più rilevante in Italia è stato senz'altro Facebook, che raccoglie milioni di utenti e che ha dimostrato che, se ben utilizzato, è in grado di permettere la formazione di grandi comunità in grado di decidere le sorti persino di competizioni elettorali.

Elencare i gruppi, pagine, petizioni, singoli utenti di Facebook che in qualche modo portano avanti il pensiero ateo e/o laico e/o anticlericale è assolutamente impossibile, ma naturalmente tutti sanno che Facebook ha un motore interno per la ricerca delle risorse per argomento, ad esempio provate a cercare "ateismo", "uaar" o "Bibbia", tanto per cominciare.

Www.uaar.it Il sito dell'Unione Atei Agnostici e Razionalisti italiani, è naturalmente un sito da consultare spesso

Www.facebook.com (homepage, Una comunità alla quale io consiglio caldamente l'iscrizione)

http://www.facebook.com/profile.php?id=1404207032 La mia pagina su Facebook (chiedetemi l'amicizia)

http://www.anticlericale.net/ Sito ben aggiornato e documentato

www.cristianesimo.it Contrariamente a quanto farebbe pensare il nome è un sito fortemente anticlericale, da vedere assolutamente

http://www.religionsfree.org/ Il sito della rivista "Non credo"

INDICE

www.ingramcontent.com/pod-product-compliance
Lightning Source LLC
Chambersburg PA
CBHW062156080426
42734CB00010B/1714